Johannes Grotzky
SCHACHMATT
Michail Gorbatschow und die letzten Jahre der Sowjetunion

Johannes GROTZKY, Dr. phil. (*1949), Studium der Slawistik, Balkanologie und Geschichte Ost- und Südosteuropas in München und Zagreb. 1983-1998 Korrespondent für Ost- und Südosteuropa in Moskau, Wien und München. 2002-2014 Hörfunkdirektor des Bayerischen Rundfunks. Honorarprofessor für Osteuropawissenschaften, Kultur und Medien an der Universität Bamberg.

Bücher: *Gebrauchanweisung für die Sowjetunion* (1984, [4]1990). *Herausfoderung Sowjetunion. Eine Weltmacht sucht ihren Weg* (1991). *Konflikt im Vielvölkerstaat. Die Nationen der Sowjetunion im Aufbruch* (1991). *Lenins Enkel. Reportagen aus einer vergangenen Welt (2009). Tschernobyl. Die Katastrophe* (2018).

Johannes Grotzky

SCHACHMATT

Michail Gorbatschow
und
die letzten Jahre der Sowjetunion

BoD

Bibliografische Information der Deutschen Nationalbibliothek:
Die Deutsche Nationalbibliothek verzeichnet diese Publikation in der
Deutschen Nationalbibliografie; detaillierte bibliografische Daten sind im
Internet über http://dnb.d-nb.de abrufbar.

VORWORT

Wer in der Sowjetunion gelebt hat und heute nach Moskau kommt, der glaubt, seinen Augen nicht zu trauen. Nahezu alles, was in kommunistischer Zeit verboten war, gilt heute als selbstverständlich. Die wirtschaftlichen Freiheiten scheinen einem Dammbruch gleich alles niedergerissen zu haben, was früher in strenger Kontrolle kaum gedeihen konnte. Die Straßen sind mit Autos überfüllt, in den Geschäften werden Luxusgüter aus aller Welt vertrieben, beste und teuerste Hotels sind aus dem Boden gewachsen. Und dennoch finden sich immer wieder Spuren jener Herrschaft, die nicht alleine dem Kommunismus, sondern bereits dem Zarismus entstammen. Der Kreml in Moskau bleibt Inbegriff einer zentralen Machtausübung, die den Prozess der Meinungsbildung im Land ebenso wie die Konstituierung der politischen Kräfte lenkt und überwacht.

Nach dem Ende der Sowjetunion wurden die Versuche zur Demokratisierung Russlands unter Präsident Jelzin vom Westen nahezu hymnisch gefeiert. Doch der Verfassungswirklichkeit standen Dutzende von Präsidialerlassen entgegen, mit denen Jelzin die Verfassung umging, um das Land zu regieren. Der häufige Wechsel der Regierungschefs unter Jelzin, die vom Präsidenten nahezu willkürlich in das Amt gehoben und wieder entlassen wurden, mündete 1999 schließlich in der Ernennung von Wladimir Putin zum Ministerpräsidenten, der von Jelzin gleichzeitig als Nachfolger im Amt des Präsidenten im Jahr 2000 gefördert wurde. Unter Putin profitierte Russland wirtschaftlich zunächst von einem unglaublichen Anstieg der Erdöl- und Erdgaspreise. Doch auch unter Putin entwickelten sich kein funktionierendes Mehrparteiensystem, keine klare Gewaltenteilung und keine wirklich unabhängigen Massenmedien. Ähnlich wie Jelzin schlug auch Putin seinen eigenen Nachfolger im Präsidialamt vor, nachdem er laut Verfassung nach achtjähriger Amtszeit nicht mehr wieder kandieren durfte. Sein Favorit Dmitri Medwedew, seit 2005 Erster stellvertretender Ministerpräsident unter Präsident Putin, erhielt als neuer Mann im Kreml die Zustimmung der Bevölkerung. Trotz mancher Wahlfälschungen durfte man bei seiner Wahl 2008 davon ausgehen, dass die Menschen mehrheitlich das Verfahren der Machtübertragung vom Vorgänger auf den von ihm ausgewählten Nachfolger bislang gut geheißen haben. Putin kehrte in das Amt des Ministerpräsidenten zurück, blieb jedoch für viele Russen weiterhin die beherrschende politische Figur. Spekulationen, die von einem kommenden Machtkampf zwischen Putin und Medwedew ausgingen, haben sich nicht bewahrheitet. Bereits nach vier Jahren verzichtet Medwedew auf den Anspruch einer weiteren Amtszeit als Präsident Russlands zugunsten seines Vorgängers Putin, der trotz einer landesweiten Protestbewegung 2012 erneut in das Amt des Präsidenten gewählt wurde. Auch hier bemängelten Wahlbeobachter zahlreiche Manipulationen; doch selbst unter Abzug der vermuteten Wahlfälschungen dürfte dennoch die Mehrheit der Wähler für Putin gestimmt haben. Bereits unter Präsident Medwedew hatte 2008 die Duma, das Parlament, einer Verfassungsänderung zugestimmt, der zufolge künftige Präsidenten jeweils für sechs statt für vier Jahr gewählt werden mit der Möglichkeit einer einmaligen Wiederwahl. Damit hat Wladimir Putin das Mandat, bis 2024 zu regieren. Diese Wiederwahl erfolgte 2018. Somit wird er 25 Jahre lang, davon 20 Jahre Jahre als russischer Präsident, die Geschicke Russlands gelenkt haben.

Diesem neuen Machtverständnis der „gelenkten" russischer Demokratie ging die von Michail Gorbatschow verantwortete Politik von Glasnost und Perestrojka voraus. Damit sollte ursprünglich der Kommunismus zu einer lebensfähigen Gesellschaftsordnung entwickelt werden. Doch die Bestandsaufnahme der Mangelerscheinungen führte zu einer immer sprunghafteren Reformpolitik, die letztlich die Unreformierbarkeit der sozialistischen Gesellschaftsordnung unter Beweis stellte. Ein Boykott der Parteibürokratie führte schließlich zu einem Putsch gegen Gorbatschow und leitet damit das Ende der Sowjetunion ein. Heute ist Gorbatschow im Westen geachtet, in seiner Heimat hingegen von vielen vergessen, wenn nicht gar verachtet. Denn trotz aller politischen Aufbruchsstimmung hatten sich die Hoffnungen auf einen höheren Lebensstandard unter Gorbatschow nicht erfüllt. Gleichwohl war das Tor geöffnet für einen fundamentalen Wandel in der Geschichte Russlands.

Der vorliegende Sammelband ist keine Gesamtdarstellung aller Vorkommnisse aus diesen letzten, aufregenden Lebensjahren der Sowjetunion. Es handelt sich mehrheitlich um Zeitungs- und Zeitschriftenbeiträge sowie Radio-Dokumentationen, die während dieser Jahre von mir publiziert wurden. Die meisten von ihnen befassen sich mit den innerparteilichen und innenpolitischen Veränderungen. Die vielen außenpolitischen Aktivitäten Gorbatschows, seine zahlreichern Auslandsreisen, seine Gipfeltreffen mit den beiden US-amerikanischen Präsidenten Reagan und Bush, seine Abrüstungsinitiativen sowie seine Deutschlandpolitik, die – entgegen seiner ursprünglichen Absichten – in der Wiedervereinigung beider deutscher Staaten mündete, scheinen in diesem Band nur im innenpolitischen Zusammenhang der Sowjetunion auf. Zumindest an dieser Stelle soll darauf hingewiesen werden, dass der damalige Außenminister Eduard Schewardnadse und einer der Chefdenker der Perestrojka, Alexander Jakowlew, entscheidend Anteil hatten an der Neuorientierung der sowjetischen Position hinsichtlich einer deutschen Vereinigung.

Im Rückblick wundert man sich, mit welcher Aufmerksamkeit die Welt zu Beginn der Perestrojka scheinbar unbedeutende Vorgänge wahrgenommen hat, die heute bereits vergessen sind. So hat die internationale Presse mit großer Aufmerksamkeit über die Eröffnung des ersten Privatrestaurants in der Kropotkinskaja Uliza in Moskau berichtet, während in anderes sozialistischen Ländern wie Ungarn oder Polen die Kleinprivatisierung in diesem Bereich bereits zum Alltag zählte und dort selbstverständlich keine Schlagzeilen hervorrief. Vieles ist zur Normalität geworden, was damals einem ideologischen Erdbeben gleichkam: so die Rückbesinnung auf die eigene Geschichte, die Veröffentlichung verbotener Filme und Bücher wie auch der unbeholfene Versuch, die kommunistische Partei zu demokratisieren. Anderes wiederum wie die Nationalitätenkonflikte und deren Auswirkung auf die Stabilität des Staates bleiben von wiederkehrender Aktualität. Das letzte Drittel der Perestrojka war von weitreichenden

Widersprüchen geprägt. Zunächst beherrschte der Konflikt zwischen Jelzin und Gorbatschow die öffentliche Meinung wie auch den Kampf um die Machtverteilung.

Eine weitere Front erwuchs für Gorbatschow aus dem nachhaltigen Widerstand zahlreicher „konservativer" Parteigenossen. Schließlich sah sich Gorbatschow von Unabhängigkeitsbewegungen in nahezu allen Teilrepubliken konfrontiert, die er gerade erst mit einem neuen Unionsvertrag für eine gemeinsame Zukunft gewinnen wollte.

Es ist erstaunlich, dass Gorbatschow dennoch in dieser Phase entscheidende Reformen vorantrieb, die staatsrechtlich für sein Land eine ungeheure Veränderung bedeuteten, vom Westen jedoch eher als Selbstverständlichkeit wahrgenommen oder gar „eingefordert" wurden. Dazu zählten – innerhalb nur weniger Woche von Sommer bis Herbst 1990 – die Einführung der gesetzlich verankerten Pressefreiheit und der allgemeinen Religionsfreiheit, die Rehabilitierung von Millionen Stalin-Opfer, die Annullierung der Ausbürgerung von Intellektuellen, die Einführung der Marktwirtschaft und des Parteienpluralismus.

Die gesamten Reformleistungen, die letztlich auf eine Überwindung des Ost-West-Konfliktes hinausliefen, wurden 1990 durch die Verleihung des Friedensnobelpreises an Michail Gorbatschow gewürdigt. Doch genau auf diesem Höhepunkt warnte Außenminister Schewardnadse vor einem drohenden Putsch; er trat von seinem Amt zurück und verließ ein halbes Jahr später die Kommunistische Partei. Diesem Schritt folgte kurz darauf auch Alexander Jakowlew, einer der wichtigsten Perestrojka-Strategen. Anlass dafür war vermutlich der Positionswandel von Gorbatschow, der sich in der Bekämpfung der Unabhängigkeitsbewegungen in den baltischen Staaten wie im Kaukasus auf die Seite des Militärs gestellt hatte mit dem Versuch, diese Bewegungen blutig, aber erfolglos zu unterdrücken.

In diesem Auflösungsprozess, der auch von Streikbewegungen der Arbeiter begleitet wurde, setzte Gorbatschow immer rigoroser seine Präsidialdekrete ein, um seine Ordnungsvorstellungen durchzusetzen. Den konservativen Parteikräften war auch dies noch zu wenig. Mit einem eher operettenhaften Putsch versuchten sie, Gorbatschow von der Macht zu verdrängen und das Rad zurückzudrehen. Im Rückblick muss man noch einmal daran erinnern, dass auch Boris Jelzin damals von den Putschisten verhaftet werden sollte. Der kämpferische Jelzin zog die Armee auf seine Seite, widersetzte sich erfolgreich den Putschisten und konnte Gorbatschow aus dessen Hausarrest befreien. Doch auf der Straße skandierten damals die Menschen nicht mehr den Namen Gorbatschows, sondern den seines Gegenspielers Jelzin, der dann die eigentliche Entmachtung von Gorbatschow und das staatsrechtliche Ende der Sowjetunion betrieb.

Die Beiträge in diesem Band sind aus verschiedenen Anlässen geschrieben worden. Sie spiegeln den jeweiligen Entwicklungsstand der Ereignisse wieder. Sie sind das Ergebnis journalistischer Tagesarbeit. Man kann also von einem zeitgeschichtlichen Lesebuch sprechen, das auf keinen Fall die quellenkritische Aufarbeitung der Historiker ersetzt, die inzwischen auf eine reiche Memoirenliteratur der Zeitzeugen von Glasnost und Perestrojka wie auch auf manches Archivmaterial aus dem Politbüro der KPdSU zurückgreifen können. Gerade die aktuelle Berichterstattung setzt inhaltlichen Wiederholungen voraus, wie sie sich in den hier veröffentlichten Beiträgen zuweilen widerspiegeln; denn der Journalist ist angehalten, bei immer neu entstehenden Zusammenhängen wie auch bei fortschreibender, ereignisbegleitender Berichterstattung auf die jüngste Vergangenheit in seinem Berichtsgebiet zurückzugreifen. Nur so kann er in der Kürze der Zeit für den Hörer und Leser eine Einordnung dessen ermöglichen, worüber gerade aktuell berichtet wird.

Dies gilt vor allem für die Darstellungen im Bereich der kulturellen Veränderungen und der nationalen Frage, die in immer neuen Zusammenhängen, aber meist mit ähnlichem Ausgangspunkt für die Rückbesinnung auf eine postsowjetische Identität vor allem Russland von entscheidender Bedeutung waren. Für den Leser dieses Sammelbandes erscheinen solche Wiederholungen im Einzelfall unentbehrlich, um den Charakter der in sich geschlossenen Beiträge nicht zu verfälschen. Schließlich kann man den vorliegenden Band ebenso linear wie selektiv nutzen. Zur besseren Orientierung ist bei jedem Beitrag ein kommentierter Quellennachweis als Fußnote beigefügt. Mit dieser Hilfe kann der Leser die Relevanz der jeweils geschilderten Tatbestände einordnen.

Bei der deutschen Schreibweise der russischen Namen wird die allgemein verständliche Form der lautlichen Übertragung angewandt und nicht die wissenschaftliche Transkription. Also *Tschernenko* statt *Černenko* (russ. Черненко) oder *Breschnew* statt *Brežnev* oder *Breshnev* (russ. Брежнев). Bei den Vornamen wird die volle Lautform angegeben, also *Jurij* (russ. Юрий) statt – wie oft vereinfacht – *Juri.*

Abweichungen gibt es bei der Schreibung des Namens *Gorbatschow* (russ. Горбачёв; in wissenschaftlicher Transliteration Gorbačëv), der von der Neuen Zürcher Zeitung *Gorbatschew* und im Englischen *Gorbachev* geschrieben wird.

Im Text ist gleichbedeutend von *Sowjetunion, Union der Sozialistischen Sowjetrepubliken* oder der *UdSSR* (russ. СССР) die Rede. In Anlehnung an den deutschen Sprachgebrauch verwende ich den Begriff *Russische Förderation* statt der wörtlichen Übersetzung *Russländische Föderation* (russ. Российская Федерация). Im Russischen unterscheidet man dagegen zwischen der national-ethnischen *(русский – russisch)* und der staatsrechtlichen *(российский – russländisch)* Bezeichnung. Dieser Unterschied ist staatsrechtlich von Belang, weil Russland auch heute noch als größter Flächenstaat der Welt mit über 17 Mio. qkm und über 145 Mio. Einwohner nahezu einhundert verschiedene Völker und Völkerschaften beherbergt, unter denen die Russen knapp 80 Prozent der Bevölkerung stellen. [...]

München/Roaring Branch, Vt., 2012

VORWORT
ZUR TASCHENBUCHAUSGABE

Die Taschenbuchausgabe wurde um drei Beträge gekürzt, die im Rückblick keine entscheidende Bedeutung für den historischen Prozess der Perestrojka unter Gorbatschow haben. Es handelte sich dabei thematisch um den Sonderfall Mongolei[1], um die außenpolitischen Konsequenzen des Zerfalls der Sowjetunion im Bereich der ehemaligen Verbündeten[2] und um eine erste außenpolitische Bestandsaufnahme der russischen Außenpolitik unter Putin[3]. Ferner wurde der Untertitel der Taschenbuchausgabe umgestellt, der in der Erstausgabe lautete: *Die letzten Jahre der Sowjetunion unter Michail Gorbatschow.* Durch die inzwischen lange Regierungszeit von Vladimir Putin als Präsident, Ministerpräsident und dann wieder als Präsident der Russländischen Föderation wurde eine ursprüngliche Einschätzung überholt. Sie ging noch von einem kooperativen Pragmatismus der russischen Außenpolitik unter Putin bei gleichzeitiger ideologischer Abschottung aus. Die Turbulenzen und Verhärtungen im Verhältnis zwischen Russland und dem Westen, die Ukraine-Krise, der Anschluss der Krim an die Russländische Föderation, der Krieg in der Ostukraine und die beiderseitige Sanktionspolitik waren zu dieser Zeit noch nicht abzusehen. Auch die innenpolitischen Determinanten der russischen Politik haben sich unter Putin gewandelt. Die gelenkte Demokratie hat sich noch weiter weg entwickelt von der pluralistischen, marktwirtschaftlichen Demokratie westlicher Prägung. Der Entmachtung und Disziplinierung der Oligarchen durch Putin, die unter Jelzin das Land ausge-

---

[1] Die Mongolei zwischen nationaler Identität und sowjetischem Vorbild. Ein politischer Reisebericht. In: Osteuropa 2-3, 1989, 253-259.

[2] Katastrophe oder Chance? Die wirtschaftliche und politische Zukunft Osteuropas und der früheren Sowjetunion. Verband der Baden-Württembergischen Textilindustrie. Stuttgart 1992

[3] Von der Konfrontation zur Kooperation. Der Wandel der russischen Außenpolitik unter Putin. Vortrag am Institut für Politikwissenschaften der Universität Regensburg [11. Dezember] 2001

plündert hatten, ist eine Art neuer staatlich gelenkter Kapitalismus gefolgt, flankiert von einer Zurückdrängung des Medienpluralismus, der sich nur noch in wenigen Nischen behaupten kann. Dies alles zu bewerten, haben sich bereits genügend neue Autoren und Fachleute gefunden.

So bleibt dieses Buch eine zeitgenössische, wenn auch selektive Bestandsaufnahme im Stil eines historischen Lesebuchs der Gorbatschow-Zeit. Zur Ergänzung findet sich im Anhang ein Literaturverzeichnis mit Titeln, die von Michail S. Gorbatschow auf deutscher Sprache erschienen und damit für deutschsprachige Leser als Originalquellen leicht zugänglich sind. Darunter befinden sich seine Reden und Aufsätze aus seiner Amtszeit als Generalsekretär der KPdSU, als Präsident der Sowjetunion und auch seine spätere Memoirenliteratur. Viele seiner Rückerinnerungen werden von seinen politischen Weggefährten ergänzt, reflektiert, aber auch konterkariert. Einige dieser Titel, die ebenfalls in deutscher Sprache erschienen sind, werden hier als Ergänzung zur Darstellung der Gorbatschow-Zeit angeführt.[4]

---

[4] Agangbegjan, Abel *[Wirtschaftsberater von Gorbatschow]*: Ökonomie und Perestrojka. Gorbatschows Wirtschaftsstrategie. Hoffmann und Campe: Hamburg 1989.
Falin, Valentin *[Mitglied des Zentralkomitees, Leiter der Internationalen Abteilung]*: Konflikte im Kreml. Zur Vorgeschichte der Einheit und Auflösung der Sowjetunion. Blessing: München 1997.
Jakowlew, Alexander *[Mitglied des Politbüros, ‚Architekt' der Perestrojka]*: Die Abgründe meines Jahrhunderts. Faber&Faber: Leipzig 2003.
Jelzin, Boris *[Mitglied des Politbüros, Rivale von Gorbatschow]*: Aufzeichnungen eines Unbequemen. Droemer Knaur: München 1990.
Ligatschow, Jegor *[Mitglied des Politbüros, Reformgegner]*: Wer verriet die Sowjetunion. Das neue Berlin: Berlin 2012.
Ryschkow, Nikolai *[Vorsitzender des Ministerrates]*: Mein Chef Gorbatschow. Die wahre Geschichte eines Untergangs. Das neue Berlin: Berlin 2013.
Saslawskaja, Tatjana *[Reformorientierte Wirtschaftswissenschaftlerin]*: Die Gorbatschow-Strategie. Wirtschafts- und Sozialpolitik der UdSSR. Orac: Wien 1989.
Schwardnadse, Eduard *[Außenminister]*: Die Zukunft gehört der Freiheit. Rowohlt: Reinbeck 1991.

PERESTROJKA AUS ERSTER HAND
Erlebnisse im Alltag eines Auslandskorrespondenten[5]

Als ich im Sommer 1983 als junger Korrespondent nach Moskau kam, lebte die Sowjetunion in trotziger Abschottung gegenüber dem Westen. Mein späterer Freund Sascha schrieb romantische Lieder, die er zur Gitarre sang, Lieder, die ein Land schilderten, das von unendlichem Schnee bedeckt ist, Menschen, die in diesem Schnee unentrinnbar gefangen sind. Zaghaft klang der Wunsch nach Veränderungen durch. Alles war noch systemkonform. Im Kreml regierte Parteichef Andropow, von schwerer Krankheit gezeichnet. Da passierte ein unglaublicher Zwischenfall, der mein Verhältnis zur Informationspolitik des Regimes nachhaltig prägte. Sowjetische Jagdflugzeuge schossen ein südkoreanisches Linienflugzeug ab, das sich - aus bis heute ungeklärten Gründen - in den sowjetischen Luftkorridor verirrt hatte. 269 Menschen starben. Tagelang schwieg der Kreml. TASS wiederholte stets dieselbe Meldung: Ein Flugzeug fremder Herkunft sei in den sowjetischen Luftraum eingedrungen und dann Richtung Japanisches Meer entschwunden. Unter internationalem Druck musste Moskau knapp eine Woche später den Abschuss der Linienmaschine eingestehen.

Die absurde Krönung der sowjetischen Informationspolitik lieferte dann der damalige Sprecher des Außenministeriums, Leonid Samjatin, auf einer internationalen Pressekonferenz. Ein westlicher Korrespondent stellte die Frage, warum die sowjetische Führung sechs Tage lang habe Lügen verbreiten lassen, bevor sie die Wahrheit eingestand. Der Regierungssprecher ver-

---

[5] Gesamtüberblick über meine Jahre in Moskau, beginnend mit einer neuen Tauwetterperiode unter Andropow, dem Förderer von Michail Gorbatschow; diese Phase wurde durch das kurze Interregnum von Tschernenko unterbrochen, bevor Gorbatschow mit seinen Reformen beginnen konnte, von denen jedoch die alten Partei- und Gesellschaftsstrukturen überfordert waren. Erstveröffentlichung: Perestrojka in der Sowjetunion. In: gehört-gelesen 3,1997, 42-49. Nachdruck in: G. Friedl (Hg.), Begegnungen mit der Zeitgeschichte. Olzog 1997, S. 194-211.

fiel einem regelrechten Wutausbruch und schrie zornentbrannt: „Wir haben in dieser Sache nie gelogen. Wenn Sie das behaupten, dann verstehen Sie unsere Sprache nicht, vor allem nicht unsere politische Sprache. Was wollen Sie dann überhaupt in unserem Land?" Ja, was wollte ich eigentlich in diesem Land, in dem die Informationspolitik aus dem Verschweigen der Wahrheit und dem Suggerieren der Unwahrheit bestand? Staats- und Parteichef Jurij Andropow hatte nur noch wenige Monate zu leben. Ansätze einer Reformdiskussion, die von ihm stammten, verschwanden schnell in den Schubladen. Dann folgte der ebenfalls schwerkranke Konstantin Tschernenko. Ein grausames Spiel begann: Maskenhaft geschminkt wurde Tschernenko vor die Kamera geschleppt. Er sollte die Stärke des Regimes demonstrieren. Doch inzwischen wusste jeder: Es tobt ein Machtkampf im Kreml. Informanten und Zuträger aus allen Richtungen versuchten, die ausländischen Korrespondenten zu instrumentalisieren, für und gegen die Reformer, die nun immer stärker ihre Stimme erhoben.

Ein Erlebnis im Stadtpark von Riga: im Freien, also abhörsicher, diskutierte ich mit einem Vertreter des Moskauer Außenministeriums, der mich pflichtgemäß auf der Reise nach Lettland begleitete. Nach russischer Sitte waren wir schnell *per Du*. „Hannes, ich sage Dir, wir brauchen mehr Demokratie", platzte es plötzlich aus meinem sowjetischen Begleiter heraus. „Nicht nur Tschernenko ist krank. Seine Amtszeit ist eine Krankheit unseres Systems." Provokation oder echtes Anliegen? Ich blieb vorsichtig. Doch dann entwickelte mein Begleiter ein Szenario, das aus dem Handbuch für Glasnost und Perestrojka hätte stammen können. „Keine Demokratie wie Du Dir das vorstellst, nicht mit mehreren Parteien. Wir müssen erst einmal innerhalb der KP aufräumen, die meisten Genossen wissen doch nicht, was eine freie Meinung ist!" Mein sowjetischer Begleiter von damals sollte Recht behalten. Er entpuppte sich als Anhänger von Reformen. Heute ist er ein wichtiger russischer Diplomat, der weiterhin nach Wegen sucht, um Russland in Richtung Demokratie zu bringen. Unser Kontakt ist über alle politischen Umbrüche hinweg erhalten geblieben.

Dann kam der 13. März 1985. Die Luft schien gefroren. Doch trotz eisiger Kälte hatten Hunderte von neugierigen Korrespondenten und Diplomaten mühselige Kontrollen von Polizei und Armee über sich ergehen lassen, um einer Totenfeier beizuwohnen, die den Machtwechsel im Kreml einleitete. Da stand er nun auf dem Leninmausoleum, der neue starke Mann der Sowjetunion, Michail Gorbatschow. Vor ihm auf dem Roten Platz ruhte der offene Sarg mit seinem verstorbenen Vorgänger Konstantin Tschernenko. Nur mit wenigen Sätzen betrauerte Gorbatschow den Tod von Tschernenko. Was dann folgte, waren massive Verstöße gegen das Protokoll der kommunistischen Rituale, ein Schock für die Nomenklatura. Gorbatschow wetterte in seiner ersten öffentlichen Rede als Generalsekretär plötzlich über die verlogene, heuchlerische Gesellschaft im Land. Er schwang die Peitsche weitreichender Drohungen: Lügner müssen bestraft und Nichtstuer zur Arbeit angehalten werden. Glasnost und Perestrojka deuteten sich an. So etwas hatte die Welt bei der Beerdigung eines sowjetischen Parteichefs noch nicht zu hören bekommen. Dies war ein Vorgeschmack auf die Ungeduld, mit der Gorbatschow sein Land zu Reformen drängte.

Der neue Stil brachte noch eine weitere Überraschung. Gorbatschow verweigerte dem Sarg von Tschernenko die letzte Ehre, wie sie seit Lenins Zeiten üblich war. Nicht mehr die Mitglieder des Politbüros, sondern nur noch Offiziere der Armee trugen den Sarg zur Kremlmauer. Dazwischen lag eine Beobachtung, die man als junger Korrespondent nicht mehr vergisst: Die Witwe von Tschernenko stürzte sich tränenüberströmt auf den offenen Sarg und schlug mehrfach das Kreuz über den Toten, der bis zuletzt im Namen der Partei den Atheismus zu propagieren hatte. Der Benjamin des Politbüros, Michail Gorbatschow, war mit seinem ersten großen Auftritt für die meisten Sowjetbürger eine Entdeckung. Urteile über ihn: „Der Mann kann frei sprechen. Er muss nicht jeden Satz ablesen. Er sagt offensichtlich, was er denkt.“

Der Kreml öffnete sich auch für Vertreter aus dem Westen. Unter den vielen durchreisenden Politikern sind mir die Reaktionen von zwei Personen deshalb in lebhafter Erinnerung geblieben, weil sie niemals im Verdacht standen, mit den kommunistischen Herren im Kreml geliebäugelt zu haben. Die britische Premierministerin Margaret Thatcher und der bayerische Ministerpräsident Franz-Josef Strauß. Frau Thatcher wurde in der sowjetischen Presse gerne mit einem feindlichen Panzerkreuzer verglichen. Sie kam als Klassengegner und verließ Moskau als Siegerin nach Punkten. Dazwischen lag eine der überraschendsten Annäherungen am Ende des Kalten Krieges. Bei der Pressekonferenz mit Margaret Thatcher in Moskau schien es zum Eklat zu kommen. Im Presseamt des sowjetischen Außenministers versagten für Frau Thatcher alle Mikrophone und die gesamte Verstärkeranlage. Fast zweihundert neugierige Journalisten feixten, wie sich die Dame wohl Gehör verschaffen werde. Sie schaffte es. Frau Thatcher bog alle Mikrophone zur Seite und zelebrierte ihren Stil aus dem britischen Unterhaus: „Wenn ich meine Stimme erhebe, wer kann mich hören?", rief sie den lachenden Journalisten zu. Dann folgte ihr stimmgewaltiges Statement, das viele Skeptiker überraschte: „Dies war die faszinierendste und anregendste Reise, die ich jemals als Premierminister im Ausland unternommen habe", bekannte Frau Thatcher und schilderte Einzelheiten aus einem siebenstündigen Streitgespräch mit Michail Gorbatschow. Man war sich - natürlich - in allen entscheidenden Fragen uneins. Größter Streitpunkt war die Rüstungskontrolle. Dennoch blieb es bei ihrer euphorischen Einschätzung: „Ich sagte, er sei jemand, mit dem ich gut ins Geschäft kommen könnte. Wir haben hier nun eine Menge Business erledigt." Das inoffizielle Bild des Thatcher-Besuches lieferten mir russische Freunde. Die britische Premierministerin hatte sich im sowjetischen Fernsehen einer Debatte mit russischen Journalisten gestellt. Auf erste kritische Nachfragen über Arbeitslosigkeit und soziale Ungerechtigkeit in Großbritannien drehte die streitbare Politikerin den Spieß um. Sie bombardierte die russischen Journalisten mit Fakten über sowjetische Menschenrechtsverletzungen, wirtschaftliche Missstände und militärisches Drohpotential. Die Herren schwiegen betreten. Der Dolmetscher konnte bei dem Redefluss von Frau Thatcher kaum mithalten. Noch am Abend riefen mich sowjetische Freunde an:

„Wot, ona maladjetz!" - „Was für ein toller Kerl! Die sollte bei uns Generalsekretär werden." Nicht weniger spektakulär war der Überraschungsbesuch von Franz-Josef Strauß in Moskau. Kurz nach Weihnachten 1987 steuerte er eigenhändig sein Flugzeug Richtung Osten. Der denkwürdige Telefonbericht jenes Besuches mit den überraschenden Reaktionen von Franz-Josef Strauß befindet sich heute im Rundfunkarchiv. Strauß bekannte, unmittelbar nachdem er den Kreml verlassen hatte: „Ich habe so etwas nicht erwartet und auch so etwas mir für Russland, für den Führer der Sowjetunion nicht so ohne weiteres als möglich vorgestellt. Gorbatschow war ungezwungen, sehr, sehr selbstbewusst, sehr selbstsicher, ohne überheblich zu sein. Das Gespräch verlief ohne jede aggressive Formulierung, ohne jede Zuspitzung, auch mit deutlicher Betonung der Meinungsunterschiede, aber ich muss sagen - ohne dass ich sehr sentimental, pathetisch beeinflussbar bin - dass ich mit den angenehmsten Gefühlen, in dem Bewusstsein, dass man sich nicht zu viel erwarten darf, weggegangen bin." Strauß war beeindruckt, wie klar und realistisch Gorbatschow die Ziele der Perestrojka definiert hat, die allerdings einen langjährigen Entwicklungsprozess voraussetzen. Die alten Zielsetzungen der Sowjetideologie im militärischen und politischen Bereich unterlagen einem Wandlungsprozess, der Strauß zu der Schlussfolgerung veranlasste: „Hier kann ich - ohne dass ich mich selber zu vergewaltigen brauche - sagen, dass Herr Gorbatschow so viele innere Probleme hat in der Sowjetunion selber und bei den Verbündeten der Sowjetunion, dass auf eine heute nicht absehbare Zeit hinaus an irgendeine militärische Konfrontation meines Erachtens nicht gedacht werden kann. Und wenn die alten sowjetischen Zielsetzungen wegfallen, dann stehen wir an der Schwelle eines neuen Zeitalters." Nach heutigem Standard würde man über die Tonqualität unserer Rundfunkberichte aus dem Jahr 1987 eher die Nase rümpfen. Inzwischen klingt alles voller, glatter, brillanter. Wir hätten damals auch gerne für einen besseren Ton aus Moskau gesorgt, wenn nicht trotz Glasnost und Perestrojka so viele Blockaden die Arbeit der Ausländer eingeschränkt hätten. Zu diesen Einschränkungen gehörte das Telefonieren. Die Qualität unserer Leitungen war oft jämmerlich. Um überhaupt in das Ausland telefonieren zu können, mussten wir eine besondere Nummer bei der Vermittlung anrufen. Als Korrespondenten wurden wir bevorzugt behandelt - mit einer Wartezeit von 20 bis 30 Minuten. Die Wartezeit für Privatgespräche konnte dagegen Stunden dauern. Im Laufe der Jahre wurde dank Glasnost und dank technischer Hilfe die Wartezeit reduziert, bis endlich für viel Geld eine freie Durchwahl in das Ausland möglich war.

Weniger flexibel zeigte sich die Sowjetmacht nach innen. Die Reisen von Ausländern, die außerhalb des Stadtringes von Moskau führten, mussten sogar bis zum Ende der Gorbatschow-Zeit zwei Werktage im voraus registriert und genehmigt werden. Sowjetbürger durften in einem ausländischen Wagen nicht mitfahren. Ich habe mich nicht darangehalten und wurde prompt erwischt. Meine Freunde wurden bestraft, ich erhielt eine Verwarnung vom Außenministerium. Überdies hatte ich mit dem Auto die Stadtgrenze überschritten und war in einem Vorort gelandet, der für Ausländer auf das strengste verboten war. Noch heute verfüge ich über die bis 1989 gültige Liste von Straßen, Brücken und Ortschaften im Bezirk Moskau, die namentlich für Ausländer gesperrt blieben. Tabus nach innen wurden zwar auf dem Papier der Tagespresse schnell infrage gestellt. Bei der Umsetzung im Alltag haperte es jedoch gewaltig. Reform und Kontrolle - so wollten es viele Kader - sollten Hand in Hand gehen.

Szenenwechsel: eine Sporthalle am Stadtrand von Moskau. Im Inneren toben tausend Jugendliche. Sie haben eine Sportveranstaltung zu einem verbotenen Rockkonzert umgemünzt. Die Miliz will eingreifen. Erstmals erlebte ich den Aufstand der Jugend gegen die Staatsgewalt. Und erstmals erlebte ich, wie die Miliz nachgab. Auf der Bühne spielte die Rockband DDT, offiziell mit Auftrittsverbot belegt. Ein Freund hatte mich hierhergebracht. Unter dem Mantel hielt ich ein Mikrophon versteckt. Eine akustische Orgie von Protest und Befreiung brach los. Spott und Hohn schüttete der Sänger über den Kommunismus aus. Die Fans waren nicht zu bremsen. Jahre später produzierte dieselbe Rockgruppe dieselben Lieder auf CD. Aber trotz schlechter Qualität ist mir die authentische Aufnahme aus dem

Untergrund lieber. Bald jedoch drangen die Proteste aus dem Untergrund an die Oberfläche des Landes. Der Rote Platz, jahrzehntelang von KGB-Wachen rund um die Uhr kontrolliert, wurde zum Gegenstand einer der bis dahin größten Massendemonstrationen. Krimtataren, die unter Stalin wegen angeblicher Kollaboration mit den Deutschen deportiert worden waren, kämpften für die Rückkehr in die Heimat. Ihre Hoffnung hieß Gorbatschow. Er hatte verkündet, die weißen Flecken in der Geschichte der Sowjetunion sollten ausgelöscht werden. Die Verbrechen der Stalin-Zeit würden aufgearbeitet. Zu Unrecht Verfolgte sollten rehabilitiert werden.

Eine Zerreißprobe zwischen der staatlichen Macht und den Demonstranten zeichnete sich ab. Noch wenige Jahre zuvor hatte ich miterleben müssen, wie eine kleine Gruppe von Russlanddeutschen auf dem Roten Platz ein Bettlaken ausbreitete mit der Aufschrift „SOS - Wir wollen in unser Vaterland“. Nur Sekunden später sprangen Passanten herbei, die sich als KGB-Schläger entpuppten. Sie prügelten die Russlanddeutschen zusammen, ein grauer Milizwagen raste über den Platz, die Demonstranten wurden hineingestoßen und abtransportiert. Nun war alles anders: Erst achthundert, dann tausend, dann immer mehr Krimtataren hielten Tag und Nacht den Roten Platz besetzt, ohne dass die Miliz oder die KGB-Leute aktiv wurden. Die Demonstranten verlangten nach Gorbatschow. Mit einer schwedischen Rundfunkkollegin stand ich in einem Kessel von diskutierenden Menschen, um Interviews aufzunehmen. In diesem Moment wollte die Miliz eingreifen. Als ausländischen Korrespondenten war es uns verboten, an Demonstrationen teilzunehmen, geschweige denn, Anlass für Demonstrationen zu sein. Plötzlich riefen die Krimtataren sich einander zu: „saditjess, saditjess“, „setzt euch“. Mit ihren Körpern bildeten sie einen Schutzwall um uns Journalisten, während wir verblüfft in der Mitte stehen blieben. Zur eigenen Ablenkung habe ich in diesem Moment begonnen, die angespannte Situation auf Band zu sprechen:

„Jetzt setzen sich alle Leute vor uns auf den Boden als Protestdemonstration, weil die Polizei uns hindern will, die Aufnahmen durchzuführen, und weil die Polizei entgegen den geltenden Regeln die akkreditierten Korrespondenten hier an der Arbeit hindern will. Ich darf die Leute nicht ansprechen, um nicht in den Vorwurf zu kommen, dass ich hier einen öffentlichen Aufruhr mache. Deshalb halte ich mich zurück und beobachte nur die Leute, die uns mit großen, braunen Augen anstarren: Vor mir sitzen viele Frauen, Männer. Sie hocken auf dem Boden. Ich habe so etwas in Moskau noch nie erlebt. Die Miliz allerdings greift nicht weiter ein. Sie hält sich im Moment noch zurück. Sie versucht, mit beschwichtigenden Worten uns zurückzuziehen. Sie sagen immer wieder ´Entschuldigen Sie´. Wir folgen jetzt dem Milizionär zunächst zur Seite...“

Erstmals spürte ich - geschützt von den auf der Erde hockenden Menschen - eine Solidarität, wie ich sie als Korrespondent in der Sowjetunion bis dahin nie kennen gelernt hatte. Dann bestürmten mich die Krimtataren, warum ich der Miliz folge und wegginge. Ich erklärte ihnen auf Russisch, dass ich jetzt nicht mehr mit ihnen sprechen dürfe, es sei denn, sie, die Krimtataren wollten von sich aus mit mir weiterreden und Fragen an mich richten. Das dürfe aber nicht hier am Ort der Demonstration stattfinden. Ich ging weiter - und Dutzende von Menschen folgten mir. Die Aufweichung der starren Staatsgewalt wurde immer deutlicher. Die Miliz war verunsichert. Die Politik von Gorbatschow hatte dazu geführt, dass die alten Werte der kommunistischen Ordnung zerbrachen. Doch etwas Neues schien noch nicht nachzuwachsen. Diesen Zwiespalt bekamen all jene deutlich zu spüren, die von Gorbatschow mehr erwarteten als nur das Signal zu einer kritischen Auseinandersetzung mit Vergangenheit und Gegenwart der Sowjetunion. Bestes Beispiel dafür war das Schicksal von Andrej Sacharow, Bürgerrechtler und Friedensnobelpreisträger. Kurz nach dem Einmarsch der sowjetischen Armee in Afghanistan war Sacharow im Januar 1980 nach öffentlichen Protesten auf der Straße verhaftet und ohne Gerichtsurteil nach Gorki verbannt worden. Wann immer westliche Journalisten nach Sacharow fragten, wurden sie mit kaltschnäuzigen Lügen abgewiesen, bis im Winter 1986 das Gerücht verbreitet wurde, Gorbatschow wolle Sacharow aus der

Verbannung nach Moskau zurückholen.

Das alte Spiel im Grenzbereich zwischen Information und Desinformation funktionierte noch. Am 22. Dezember 1986 erhielt ich spät abends - wie andere Korrespondenten auch – zu Hause einen anonymen Anruf. Der Nachtzug aus Gorki werde eine Überraschung nach Moskau bringen, hieß es. Mehr nicht, kein Hinweis, worum es sich handelte, keine Uhrzeit wurde genannt. Aber mir war klar, es bestand die Chance, dass es sich um die Rückkehr von Sacharow handeln könnte. Gegen fünf Uhr morgens war ich bereits am Jaroslawer Bahnhof. Der Zug sollte mehr als eine Stunde später eintreffen. Auf dem äußersten Gleis entdeckte ich den russischen Maler Boris Birger, der zum Freundeskreis von Sacharow gehörte. In der Nähe warteten zahlreiche Herren in auffällig uniformer Zivilkleidung. Als der Nachtzug aus Gorki einfuhr, stand ich unmittelbar neben Boris Birger, der offensichtlich genauer informiert war. Denn direkt vor uns öffnete sich die Waggontür, und heraus drängte die kämpferische Ehefrau von Andrej Sacharow: „Es geht nicht um mich. Es geht um Andrej Dmitrijewitsch", beschwichtige Jelena Bonner die Menschentraube der meist ausländischen Journalisten. Dann erschien Sacharow in der Waggontür - und blieb unmittelbar neben mir stehen. Ich war in diesem Moment innerlich mindestens so erregt, wie Sacharow selbst bei seinen ersten Worten. Alle Kollegen bestürmten den Bürgerrechtler mit Fragen, die er geduldig beantwortete: Nein, eine Ausreise aus der Sowjetunion werde er nicht beantragen. Er wolle wieder wissenschaftlich arbeiten. Zur Politik könne er wenig sagen. Die letzten sieben Monate habe er nur ein einziges Mal mit einem anderen Menschen auf der Straße ein paar Worte wechseln können. Sonst seien er und seine Frau total isoliert gewesen. Das Ende der Verbannung sei für ihn überraschend gekommen. Sieben Jahre lang besaß er kein Telefon. Plötzlich hätten Techniker ihm einen Apparat installiert, an dem sich kurz darauf Gorbatschow persönlich gemeldet habe, um ihm mitzuteilen, er, Sacharow könne nach Moskau zurückkehren. Dann kam der Bürgerrechtler zum Thema Afghanistan, Ausgangspunkt für seine Verbannung: Afghanistan war für Sacharow die offene Wunde seines Heimatlandes, das brennendste außenpolitische Problem der Sowjetunion.

Der Bürgerrechtler kehrte im Triumph an die Akademie der Wissenschaften zurück. Politisch engagierte sich Sacharow im Volkskongress, wo er zunächst mit, dann aber gegen Gorbatschow für weitere Reformen kämpfte. Denn bald zeigte sich, dass Sacharow in seinen Demokratievorstellungen weiter ging als Michail Gorbatschow. Das Leitthema von Sacharow, der Afghanistan-Krieg, ließ sich nun nicht länger aus der Öffentlichkeit verdrängen. Der Krieg war zu einem Trauma für die Bevölkerung geworden. Immer wieder baten mich Freunde um Geld oder westliche Elektronikgeräte, um wichtige Leute im Militär zu bestechen. Denn mit Bestechung, so glaubten sie jedenfalls, könnten sie ihre Söhne vor einem Kriegseinsatz in Afghanistan bewahren.

Ich erinnere mich an die bedrückende Geschichte einer guten Bekannten. Sie glaubte, ihr Sohn sei zu einem ungefährlichen Auslandseinsatz, vermutlich in Syrien, abkommandiert worden. Ein Foto aus dem Militärdienst ließ den Einsatzort nicht erkennen. Im Brief durften die Soldaten über den Aufenthaltsort in den ersten drei Monaten nichts sagen. Dann kam die Todesnachricht aus Afghanistan, „gestorben bei der Ausübung internationaler Pflichterfüllung". So lautete die Standardformel. Dazu erfolgte eine Geldüberweisung für die Beerdigung. Es war jedoch verboten, auf dem Grabstein zu vermerken, dass der junge Soldat in Afghanistan gefallen war. Beim Thema Afghanistan versuchte das Militär Glasnost, die neue Offenheit, immer wieder zu unterdrücken. Der Afghanistan-Krieg wurde sogar noch weiter idealisiert, obwohl die meisten ahnten, dass dieser Kampf bereits verloren war:

In dieser Situation erlebte ich eine makabre Feier zum 70. Jahrestag der Sowjetarmee, bei der sogar junge Mädchen den Einsatz ihrer Freundin in Afghanistan bejubelten: „Unsere Freundin Leutnant Waronina dient in Afghanistan. Und wir sind stolz auf sie!" Ein Dreikäsehoch lobte mit stolzgeschwellter Brust die Sowjetarmee als die stärkste Armee der Welt. Jung und Alt jubilierten gemeinsam, stimmstark, wenn auch musikalisch nicht gerade sehr harmonisch. Das Bild des tapferen Sowjetmenschen, der allen Kriegen trotzt, gehörte zu den letzten Resten von Selbstbewusstsein, die das zerberstende System seinen Bürgern bieten konnte. Der „obyknowjennyj sowjetskij tschelowjek", der gewöhnliche Sowjetmensch, musste als letzte gemeinsame Identität herhalten, nachdem die Ideale des Kommunismus zerbrachen und die nationale Frage sich zum Sprengstoff für den Zusammenhalt des riesigen Vielvölkerstaates entwickelte.

Auch Glasnost und Perestrojka konnten nicht an dem Mythos der Oktoberrevolution kratzen. Das martialische Zeremoniell der Elitetruppen auf dem Roten Platz fand weiterhin Jahr um Jahr statt, begleitet von den heroischen Reportagen im sowjetischen Fernsehen. Vor dem Leninmausoleum marschierten als Symbol sowjetischer Unverwundbarkeit die Truppen der Armee, die Truppen des Innenministeriums, die Grenztruppen des KGB.

Wer den Roten Platz nur von Bildern kennt, wird erstaunt sein, wie klein die Fläche in Wirklichkeit ist. Umso bedrückender wird der ausländische Beobachter auf der Besuchergalerie neben dem Leninmausoleum von Marschmusik und Panzerketten akustisch überrollt. Ein Eindruck, der früher sicher gewollt war, um Stärke und Abschreckung zu demonstrieren. Doch dann landete auf eben diesem Roten Platz ein kleines Sportflugzeug mit dem deutschen Piloten Matthias Rust. Er hatte alle Radarkontrollen unterlaufen und wurde von den ersten Moskowitern Schulter klopfend begrüßt. Genau genommen landete er auf der ansteigenden Zufahrtstraße zum Roten Platz, die vom Fluss Moskwa zur Basilius-Kathedrale führt. Fast neben dieser Kathedrale brachte er sein Sportflugzeug zum Stehen. Dies erfuhr die Öffentlichkeit erst später aus dem Amateurvideo eines britischen Touristen, der den Anflug und die Landung vom benachbarten Hotel Rossija aus filmte. Zunächst aber war Katastrophenstimmung angesagt. Gerüchte machten die Runde. Ein deutscher Spion habe mit seinem Flugzeug eine Bombe über dem Kreml direkt am Roten Platz abwerfen wollen. Was für den Westen wie das Lausbubenstück eines übermütigen jungen Piloten aussah, war für die Sowjetunion weitaus tragischer. Das Symbol der Unverwundbarkeit, der Rote Platz mit dem Kreml, das Zentrum der Sowjetmacht schlechthin, war beschädigt worden. Bald mussten sich die Sowjetbürger daran gewöhnen, dass auch die Armee als militärisches Symbol der Unverwundbarkeit ihren Glanz einzubüßen drohte. Die orthodoxe Kirche kehrte mit einem Requiem für die gefallenen Soldaten in Afghanistan erstmals wieder in die Öffentlichkeit zurück, ausgestrahlt vom sowjetischen Fernsehen. Zwei Tabus wurden dabei gebrochen: der Afghanistan-Krieg wurde nach Jahren bemühter Jubelorgien nun zu einem landesweiten Trauerfall erklärt; und die orthodoxe Kirche übernahm dabei die Rolle des Trösters in nationaler Not. Kontrastreicher konnte für die Sowjetbürger der Wendepunkt in Gorbatschows Afghanistan-Politik kaum eingeleitet werden. Bald häuften sich in den Zeitungen Reportagen vom Schrecken dieses Krieges. Junge Veteranen klagten Staat und Gesellschaft an. Filmreportagen zeigten, wie der Krieg viele Soldaten in Drogenabhängige verwandelt hatte. Schließlich bewilligte mir das sowjetische Außenministerium einen langjährigen Antrag. Ich durfte, zusammen mit einigen Kollegen, in das Kriegsgebiet nach Kabul reisen. In Moskau hatte ich zuvor mehrfach Gelegenheit, den damals starken Mann Afghanistans, Nadschibullah, zu treffen. In fließendem Russisch erläuterte er den angeblich bevorstehenden Sieg seiner Armee. Dann änderte Nadschibullah seinen Namen. Er strich den Hinweis auf Allah, nannte sich nur noch Nadschib und erklärte seine Gegner zu fundamentalistischen Glaubenskriegern, die auch dem Westen bedrohlich werden könnten. Um dies alles selbst in Augenschein zu nehmen, starteten wir Richtung Afghanistan. Doch als wir nach sechs Stunden den Hindukusch überquerten, wartete ich vergeblich auf den Landeanflug Richtung Kabul. In unverminderter Höhe glitt die Maschine weiter bis über den Talkessel der afghanischen Hauptstadt. Plötzlich erschienen an beiden Seiten der Bordfenster sowjetische Jagdflieger.

In respektvollem Abstand nebelten sie den Luftraum mit einer Magnesiummischung ein, um Wärme suchende Raketen der Mudjaheddin von uns abzulenken. Dann begann der spiralförmige Landeanflug auf Kabul. Der Flugkapitän hatte dabei keinen Spielraum zu verschenken und musste in engsten Kurven die

Maschine über dem Talkessel sinken lassen. Wer bis dahin alle Achterbahn-Fahrten gut überstanden hatte, erlebte hier eine neue Herausforderung. Als die Maschine sich noch gut hundertfünfzig Meter über dem Boden befand und auf die Landebahn zuflog, tauchten Jagdhubschrauber auf. Auf den letzten Metern sicherten sie die Landung ab, indem sie die Randstreifen rechts und links außerhalb der Landebahn beschossen. Ich konnte zunächst nicht entscheiden, ob das alles nur eine gut inszenierte Show war, oder ob die Rebellen tatsächlich schon den Flughafen und den Stadtrand von Kabul kontrollierten. Bald sollte ich die Lage besser verstehen. Zunächst jedoch ging es zum Beten in die große Moschee von Kabul. Das heißt, wir Korrespondenten wurden auf eine Balustrade geführt, um in Bild und Ton festzuhalten, was nun die neue Lesart des Krieges war: Auf dem Boden der Moschee hockte die gesamte afghanische Führung auf den Knien, um das Gebet zu verrichten: Nadschib, der jetzt wieder Nadschibullah hieß, dann sein Verteidigungsminister sowie weitere hohe Militärs, umgeben von Hunderten von Gläubigen. Die Gegner der fundamentalistischen Glaubenskrieger waren plötzlich selbst Glaubenskrieger geworden. Vor der Moschee kam es dann zu jenem Erlebnis, das von der erstaunlichen Wandlungsfähigkeit des Herrn Nadschibullah zeugte. Wir Korrespondenten standen bereits im Innenhof der Moschee, als Nadschibullah herauskam. Eine schaulustige Masse bedrängte uns. Ich zückte mein Mikrophon, marschierte direkt auf Nadschibullah zu und sprach ihn auf Russisch an:

„Sdrasdwujtje, towarischtsch Nadschib, wy konjetschno pomnite, ja jawljajuc korrespondentom is Moskwy" - „Hallo Genosse Nadschib, Sie erinnern sich wohl, ich bin Korrespondent aus Moskau."

Doch weiter kam ich schon nicht. Nadschibullah wehrte vehement mit beiden Händen ab: „No Russian, English please, I don't speak Russian." Dann zog mich ein Sicherheitsmann zur Seite und flüsterte mir ins Ohr: „Bloß kein Wort Russisch in der Öffentlichkeit." Mehr brauchte ich nicht zu wissen, um zu verstehen, auf welch verlorenem Posten die sowjetische Armee ihren Afghanistan-Krieg betrieb. Der nächste Tag, als Nadschibullah von einer Art Volksversammlung zum neuen Staatspräsidenten gewählt werden sollte, bestärkte meinen Verdacht, dass Kabul militärisch kaum zu halten war. Meine alten Tonbandaufzeichnungen dokumentieren jenen Tag: „Ich bin vor dem Malimah-Pal-Hotel in Kabul, dem ehemaligen Intercontinental-Hotel. Das Maschinengewehrfeuer kann nicht sehr weit von uns entfernt sein. Vor mir erstreckt sich ein Berg, etwa siebenhundert Meter von dem Hotel entfernt. Dort hinter wird wie wild geschossen. Zu meiner Rechten liegt die große Tiefebene, in der auch das Gebäude steht, in der die Volksversammlung heute die Verfassung verabschieden wird und möglicherweise auch den neuen Staatspräsidenten wählen wird. Seitdem die Volksversammlung zusammengetreten ist, haben offensichtlich Mudjaheddin das Feuer um Kabul herum eröffnet. Man hört leichte Artillerie bis spät in die Nacht hinein und nun seit dem frühen Morgen Maschinengewehrsalven in den Bergen rings um Kabul.“

Ich flog nach Moskau zurück und ahnte, dass der sowjetische Abzug aus Afghanistan nur noch eine Frage der Zeit sein konnte. Für Gorbatschow allerdings war damit ein großes Problem verbunden. Wie konnte er der sowjetischen Militärführung diese Niederlage zumuten, ohne sich Feinde zu machen? Gorbatschow hat dieses Problem nie zu lösen vermocht. So konnte der letzte Verteidigungsminister der Sowjetunion, General Jazow, die Niederlage des Militärs in Afghanistan nicht verwinden und schlug sich später auf die Seite der Putschisten gegen Gorbatschow.

Doch nicht nur im Militär, auch in der politischen Führung rief Gorbatschow manche Konfrontation hervor. Je länger Gorbatschow im Amt blieb, desto widersprüchlicher wurde sein Kurs von Reform und Gegenreform, desto kritischer wurde die Bevölkerung, deren Beschwerden er sich immer wieder auf Reisen im Land stellte. Im sibirischen Krasnojarsk schimpften die Leute über leere Geschäfte und korrupte Parteibosse. Gorbatschow - und mit ihm das sowjetischen Fernsehen waren zur Stelle. „So etwas muss geändert werden“, lautete die Standardparole von Gorbatschow. Doch der von ihm praktizierten Offenheit folgte in der Bevölkerung selbst nur selten Eigeninitiative.

Die Menschen waren zu sehr daran gewöhnt, dass man ihnen nicht nur das Denken, sondern auch das Handeln vorschrieb. Boltatj - schwatzen, plappern, mit dieser Vokabel belegte der Volksmund bald die endlosen Reden, Statements und Auftritte von Gorbatschow. Auch unter vielen Parteikadern wurden Gorbatschows Reden von der Vertiefung, Erweiterung und dem Ausbau der Perestrojka, die Schlagworte vom menschlichen Faktor und der Demokratisierung weniger ernst genommen als vom Ausland. Unter den angepassten oder überzeugten Anhängern von Gorbatschow fiel schon sehr früh ein Mann wegen seiner ungewöhnlich robusten und unverfälschten Sprache auf: Boris Jelzin. Der Parteichef aus Swerdlowsk - heute wieder Jekaterinburg - wurde von Gorbatschow nach Moskau geholt, um den dortigen Parteisumpf von Protektion und Mafiamethoden trockenzulegen. Die ersten Amtshandlungen brachten dem neuen Stadtparteichef Jelzin jene Popularität, mit der er später seinen politischen Feldzug gegen Gorbatschow gewann. Wenige Tage nach seinem Dienstantritt ließ sich Jelzin früh morgens mit seinem Dienstauto in eine der großen Trabantensiedlungen am Stadtrand von Moskau fahren. Anschließend versuchte er, mit öffentlichen Verkehrsmitteln sein Büro im Stadtzentrum zu erreichen. Bei den zahlreichen Pannen der stets überfüllten Busse und den unglaublichen Warteschlangen, brauchte Jelzin zwei Stunden, ehe er in seinem Büro ankam. Seine öffentliche Reaktion darauf: „Jetzt kann ich verstehen, warum die Leute lieber blaumachen, statt sich auf diese Art zur Arbeit zu quälen.“ Damit löste Jelzin Jubel bei der Bevölkerung aus. Er legalisierte den Schwarzhandel in Moskau, errichtete kleine Marktbuden für private Verkäufer und strich Versorgungsprivilegien der Nomenklatura. Für Gorbatschow, der eine kämpferische Anti-Alkohol-kampagne vertrat, hatte Jelzin aber einen entscheidenden Fehler. Boris Jelzin, der populäre Stadtparteichef von Moskau, trank mehr als ihm gut tat. Der zweite Fehler Jelzins war - in Augen von Gorbatschow - noch schlimmer. Denn Jelzin kritisierte öffentlich den zögerlichen Reformwillen des Generalsekretärs - und er kritisierte den zunehmenden Einfluss von Raissa Maximowna Gorbatschowa, der Frau von Michail Gorbatschow, innerhalb der Parteigremien. Die Abrechnung, die Gorbatschow mit Jelzin betrieb, war gnadenlos - und diese Abrechnung ist der Schlüssel für Gorbatschows endgültigen politischen Sturz in der Sowjetunion. Im Zentralkomitee musste der damals kranke, mit Medikamenten aufgeputschte Jelzin im Stil der Stalinzeit bekennen, dass er sich schuldig gemacht habe vor Michail Gorbatschow und vor der ganzen Kommunistischen Partei. Dann verlor Jelzin alle Parteiämter und wurde in das Bauministerium verbannt. Wer damals mit dem gestürzten Politiker zusammentraf, konnte dessen tiefe Verbitterung erleben. Aus dem Parteimann wurde ein Parteirebell. Und er rebellierte mit Unterstützung der Moskauer im März 1989 gegen Gorbatschow. Niemand konnte ihm mehr seine Auftritte streitig machen. Massen kamen unter freiem Himmel zusammen, um Jelzin zu hören. Bei den ersten halbwegs freien Wahlen erhielt er fast 90 Prozent aller Stimmen in der sowjetischen Hauptstadt. Die üblichen Verleumdungskampagnen des KGB gegen den Trunkenbold Jelzin bewirkten das Gegenteil. „Endlich einer von uns", sagten die Russen und jubelten mit Jelzin, der sich über seinen Wodkakonsum öffentlich lustig machte. Kurzfristig lebte noch einmal auf, wofür ich als Korrespondent in der Sowjetunion niemals Verständnis hatte: Andere ausländische Kollegen ließen sich von KGB-Halbleitern einspannen, dieses Mal für die Anti-Jelzin Kampagne: Der Mann sei schwer krank, hieß es. Er habe nur noch wenige Wochen zu leben. Wir sollten ihm nicht soviel Aufmerksamkeit schenken. Wir überforderten ihn mit unseren dauernden Interviewwünschen. Und letztlich werde Jelzin den Sommer 1989 nicht überleben. Dann hätten wir alle auf den falschen Politiker gesetzt. Was aber wäre damals die richtige Lesart für die weitere Entwicklung der Sowjetunion gewesen. Gorbatschow hatte ohne Zweifel das System reformieren, aber nicht abschaffen wollen. Seine Gegner kamen aus verschiedenen Lagern:

- Die Kommunisten alter Prägung, die keine Reform wollten. Die Militärs, die ihre einstige Größe beschmutzt sahen.

- Die Nationalisten, die den Vielvölkerstaat auflösen wollten.

- Die Radikalreformer, die eine politische und wirtschaftliche Schocktherapie anstrebten.

Was für die einen wie ein Wunder an Veränderung wirkte, war den anderen nicht genug und den Dritten wiederum zu viel Reform. Über all die Jahre verfolgte ein Mann in Deutschland die Perestrojka mit größter innerer Bewegung: Wolfgang Leonhard. Er war in Moskau aufgewachsen und politisch erzogen, um später die DDR mit aufzubauen. Dabei wurde Wolfgang Leonhard zu einem der prominentesten Dissidenten. Sein Buch „Die Revolution entlässt ihre Kinder" war eine der ersten Abrechnungen mit dem Stalinismus. Die Sowjetunion hatte Leonhard jahrzehntelang nicht mehr betreten dürfen. Doch endlich war es soweit. Unter Gorbatschow durfte Wolfgang Leonhard, dem ich seit Beginn meiner Zeit als Osteuropakorrespondent viele wichtige Gespräche verdanke, wieder nach Moskau. Wir trafen uns damals zufällig in der Kantine vom staatlichen Presseamt und mehr nebenbei nahm ich auf, was dem zurückgekehrten Dissidenten damals in Moskau durch den Kopf ging. Bemerkungen zum politischen Umbruch ebenso wie zu seiner Person: „Das erste und wichtigste ist, zwischen Glasnost, der öffentlichen Transparenz, der Vergangenheitsbewältigung, der Veränderung des kulturellen und politischen Klimas auf der einen Seite und Perestrojka, der Umgestaltung des Systems, einer Wirtschaftsreform, Justizreform, Nationalitätenpolitik und Auflockerung des Staatsapparates zu unterscheiden. Im Bereich der Glasnost hat sich Gewaltiges verändert. Die Tabus wurden Schritt um Schritt gebrochen. Zum ersten Mal berichtet die sowjetische Presse über Korruption, über Bestechung, über Kriminalität, über Drogenhandel, über den Alkoholismus mit genauen Angaben. Das hat es noch nie in der sowjetischen Entwicklung gegeben. Bücher, von denen man jahrzehntelang nur träumen konnte, Anna Achmatowa, Nadjeshda Mandelstam, Pasternaks Dr. Shiwago, die Gedichte von Gumiljow, die seit Jahrzehnten verboten waren, erscheinen heute in Massenauflagen. Und das allerwichtigste ist das Buch von Anatoli Rybakow „Die Kinder vom Arbat", die erste Schilderung der großen Säuberung von 1936-1938. In jenen zwei Jahren wurden sieben Millionen Menschen verhaftet, was mich besonders bewegt hat. Denn das waren ja die Jahre, die ich selbst miterlebt habe. Und ich habe jetzt schon Verhandlungen, dass Auszüge aus meinem Buch „Die Revolution entlässt ihre Kinder" in sowjetischen Zeitschriften erscheinen. Das heißt, im Bereich der Vergangenheitsbewältigung, der Pressevielfalt, der offenen und freien Diskussionen über Mängel und Missstände, über zukünftige Reformen, das alles hat sich sehr weitgehend verändert. Der zweite Bereich, die Perestrojka, vor allem auch die große Wirtschaftsreform, die Justizreform, die Nationalitätenreform, das Mehrkandidaten-System im politischen Bereich, all das sind sehr schwierige Dinge.

Das Reformvorhaben ist notwendig und richtig. Die Verwirklichung ist viel schwieriger als man manchmal in der bundesrepublikanischen Öffentlichkeit annimmt, schwieriger, weil es sowohl Skepsis in Teilen der Bevölkerung gibt als auch einen hinhaltenden Widerstand in den Bürokratien. Glasnost ist schon sehr weit verwirklicht, Perestrojka steht erst in den Anfängen. Kritisch würde ich vermerken, dass sich die Versorgungslage der Bevölkerung bedauerlicherweise nicht verbessert hat, sondern im Gegenteil noch ernster geworden ist. Und meine sowjetischen Gesprächspartner haben das ganz offen ausgesprochen und damit die Überlegung verknüpft, dass wenn es nicht gelingen sollte, in zwei bis drei Jahren die Versorgungslage der Bevölkerung entscheidend zu verbessern, dass dann eine größere Skepsis in größeren Teilen der Bevölkerung sich ausdehnen wird."

Die wirtschaftliche Lage hat sich für die Bevölkerung durch die Gorbatschow-Reformen nicht verbessert. Die nationalen Widersprüche führten zu Konflikten und Kriegen. Gorbatschow stürzte und ist heute einer der am wenigsten angesehen Politiker in Russland. Viele Menschen haben meine Arbeit als Korrespondent in diesen bewegten sechs Jahren zwischen 1983 und 1989 begleitet. Von der politischen Öffnung über die Kritik am eigenen System bis hin zu den ersten halbwegs freien Wahlen. In dieser Zeit traf ich mich häufig mit Sascha. Er arbeitete beim staatlichen Jugendverband, war Journalist und schrieb nebenher seine Lieder. Erziehung zum Atheismus war die publizistische Aufgabe, mit der er sich beschäftigen musste. Noch zu Beginn der Perestrojka wollte ich über das wachsende Interesse der Jugend an Religion eine Sendung machen. „Sascha", sagte ich,

„Du bist sicher der falsche Ansprechpartner. Aber kennst Du nicht irgendwelche Jugendliche, die sich für Religion interessieren." Sascha blickte mich verwundert an, dann knöpfte er sein Hemd auf und zog eine kleine Kette mit einem Kreuz hervor. „Ich habe mich gerade taufen lassen", meinte er. Jetzt erst verstand ich den Ernst einer Karikatur, die ich in einer sowjetischen Zeitschrift entdeckt hatte. Ein Mädchen kniet inbrünstig betend vor der Ikonenecke der elterlichen Wohnung. Der Vater glaubt, seine lebenslustige Tochter nicht wieder zu erkennen. „Pst", macht da die Mutter - und erklärt: „Unsere Natascha betet, damit sie ihre Prüfung in wissenschaftlichem Atheismus besteht." Viele Menschen in der Sowjetunion haben zwei Leben geführt, ein inneres und ein äußeres. Ideologie und Wirklichkeit stimmten selten überein. Die Politik von Glasnost und Perestrojka hat diesen Widerspruch offenbart. Der Sozialismus ist daran gescheitert. Der Vater dieses Reformprozesses, Michail Gorbatschow, ist dabei das prominenteste Opfer dieser Veränderungen geworden.

MENSCHEN UND MÄCHTIGE

NEUER MANN AUF ALTER LINIE?
Konstantin Tschernenko löst Jurij Andropow ab[6]

Mit einem groben Strohbesen klopft die Putzfrau frischgefallenen Schnee von der Blumenpracht und glättet die roten Schärpen mit den Goldlettern. Behutsam fegt sie danach eine kleine Fläche vor ihren Füßen blank. Neugierig verfolgen Touristen aus der Ferne die Bewegung und tuscheln leise: „Dort muss es sein, da liegt er." Gemeint ist Moskaus neueste Sehenswürdigkeit, das Grab des Staats- und Parteichefs Andropow am Roten Platz, das auch eine Woche nach der Beerdigung durch seinen Blumenschmuck deutlich an der Kreml-Mauer auszumachen ist. Wo später einmal ein Gedenkstein aufgestellt werden soll, reflektiert vorerst ein metallblitzender Ährenring mit Hammer und Sichel das fahle Winterlicht. Noch gibt die sowjetische Hauptstadt nicht zu erkennen, ob mit Andropows Tod eine Ära oder doch nur eine Episode zu Ende gegangen ist. Die Trauerbeflaggung und die schwarz-rotumrandeten Gedenkbilder sind schnell aus dem Stadtbild verschwunden. Der neue Mann im Amt ist den Menschen noch nicht präsent. Die Verkäuferin im „Haus der Bücher" am Kalinin-Prospekt schüttelt jedenfalls heftig den Kopf: „Nein, Tschernenko-Poster gibt es noch nicht. Da müssen Sie warten. Wir haben aber noch Andropow auf Lager."

Nur in der Abteilung für politische Literatur macht sich der Wachtwechsel bemerkbar. Es gibt Titel über die Parteiarbeit, und

---

[6] Zunächst unterlag der Hoffnungsträger Gorbatschow beim Kampf um die Nachfolge von Andropow noch der alten Riege im Politbüro. Der bisherige Ideologiechef Tschernenko setzt sich durch. Doch nach nur wenigen Wochen im Amt erwies er sich bereits als handlungsunfähig, um den Herausforderungen der Sowjetunion gerecht zu werden. Erstveröffentlichung: Neuer Mann auf alter Linie? Im winterlichen Moskau ist noch nicht viel von Konstantin Tschernenko zu spüren. In: DIE ZEIT, Nr. 9, 24. Februar 1984.

eine Neuauflage von Tschernenkos gesammelten Reden ist Ende Januar, also gerade rechtzeitig, erschienen. Keines der imposanten Werke ist unter vierhundert Seiten stark. Dem Interessenten möchte die Händlerin gleich alle Bücher verkaufen, „weil man sie ja sowieso in der nächsten Zeit brauchen wird". Die erste Überraschung nach Tschernenkos Wahl zum Generalsekretär der KPdSU kostet nur zehn Kopeken: eine 32-seitige Broschüre mit den Materialien des außerordentlichen ZK-Plenums, auf dem die Nachfolge-Entscheidung gefallen war. Sie enthält nicht nur die bereits veröffentlichten Reden, sondern auch eine 29 Zeilen lange Ansprache des Politbüro-Mitgliedes Michail Gorbatschow. Von ihm war stets die Rede gewesen, wenn es um eine Alternative zum 72-jährigen Tschernenko ging. Nicht wenige Beobachter sahen in der Wahl Tschernenkos eine Entscheidung gegen Gorbatschow, den erst 53-jährigen Landwirtschaftsfachmann, ZK-Sekretär und Repräsentanten der so genannten Junioren-Riege in der obersten Parteiführung.

Nun wird dieses Bild zurechtgerückt. Gorbatschow durfte nicht nur die einmütige Wahl Tschernenkos vor dem Plenum feststellen, er verschaffte sich mit den Worten: „Das Plenum ist beendet" auch protokollarischen Respekt, der zukunftsträchtig sein kann. Offenbar hat Gorbatschow die Sondersitzung des ZK geleitet, was seine Bedeutung im Politbüro belegt. So erklärt sich jetzt auch die Formation der Parteiführung bei der Trauerfeier für Andropow. Da nämlich wurde der designierte Andropow-Nachfolger links flankiert von Regierungschef Tichonow und an seiner rechten, protokollarisch bedeutenderen Seite von Gorbatschow. Es besteht daher kaum noch ein Zweifel: Der relativ junge Gorbatschow ist von der Altherren-Riege im Kreml nicht ausmanövriert worden, er hat seine Stellung im Politbüro vielmehr ausgebaut und kann von dort aus gelassen das derzeitige Regiment des Triumvirats - Tschernenko, Gromyko und Ustinow - überdauern. Anders hingegen ist es dem aserbaidschanischen Saubermann Gejdar Alijew ergangen. Auch er galt als einer der Nachfolge-Favoriten, aber er wurde bei der Neuverteilung der Macht ganz an den Rand des Politbüros gedrängt. Verwirrung lösen schließlich noch die Vermutungen um Witali Worotnikow aus. Dem Ministerpräsidenten der Russischen Föderativen Sowjetrepublik war erst im vergangenen Dezember der Sprung ins Politbüro gelangen. Er galt als anerkannter Andropow-Mann und als Symbol für die trotz Krankheit vorhandene Entscheidungskraft und den Einfluss des Parteichefs, der sich monatelang nicht mehr öffentlich gezeigt hatte. Doch Worotnikow fehlte bei der Abschiedszeremonie an Andropows Aufbahrungsstätte, obwohl das Protokoll getreu dem russischen Alphabet seine Anwesenheit ganz oben notierte. Unterdessen stellt sich das Sowjetvolk wieder auf vertraute, inzwischen längst überholt geglaubte Sitten ein.

Lobenshymnen auf den Generalsekretär, die man in den letzten fünfzehn Monaten so angenehm vermisst hat, gehören erneut zum politischen Alltag. So erscheint im Fernsehen der moldawische Kolchosleiter und der usbekische Maschinist, die beide immer schon gespürt haben, welche hervorragende Führungspersönlichkeit, welch wirklich Leninscher Typ der neue Mann an der Parteispitze ist. Die beiden sind anscheinend nicht allein. Die abendliche Nachrichtensendung Wremja präsentiert jedenfalls immer neue Beweise der Zuneigung, Hochachtung und Wertschätzung für Tschernenko. So gerät der Einleitungssatz einer Meldung über Grußadressen an den neuen Generalsekretär im Druck neunzehn Zeilen lang, weil keine gesellschaftlich wichtige Gruppe fehlen darf: die Parteiorganisationen, die Komsomolzenverbände, die Kulturschaffenden, die Arbeitskollektive, das Militär – alle wollen im selben Atemzug genannt werden, um nicht mit ihren Erfolgswünschen für den neuen Mann zurückzustehen. Der neue Stil prägt auch die Wahlreden, mit denen sich die Kandidaten für die Abstimmung zum Obersten Sowjet am 4. März vorstellen.

Plötzlich wird Tschernenkos politischer Beitrag auf dem ZK-Plenum im Juni vergangenen Jahres vor der Leistung Andropows eingestuft. Diese Aufwertung ist zwar noch nicht durchgängig, aber erfahrene Apparatschiks wie der Breschnew-Mitstreiter und ZK-Sekretär Michail Simjanin wissen die neue, alte Linie zu deuten. Simjanin hat bereits Tschernenkos altes Losungswort vom Kampf gegen die bürgerliche Ideologie wiederaufleben lassen, das nun von einigen Künstlern wie ein Damoklesschwert über ihrer Art von Kulturverständnis gefürchtet wird. Wo lässt sich unter diesen Umständen eine veränderte, beweglichere Politik erwarten? Bisher gibt es darauf nur eine unbefriedigende Antwort: Das Neue an Tschernenkos Regime besteht wohl in der Wiederholung des Alten, nicht nur dem Stil, auch dem Inhalt nach. Es ertönen die gewohnten Bekenntnisse zu friedlicher Koexistenz, zu Verhandlungen, aber unter den bekannten Vorbedingungen.

Großherzige Gesten wie ein Angebot zur Verschrottung sowjetischer Raketen wird es in naher Zukunft nicht geben. Die außenpolitischen Erklärungen, die Tschernenko während der Beileidsbesuche westlicher Regierungschefs abgab, tragen eindeutig die harte Handschrift Gromykos. So zeigte das sowjetische Fernsehen einen Bundeskanzler Kohl, der vom neuen Kremlchef wegen der Raketenaufstellung gemaßregelt wurde. In den bundesdeutschen Medien hingegen wurde das dreißigminütige Treffen zu einem Beweis staatsmännischer Aktivitäten im deutsch-sowjetischen Verhältnis stilisiert. Kein Wunder, dass Moskau rasch noch eine erneute Kritik an Kohl nachschob. Auch unter Tschernenko wird die Sowjetunion weiterhin glauben, sie sei in der Raketenfrage vom Westen - von der Bundesrepublik besonders - hinters Licht geführt worden.

Im Augenblick scheint im Kreml nur Kanadas Regierungschef Trudeau gut gelitten zu sein. Seine Visite - eingereiht in Tschernenkos Gespräche mit Fidel Castro, Ortega aus Nicaragua und Karmal aus Afghanistan - zeigt nach außen Einmütigkeit. Allerdings kann sich die sowjetische Führung auf dem allgemeinen Nenner einer „ernsten Bedrohung über die wachsenden Spannungen in der Welt" auch mit anderen Regierungen treffen, vorausgesetzt sie will es. Gegenüber einigen Ländern will der Kreml offenbar kühle Distanz demonstrieren. Das Beispiel Japan zeigt hier Kontinuität: Im Rahmen der Beerdigungsdiplomatie musste der japanische Außenminister von seinem sowjetischen Kollegen einen Rüffel hinnehmen. Bisher - so das Besucherbulletin ungeniert - fehle es in Japan an dem notwendigen Widerhall für gutnachbarliche Beziehungen mit der Sowjetunion. Nur we-

nig später erklärten die Sowjets vor Ort in Tokio, sie würden
Japans Aufrüstung und die geplante Entsendung amerikanischer
Kampfflugzeuge nicht stillschweigend hinnehmen. Inzwischen
hat Moskau einen zweiten Flugzeugträger losgeschickt, um seine
Pazifikflotte zu stärken. Doch das sind Schritte, die noch nichts
über Moskaus neue Außenpolitik aussagen, weil sie gewiss nicht
erst mit der Wahl Tschernenkos zum Generalsekretär eingeleitet
wurden.

DIKTATOR UND POET DAZU
Ein Film zum Andenken an Jurij Andropow ist die Sensation von Moskau[7]

Die schwere SIL-Limousine gleitet über den Roten Platz, taucht unter dem Spaskij-Turm an der Kreml-Mauer hindurch und schwenkt vor dem Regierungsgebäude ein. Sanfter Stopp, heraus steigt der Parteichef. Die Kamera verfolgt seinen Weg in das Sitzungszimmer des Politbüros, er wird zackig gegrüßt von der Kreml-Garde. - Das sind die ersten Szenen aus einem Film über Jurij Andropow, der in Moskau vor erlesenem Publikum Premiere feierte. Seine früheren Berater, hohe KGB-Leute und Moskaus Kulturschickeria waren ebenso in den kleinen Saal des Kinotheaters Oktjabr am Kalinin-Prospekt gekommen wie Sohn Igor, der die Sowjetunion in Griechenland als Botschafter vertritt. Was auf der Leinwand zu sehen war, verdient für sowjetische Verhältnisse die Bezeichnung „sensationell".

Zum 70. Geburtstag des im vergangenen Februar verstorbenen Parteichefs wurde kein Verschnitt aus öffentlichen Auftritten und Reden geliefert, sondern das sehr intime Porträt eines Mannes, der für seine Frau Liebeslyrik schrieb und sich per Gedicht mit dem nahenden Tod auseinandersetzte. Im Gegensatz zu dem sonst traditionell abgeschirmten Familienleben der Sowjetführer wagte sich Tatjana Filipowna vor die Kamera, Andropows Witwe, über deren Existenz bis zu seinem Tod nur gerätselt wurde. Sie schildert schlicht, wie sie ihren Mann bei der Jugendorganisation Komsomol kennen und lieben gelernt hat. Seine Stimme, sein Gesang haben sie bezaubert. Fotos aus den Jahren der Familienidylle mit den Kindern geben ihrer Schilde-

---

[7] Nachdem Tschernenko die Reformansätze von Andropow gestoppt hatte, wurden nun von engagierten Reformern im Staats- und Parteiapparat indirekt Erinnerungen an den Jurij Andropow gepflegt. Dies geschah stets in Verbindung mit Hinweisen auf Michail Gorbatschow, auf den die Reformer weiterhin als den späteren Hoffnungsträger der KPdSU setzten. Erstveröffentlichung: Diktator und Poet dazu. Ein Film über Jurij Andropow ist die Sensation von Moskau. In: DIE ZEIT, Nr. 25, 14. Juni 1984.

rung etwas rührend Alltägliches. In einer Rückblende fängt der Film die dörfliche Umgebung von Andropows Heimatort Nagutskaja ein. Das sowjetische Publikum wird bemerken, dass der viel gelobte Parteichef wie sein späterer Nachfolger Gorbatschow aus dem Gebiet von Stawropol stammt. Von dort führt der Film über die vielen Stationen der Karriere bis in die Moskauer Stadtwohnung am Kutusowskij Prospekt 26. Im gleichen Haus, in dem auch Breschnew als Mieter registriert war, lebte die Familie angeblich seit mehr als dreißig Jahren. Geblümte Stoffe, lackierte Holzmöbel zeugen von biederer Behaglichkeit. Am Tisch sitzen Mutter, Sohn und Tochter, für die Aufnahmen in Sonntagsstaat gekleidet, doch nur Andropows Witwe ergreift das Wort; ihre erwachsenen Kinder lauschen artig. Ein Schwenk - und die Leinwand ist übersät mit Büchern, die in Andropows Arbeitszimmer aufgestellt sind. Neben den Klassikern des Marxismus-Leninismus hat sich der Politiker auch mit Dante und Kant befasst. Dann zeigt die Kamera Don Quichotte als Holzfigur, streift kurz ein impressionistisches Blumenaquarell. Noch im Nachhinein wird das Image des aufgeklärten, in westlicher Literatur belesenen Parteiführers gepflegt. Selbst sein Deckname Magikas aus der Zeit der Partisanenkämpfe in Karelien ist eine Anleihe aus der russischsprachigen Fassung von David Copperfields Buchtitel vom letzten Mohikaner. Hinter Glas entdeckt der Zuschauer ein Foto Andropows mit dem ungarischen Parteichef János Kádár. Beide verband eine lange Freundschaft aus der Zeit als Andropow Botschafter in Ungarn war.

Für das Publikum hält der Film einen Schock bereit: Der Ungarn-Aufstand 1956 wird in drastischen Zeitdokumenten vorgeführt. Straßenschlachten, zerschossene Sowjetsterne, brutal erschlagene Opfer der Unruhen. Der Kommentar ist einseitig, aber auch vielsagend. Andropow – so erzählt János Kádár vor der Kamera – habe sich in dieser Ausnahmesituation nicht schablonenhaft verhalten, sondern dem Land viel geholfen. Dass die Sowjetarmee den Aufstand niedergeschlagen hat, wird verschwiegen. Wer etwas zu sagen hat im Nach-Andropow-Russland, taucht im Bild auf. Zu Wort kommt jedoch keiner von ihnen. Nur ein Mann fehlt ganz und gar: Andropows unmittelbarer Nachfolger Tschernenko. „So etwas hat es noch nicht gegeben“, urteilt ein etwas 35 Jahre alter Mann nach der Aufführung. Andere waren sichtlich ergriffen. Einige wischten sich Tränen aus den Augen. Das Erbe Andropows soll zu seinem Geburtstag am 15. Juni in der Öffentlichkeit propagiert werden. Michail Gorbatschow versucht, von der Aufbruchsstimmung zu profitieren, die von Andropow erzeugt worden war. Gorbatschow, das ist die Botschaft, verwirklicht, was Andropow nur begann: Bürgernähe und Reformen.

POLITISCHE NEUERUNGEN BEIM WECHSEL
Gorbatschow verdrängt die Trauer um seinen Vorgänger Tschernenko[8]

Mit Spitzhacke und Schaufel befreiten einige hundert Soldaten um Mitternacht die Moskauer City von den Resten einer verdreckten Eiskruste. Am nächsten Tag waren die blank geputzten Plätze der Innenstadt von langen Reihen Uniformierter abgeriegelt. Tausende machten sich auf den Weg zum Säulensaal im historischen Gewerkschaftshaus, um sich von ihrem toten Parteichef zu verabschieden.

„Schließen Sie auf, bilden Sie Dreierreihen", lautete die monotone Anweisung der Milizionäre, die am Seiteneingang des Gewerkschaftshauses den Besucherstrom in den ersten Stock dirigierten. Der hektische Auftrieb stand in peinlichem Gegensatz zu der getragenen Musik, die zwei Orchester abwechselnd im abgedunkelten Säulensaal spielten. Die Zeit reichte kaum für einen flüchtigen Blick auf den Leichnam. Trauerstimmung wollte nicht aufkommen, weder am Sarg noch auf der Straße.

Viele Sowjetbürger registrierten mit Genugtuung, dass nun ein Politiker der jüngeren Generation an die Parteispitze gerückt ist. Das war auch die Botschaft der Führung. Wer am Dienstagmorgen die Parteizeitung *Prawda* oder die Regierungszeitung *Iswestija* aus dem Briefkasten zog, suchte jedenfalls auf der Titelseite vergeblich nach der Todesnachricht. Das vertraute Ritual wurde diesmal unterbrochen: Statt mit Trauerrand und großformatigem Porträt des Verstorbenen, machten die Blätter mit der Wahl des neuen Parteichefs Gorbatschow auf. Zum ersten Mal in der Geschichte der Sowjetunion wurde der neue Mann so schnell bestimmt, dass seine Wahl die Nachricht vom Tod des

---

[8] Nachdem Gorbatschow gewissermaßen als zweiter Mann und Kronprinz mehr und mehr an Einfluss auch durch Auslandsreisen gewonnen hat, übernahm er nach dem Tod von Tschernenko die Führung der Sowjetunion und verdrängte sofort das Andenken an seinen Vorgänger. Erstveröffentlichung: Rasch zurück zum Alltag. In Moskau wollte keine rechte Trauerstimmung aufkommen. In: DIE ZEIT, Nr. 12, 15. März 1985.

Vorgängers auf die zweite Seite verdrängte. Auch sprachlich gab es eine Neuerung: Gorbatschow wurde nicht - wie seine Vorgänger Andropow und Tschernenko - „einstimmig gewählt", sondern „mit einer Seele", also einmütig. Die Abweichung von der üblichen Floskel ließ aufhorchen: Gab es im Zentralkomitee vor der Wahl noch eine Aussprache über den 54-jährigen Kandidaten, die zu Stimmenthaltungen führte? Oder sollte der Bevölkerung genau das Gegenteil signalisiert werden: die besondere Geschlossenheit, mit der die Kreml-Riege hinter dem neuen Parteiführer steht? Der Öffentlichkeit präsentiert sich das Politbüro in neuer Rangfolge. Auf dem ersten Foto nach der Wahl des Generalsekretärs fällt die Heraushebung Witalij Worotnikows (58) auf. Der Ministerpräsident der Russischen Föderation erschien abweichend von der alphabetischen Namensfolge zur Rechten Gorbatschows. Auch Worotnikow zählt zur jüngeren Generation im Politbüro. Beide stehen für eine vorsichtige Reformpolitik, wie sie zurzeit Andropows formuliert wurde. Worotnikow wird als möglicher Nachfolger des sowjetischen Ministerpräsidenten Nikolaj Tichonow (79) genannt.

Es wirkte nüchtern, fast routiniert, als die Mitglieder des Politbüros vor den Fernsehkameras den Angehörigen des verstorbenen Parteichefs Tschernenko ihr Beileid bekundeten. Beim Tode Andropows hatten die Fernsehbilder noch minutenlang Tränen, Umarmungen, Küsse und sichtlich bewegte Anteilnahme der alten Herren gezeigt. Die politische Tagesroutine wurde von dem Trauerfall nicht gestört. Der französische Außenminister Dumas wurde noch am Tag der Todesmeldung von seinem Amtskollegen Gromyko und von Ministerpräsident Tichonow empfangen. Der Beginn der Genfer Abrüstungsverhandlungen zwischen der Sowjetunion und den Vereinigten Staaten wurde auf ausdrückliche Anweisung des neuen Parteichefs nicht verschoben. Die Eile, mit der Gorbatschow zur Rückkehr in den politischen Alltag drängt, zeigte sich auch in einer protokollarischen Feinheit: Die Staatstrauer für Tschernenko fiel um einen Tag kürzer aus als für seine beiden Vorgänger.

HERZENSDIENST FÜR DIE MÄCHTIGEN
Der Kremlarzt Jewgenij Tschasow[9]

Ich bin nicht Politiker, ich bin Arzt", lautet die Selbstein-
schätzung von Jewgenij Iwanowitsch Tschasow, der hochrangige
Posten in der sowjetischen Staats- und Parteibürokratie einnimmt, und als „Leibarzt des Kreml" bezeichnet wird. Als medizinische Kapazität auf dem Gebiet der Herzforschung ist er in
Fachkreisen unumstritten. Sowjetbürger konnten seinen Namen
mehrmals an prominenter Stelle entdecken: Tschasow unter-
zeichnete neben anderen Ärzten die in allen Zeitungen veröffentlichten Krankenberichte der letzten drei gestorbenen Generalsekretäre von Breschnjew über Andropow bis Tschernenko.

Doch als die von Tschasow mitbegründete Ärzteorganisation
zur Verhinderung eines Atomkrieges mit dem Friedensnobelpreis ausgezeichnet wurde, hielt sich die Presse im eigenen Land
erstaunlich zurück. Für die heimische Leserschaft kam Tschasow
in keinem prominenten Interview zu Wort. Als dann im Westen
der Streit um seine Person begann, weil er in der Regierungszeitung *Iswestija* eine Erklärung gegen Sacharow unterzeichnet hatte,
polterte die amtliche Nachrichtenagentur Tass zwar: „Was Herrn
Geißler nicht gefällt." Sie sah „Verleumder am Werk". Doch
worin der Angriff auf den Mit-Nobelpreisträger nun wirklich
bestand, wurde nicht öffentlich erörtert.

Tschasow selbst mied vor allem die ausländische Presse. Interviewwünschen wollte er zunächst überhaupt nicht nachgeben.
Schließlich stimmte er einem „Medientag" zu. Die beiden bundesdeutschen Fernsehgesellschaften sowie ein norwegisches und
ein japanisches Team wurden in sein Kabinett gelassen und durf-

---

[9] Die graue Eminenz des Kremls mit Zugang zur obersten Führungsschicht
trat im Rahmen der neuen Offenheit national und international in den
Vordergrund und öffnete einen Blick auf die bislang wenig bekannten
Strukturen des Innenlebens der Parteikader. Erstveröffentlichung: Die
Kontroverse um den Friedensnobelpreis. Herzensdienste für die Mächtigen.
Jewgenij Tschasow hat einen guten Ruf als Arzt, politisch hält er sich be-
deckt. In: DIE ZEIT, Nr. 51, 13. Dezember 1985.

ten ihn in holzgetäfelter Umgebung befragen. Was dabei herauskam, war das sympathische Porträt eines selbstbewussten Fachmannes, der sich wortgewandt und ohne Scheu vor der Kamera bewegte, aber allen das gleiche erzählte: Zum Privatleben wolle er sich nicht äußern, im Fall Sacharow habe er nur von seiner Meinungsfreiheit Gebrauch gemacht, weil er in einigen Punkten mit dem Akademiemitglied nicht übereinstimme - ohne ihn freilich, je gesehen oder gesprochen zu haben - und die Ärztebewegung sei eine völlig unpolitische Angelegenheit.

Würden Tschasows Äußerungen zu Sacharow im sowjetischen Fernsehen ausgestrahlt werden, dann könnten Durchschnittsverdiener neidisch werden. Denn - so hat der Kreml-Arzt und so auch die offizielle sowjetische Darstellung auf einer Pressekonferenz des Außenministeriums Anfang dieser Woche - Sacharow arbeite als Wissenschaftler, publiziere, verdiene umgerechnet 1200 Dollar monatlich, habe seine eigene Wohnung und gute medizinische Betreuung. Und schließlich zitiert Tschasow viermal vor den Kameras den gleichen amerikanischen Wissenschaftler, der davor warnt, Sacharow zu einer Schachfigur im Kalten Krieg zu machen, um „pharisäerhaft Antikommunismus zu betreiben". So also argumentiert der unpolitische Arzt.

Wer ist Jewgenij Iwanowitsch Tschasow wirklich? Geboren wurde er 1929 - Ironie der Geschichte - in Sacharows Verbannungsort Gorkij. Die zentrale Leitfigur in seinem Leben war seine Mutter, ebenfalls Ärztin, die Tschasow in einer autobiographischen Erzählung als „eine der ersten Komsomolzinnen im Ural" bezeichnet. Während des nachrevolutionären Bürgerkrieges wurde sie von einem weißgardistischen Gericht zum Tode verurteilt und blieb laut dieser Erzählung „wie durch ein Wunder am Leben". Das Schicksal seiner Mutter begleitete Tschasow bis zu ihrem Tod, den er als Arzt, ohne helfen zu können, miterlebte. Sie starb an einer Thromboembolie der Lungenschlagader, gegen die Tschasow mit seinem Forschungsteam ein Medikament entwickelte, wofür der damals knapp vierzigjährige Wissenschaftler den Leninpreis erhielt.

Tschasow, der erst mit 35 Jahren Parteimitglied wurde, machte eine steile berufliche Karriere. Bereits nach dem Examen in

Kiew schaffte er im Todesjahr Stalins den Sprung als Assistenzarzt in das angesehene „Erste Moskauer Medizinische Institut". Dessen klinischer Leiter war W. N. Winogradow, der angeblich einzige Arzt, dem der überängstliche und neurotische Stalin am Lebensende noch vertraut hatte. Wegen seiner hervorragenden Kenntnisse wechselte Tschasow 1957 für zehn Jahre an die Medizinische Akademie. In diese Zeit fallen auch seine ersten Amerikareisen - damals ein ungeheures Privileg. Gleichzeitig muss er aber auch Kontakte zu den Mächtigsten des Landes hergestellt haben. Denn bereits 1967, also schon mit 38 Jahren, wurde er Chef der berühmten Vierten Hauptverwaltung des sowjetischen Gesundheitsministeriums. Was sich so harmlos liest, hieß früher „Kur- und Sanitätsverwaltung des Kremls". Dahinter verbirgt sich nichts Geringeres als die zuständige Organisation für den medizinischen Spezialdienst der Nomenklatura, der Oberen Zehntausend, die sich mit eigenen, bestens ausgestatteten Kliniken und Sanatorien vom gewöhnlichen Volk abgetrennt haben. Auch wenn Tschasows fachliche Qualitäten für diesen Posten mit ausschlaggebend gewesen waren, so blieb an ihm seither der Ruf haften, er sei ein „Fragebogenarzt". So wurden in der Sowjetunion Mediziner bezeichnet, die ihre politische Zuverlässigkeit per Fragebogen auszuweisen hatten.

Kaum eineinhalb Jahre nach seinem großen Sprung erhielt Tschasow den Titel eines Stellvertretenden Gesundheitsministers und ist mit beiden Funktionen bis heute einflussreicher als der Minister selbst. Ob seine persönliche Freundschaft mit Breschnjew das Ergebnis oder die Vorbedingung eines solchen Aufstieges war, lässt sich nicht beantworten. In jenen Jahren bis zum Ende der Breschnjew-Zeit führte auch seine übrige Parteikarriere aufwärts, bis hin zur Mitgliedschaft im rund 300-köpfigen Zentralkomitee der Partei. Den Umgang mit den Großen der Welt war Tschasow gewohnt. In seinem Empfangszimmer hängt ein Foto, das ihn zusammen mit dem früheren amerikanischen Präsidenten Nixon zeigt. Seit 1961 bereiste er die USA zu wissenschaftlichen Kontakten und inzwischen auch in Friedensmissionen. 1969/70 behandelte er den damaligen ägyptischen Präsidenten Nasser bis kurz vor dessen Tod.

Gerüchte über das Ende seiner Kreml-Karriere wurden in der Andropow-Zeit laut, als der erste Arzt des Landes eine Zeitlang nicht mehr öffentlich auftrat. Inzwischen hat sich Tschasow international jedoch als Aushängeschild der sowjetischen Kardiologie etabliert und ist heute Herr über das landesweit modernste Herzforschungszentrum, das durchaus dem Standard amerikanischer Spitzeninstitute entspricht. Die technische Ausstattung bis hin zu einem eigenen Fernsehstudio, das Lehrkassetten für alle gängigen Videosysteme der Welt herstellen kann, ist für viele Millionen im Westen eingekauft worden. Unter seinen Mitarbeitern gilt Tschasow als energischer selbstbewusster Chef, der auch zuhören kann, aber familiäre Themen meidet. An dem Arzt Tschasow ist kein Makel, so das übereinstimmende Urteil. Was aber ist mit dem Politiker Tschasow? Im Rahmen der Ärzteorganisation gegen einen Atomkrieg formulierte er ganz allgemein Ziele der Sowjetunion, hält sich aber bei der Bewertung innenpolitischer Vorgänge zurück. Doch ein Mann in seiner Funktion ist keine unbedeutende Figur. Wie weit sein Urteil Politik konkret beeinflusst, ist schwer einzuschätzen. Aber seine vielen Ämter vom Obersten Sowjet über den Vizeministerposten bis hin zum ZK geben ihm reichlich Gelegenheit, auch praktisch auf die Politik einzuwirken.

NEUE LEHREN FÜR DIE GENOSSEN
Positionskämpfe im Zentralkomitee[10]

Auf dem Podium einer Moskauer Diskussionsveranstaltung sitzt ein gewichtiger Mittfünfziger, der nicht den Eindruck des geschniegelten Parteiredners vermittelt: Sein Hemdkragen steht offen, die schwarzen Haarsträhnen reichen bis in den Nacken. Leise und nachdrücklich plädiert er für eine ungeschminkte Darstellung der Stalin-Zeit und setzt sich gegen anonyme Zettelschreiber aus dem Publikum zur Wehr: Die brächten - trotz der neuen Offenheit der Sowjetgesellschaft - nicht den Mut auf, ihre schriftlichen Bemerkungen mit ihrem Namen zu unterzeichnen.

Alexander Bowin, Kommentator bei der Regierungszeitung *Iswestija*, ist zu einer der wichtigsten publizistischen Stützen der Gorbatschow-Politik geworden. Mit Beendigung des ZK-Plenums, auf dem Gorbatschow als Konsequenz mehr Demokratie forderte, die „wir brauchen wie die Luft zum Atmen", ohne die „unsere Politik ersticken wird", veröffentlichte Bowin eine engagierte Anklage gegen die Widersacher dieser neuen Politik. „Nein, sie haben nicht die Hoffnung aufgegeben, uns zu begraben", klagte er und bezeichnete unter Berufung auf den sowjetischen Schriftsteller Salygin den Hauptfeind als „den hauseigenen bürokratischen, sowjetischen, sozialistischen Konservativismus". Doch die Bowin-Kritik reicht weiter zurück, bis in das Jahr 1956, als Chruschtschow auf dem XX. Parteitag die Entstalinisierung einleitete. „Mit dem abscheulichen Gefühl persönlicher Machtlosigkeit", so beschrieb es Bowin jetzt, „habe ich beobachtet, hat meine ganze Generation beobachtet, wie die Ideen eines unserer historisch wichtigen Parteitage in den Mühlen der Bürokratie untergingen." Das sich hartnäckig haltende

---

[10] Erste ernstzunehmende Versuche einer innerparteilichen Demokratisierung stießen auf Widerstand bei den altkommunistischen Kräften, aus denen sich später die Putschisten gegen Gorbatschow rekrutierten. Erstveröffentlichung: Tagung des sowjetischen Zentralkomitees. Aufbruch aus der Anonymität. Generalsekretär Gorbatschow konnte nicht alle seine Vorstellungen durchsetzen. In: DIE ZEIT, Nr. 7, 6. Februar 1987.

Gerücht, Bowin habe wegen der Brisanz dieses Beitrages auf das Wochenblatt Nowoje Wremja („Neue Zeit") ausweichen müssen, zeigt, dass der Kampf der Argumente bis in die Redaktionen reicht. Das Plenum des Zentralkomitees selbst hatte in einer kritischen Schlussfolgerung bestätigt, dass der hemmende Mechanismus erst „langsam seine Positionen aufgibt" und „Konservativismus, Trägheit und überholte Denkweise noch nicht an Kraft und Einfluss" verloren haben. Angesichts eines Zentralkomitees, von dessen 307 Mitgliedern erst ein gutes Drittel mit dem letzten Parteitag neu ernannt wurde, hat der Generalsekretär mit dem jüngsten Plenum mehr erreicht, als zu hoffen stand.

• In den Betrieben sollen künftig alle Funktionen, bis hin zum Direktor durch ein Auswahlverfahren und nicht länger durch Verfügung von oben besetzt werden.

• Parteilose Fachleute bekommen bessere Aufstiegschancen in Führungspositionen.

• Eine Wahlrechtsreform wird angestrebt mit dem Ziel, mehrere Kandidaten zu nominieren.

• Der Ausbau innerparteilicher Demokratie wird unter Umständen auch geheime Abstimmungsverfahren bei Personalentscheidungen zur Folge haben.

• Ein neues Kontrollorgan soll die Arbeit der Parteikader prüfen.

• Eine Reform des Rechtswesens soll bislang übliche Missstände (Zulassung eines Rechtsanwalts erst bei der Hauptverhandlung; Staatsanwälte, die als Ermittlungsbeamte Beschwerden gegen sich selbst prüfen müssen) abschaffen.

• Glasnost, die bisher praktizierte kritische Offenheit in den Medien ist, sehr zum Unwillen vieler Betroffener, vom Plenum als notwendiger Bestandteil des wirtschaftlichen und gesellschaftlichen Umbaus festgeschrieben worden.

Die Tatsache, dass Gorbatschow auf spektakuläre Personalentscheidungen in der obersten Führung, dem Politbüro, verzichtet hat, zeigt jedoch zweierlei. Der Generalsekretär musste einen Kompromiss eingehen. Einerseits wurde nur der gestürzte kasachische Parteichef Dinmuhamed Kunajew aus dem Politbüro ausgeschlossen, nicht aber der ebenfalls heftig kritisierte ukrainische Parteichef Wladimir Schtscherbitzkij, ebenso wie

Kunajew noch ein Überbleibsel der Breschnew-Zeit. Andererseits mutete Gorbatschow dem Apparat keine Personalentscheidung zu, die seine Widersacher herausgefordert hätte. Stattdessen setzte der Generalsekretär auf den Ausbau des Apparates. Hier haben die schrittweisen Veränderungen zu einem geschlossenen Bild geführt.

Nach den jüngsten Entscheidungen verfügt das ZK-Sekretariat nun über neun (von elf) Sekretären, die seit der Amtszeit von Gorbatschow ihre Arbeit aufgenommen haben. Auffallend ist die jüngste Ernennung von Anatolij Lukjanow, der zeitgleich mit Gorbatschow 1953 sein juristisches Examen an der Universität Moskau abgelegt hat. Öffentlich hatte sich Lukjanow zuletzt im April vergangenen Jahres in einem *Prawda*-Artikel für die sozialistische Selbstverwaltung und eine Stärkung der Sowjets auf unterer Ebene eingesetzt, wie sie jetzt auch vom Plenum verabschiedet wurde. Als zweitem Juristen in einer wichtigen Führungsposition dürfte ihm die Aufgabe zufallen, den Umbau für eine neue Rechtsstaatlichkeit voranzutreiben, wozu auch die angestrebte Reform im Justizwesen zählt. Lukjanow, Jahrgang 1930, gehört bereits seit 1956 dem Regierungs- und Parteiapparat an und leitete zuletzt die einflussreiche „Allgemeine Abteilung" im Zentralkomitee, die unter anderem für die Vorbereitungen der Politbürositzungen verantwortlich ist. Die Beförderung des bisherigen ZK-Sekretärs für Ideologie, Alexander Jakowlew, zum Kandidaten des Politbüros unterstreicht dessen Bedeutung bei der ideologischen Öffnung des Landes. Denn auf den Einfluss von Jakowlew gehen zahlreiche Maßnahmen in der Kulturpolitik zurück, zu denen die Selbstverwaltung der Theater, die Abschaffung der traditionellen Zensurbehörde bei der Filmproduktion und die Freigabe bislang zurückgehaltener Filme gehören, die sich kritisch mit der sowjetischen Geschichte und dem Stalinismus auseinandersetzen. In diesem Sinne soll auch eine „Schutzformel für Künstler" wirken, wie sie in der Resolution des Plenums festgehalten ist. Obwohl von den Kulturschaffenden Ideologietreue verlangt wird, heißt es wörtlich weiter: „Inkompetente Einmischung in rein künstlerische Prozesse, geschmacksbedingte Sympathien und Antipathien sind unzulässig."

Unter den zustimmenden Äußerungen der sozialistischen Brüderländer zu den Ergebnissen des Plenums sucht der sowjetische Leser vergeblich Zitate aus rumänischen Zeitungen. Hier scheint der Dissens in der weiteren Entwicklung der Wirtschaftspolitik zu liegen. Besonders das sowjetische Gesetz über individuelle Arbeit, das den privaten Betrieb eines Taxis ebenso ermöglicht wie die Eröffnung eines privaten Restaurants, kann zu einem ideologischen Scheidepunkt zwischen Moskau und Bukarest werden.

Entsprechend positive Reaktionen kommen aus Warschau. Und gleich nach der Aufsehen erregenden Gorbatschow-Rede, in der er nicht nur Demokratisierungsprozesse gefordert, sondern auch eine vernichtende Bilanz der Breschnew-Zeit vorgelegt hatte, überraschte das sowjetische Fernsehen mit einer Reportage aus Prag: Die dortige Parteizeitung Rude Pravo mit der Rede Gorbatschows war in Windeseile ausverkauft - erstmals seit vielen Jahren, wie sich dortige Diplomaten erinnern.

Doch Moskau wirbt nicht nur um Zustimmung im eigenen Lager, sondern bemüht sich auch um einen neuen Dialog mit dem politischen Gegner. Die Parteizeitung *Prawda* hat dafür nach dem Plenum eigens eine neue Rubrik eingeführt, in der westliche Politiker und Kommentatoren zu Wort kommen, ergänzt freilich durch eine Bewertung aus sowjetischer Sicht. Ausgerechnet der konservative Führer der Republikaner im amerikanischen Senat, Robert Dole, machte den Anfang mit einem Beitrag über Salt II. Diesen Vertrag wieder zu beleben, meint er in einem Artikelnachdruck aus der New York Times, sei ein sinnloses Unterfangen, weil die Sowjets die vereinbarten Rüstungsbeschränkungen nicht eingehalten hätten:

Es ist das erste Mal, dass auf den Zeitungsspalten der *Prawda* den Sowjets vorgehalten wird, sie betrieben skrupellose Aufrüstung und seien eine ernste Gefahr für die amerikanische Sicherheit. So ungeschminkt wurden die Standpunkte der regierenden Republikaner bislang bestenfalls durch die Voice of America in die Sowjetunion vermittelt.

PERESTROJKA DURCH KADERPOLITIK
Gorbatschow erweitert seine Machtbasis im Politbüro[11]

Mit der Besetzung von drei Sitzen im Politbüro hat Parteisekretär Gorbatschow erneut bewiesen, dass er bereit ist, sich über Konventionen hinwegzusetzen, die in jahrzehntelanger Einübung Bestandteil regulärer Parteikarrieren waren. Konkret gilt dies für die Entscheidung, auch Führungskräfte in das Politbüro mit aufzunehmen, die nicht zuvor als Kandidaten dieses Gremiums eine längere Wartezeit abzusitzen hatten. Die rein quantitative Bestandsaufnahme zeigt, dass seit dem Amtsantritt von Generalsekretär Gorbatschow im März 1985 acht von vierzehn Mitgliedern des Politbüros neu ernannt wurden, das sind immerhin fast zwei Drittel. Von den jetzt sechs nicht stimmberechtigten Kandidaten des Politbüros stammen vier ebenfalls aus der Gorbatschow-Zeit. Daneben gehören dem zwölfköpfigen ZK-Sekretariat, das den eigentlichen Machtapparat administrativ zu lenken hat, außer dem Generalsekretär noch weitere fünf Politbüromitglieder an.

Zur inhaltlichen Bewertung der Personalentscheidungen bedarf es einer kurzen Charakterisierung der neuen Politbüromitglieder. Alexander Jakowlew, ein 63-jähriger Russe, ist ein Mann, der nach dem ursprünglichen Bruch seiner Karriere im Parteiapparat einen erstaunlichen, wenn auch zeitraubenden Wiederaufstieg verwirklichen konnte. Er hat das pädagogische Institut in Jaroslawl absolviert und stieß zur Kommunistischen Partei, nachdem er während des Krieges einer Verletzung wegen vorzeitig aus dem Militärdienst ausgeschieden war. Jakowlew studierte

---

[11] Eine der wichtigsten Personalentscheidungen, deren Bedeutung erst später erkannt wurde, war die Berufung des international erfahrenen Alexander Jakowlew in das Politbüro. Er wurde zum Motor zahlreicher Veränderungen („Architekt der Perestrojka") und ist einer der Väter der Deutschen Einheit geworden. Erstveröffentlichung: Unkonventionelle Personalentscheidungen in Moskau. Erweiterung von Gorbatschews Machtbasis. Die neuen Mitglieder des Politbüros. In: Neue Zürcher Zeitung, Fernausgabe Nr. 147, 30. Juni 1987.

an der Parteiakademie Gesellschaftswissenschaften, promovierte mit einem historischen Thema und widmete sich fast 30 Jahre lang der Parteiarbeit, vornehmlich auf dem Gebiet der Ideologie und Propaganda. Welche Umstände ihn dann 1973 karrierewidrig zum Botschafter in Kanada machten, lässt sich in Moskau nicht ganz schlüssig klären. Angeblich sollte Jakowlew mit dieser Verbannung aus dem ZK-Apparat für einen Artikel bestraft werden, den er gegen großrussischen Nationalismus veröffentlicht hatte. Gemessen an den auch heute noch widerstreitenden Kräften in der Partei zwischen russischnationaler Innensicht und einer nach außen gerichteten „Westlertradition" der so genannten Aufklärergruppe entspricht Jakowlew inhaltlich voll der Denkweise des jetzigen Parteichefs. Gelegenheit zur engeren Bekanntschaft hatte sich geboten, als Gorbatschow 1983 Kanada besuchte und dabei von Botschafter Jakowlew betreut wurde. Nur einen Monat nach diesem Besuch wurde Jakowlew nach Moskau zurückberufen und überraschend zum Direktor des angesehenen Instituts für Weltwirtschaft und internationale Beziehungen ernannt. Wenn man bedenkt, dass damals der kranke Andropow noch die Partei führte, wird klar, wie langfristig von Gorbatschow das Konzept der personellen und damit auch der politischen Erneuerung betrieben wurde.

Jakowlew hat sich nicht nur einen ausgezeichneten Ruf als Fachmann für die westliche Welt erworben. Er gilt auch als unorthodox, wenn es darum geht, Sachentscheidungen von falscher ideologischer Befangenheit zu trennen. Mit Gorbatschows Amtsantritt kehrte Jakowlew nun als Abteilungsleiter für Ideologie in den ZK-Apparat zurück, den er fast genau zehn Jahre zuvor hatte verlassen müssen. Die restlichen Stationen bis zur endgültigen Vollmitgliedschaft im Politbüro waren damit vorgezeichnet. Obwohl Jakowlew sich in jüngster Zeit mit spektakulären Äußerungen zurückhält, soll ihm persönlich zu verdanken sein, dass lange unterdrückte Filme und Bücher über die Schrecken der Stalinzeit nun endlich gezeigt und publiziert werden dürfen. Weniger umfangreich ist die Kenntnis von Viktor Nikonow, 58-jährig, ebenfalls russischer Nationalität, der ohne vorherigen Kandidatenstatus als Vollmitglied in das Politbüro aufgenommen wurde. Sein Lebenslauf weist ihn als Landwirtschaftsfachmann aus, der eine eher unspektakuläre Karriere in der Provinz absolviert hat. Nach Jahren der praktischen Arbeit war auch nahezu seine gesamte Parteitätigkeit mit Agrarfragen verbunden, bis er 1983 zum Landwirtschaftsminister des Russischen Föderationsrepublik, also der flächengrößten Republik der Sowjetunion, aufstieg. Auch hier fällt das entscheidende Ernennungsjahr unter Andropow auf. Seither musste der neue Minister auch enge Kontakte zum damaligen ZK-Sekretär für Landwirtschaft, Gorbatschow, halten, dessen Nachfolge als ZK-Sekretär er dann 1985 antrat. Auch für den 58-jährigen Nikolaj Sljunkow war in der Andropow-Zeit die Grundlage für die heutige Karriere gelegt worden.

Der Weißrusse galt zunächst als Spezialist für Fragen der Mechanisierung in der Landwirtschaft und hatte die größte Traktorenfabrik der Sowjetunion in Minsk geleitet, ehe er dort 1972 Stadtparteichef wurde, um dann - zwei Jahre später - als stellvertretender Vorsitzender zur heute so gescholtenen staatlichen Planungsbehörde nach Moskau zu wechseln. Sein Wechsel auf den Posten des weißrussischen Parteichefs 1983 fällt zeitlich zusammen mit den großen Wirtschaftsexperimenten, die unter Andropow in ausgewählten Bereichen begonnen wurden und eine größere Selbständigkeit und damit eine höhere Effektivität der Betriebe zum Ziel hatten. Weißrussland gilt ohnehin als technologischer Schrittmacher in der Sowjetunion und bot sich für solche Experimente geradezu an. Direkt von diesem Posten wechselte Sljunkow dann zurück nach Moskau, um im Zusammenhang mit den angestrebten Wirtschaftsreformen unter Gorbatschow das Amt eines ZK-Sekretärs zu übernehmen, für das er sich im vergangenen Jahr vor dem ZK-Plenum mit einem analytisch ausgezeichneten Referat empfohlen hatte, das auch von der *Prawda* veröffentlicht worden war.

Neben diesen drei Neuernennungen im Politbüro signalisieren die beiden anderen, auf den ersten Blick weniger spektakulären Personalentscheidungen ebenfalls eine wichtige Zäsur. Der neue Verteidigungsminister Jasow übernahm erwartungsgemäß den Posten eines Politbürokandidaten von seinem Vorgänger

Sokolow, der im Zusammenhang mit der Landung des westdeutschen Sportflugzeuges unmittelbar beim Roten Platz entlassen worden war. Damit ist nun auch äußerlich die Übergangsphase in der militärisch-politischen Führung der Sowjetunion beendet, die mit dem Tod des früheren langjährigen und einflussreichen Verteidigungsministers Ustinow begonnen hatte. Darüber hinaus gibt die krasse Entscheidung, den ehemaligen Parteichef von Kasachstan, Kunajew, nun auch noch unehrenhaft aus dem ZK auszuschließen, Spekulationen Auftrieb, dass man erstmals seit langer Zeit möglicherweise auch noch rechtliche Schritte gegen ein ehemaliges Politbüromitglied einleiten wird. Bei den jüngsten Kommunalwahlen hatte Kasachstan mit 22 Stimmbezirken die (verhältnismäßig) höchste Zahl von Bezirken in der Sowjetunion, in denen - aus welchen Gründen auch immer - die Wahlen für ungültig erklärt wurden. So scheint die Sanktion gegen Kunajew auch gedacht als eine Maßnahme gegen seine immer noch aktiven Gefolgsleute, die sich der neuen Politik verweigern. Trotz dieser so eindeutigen und langfristig angelegten Personalpolitik operiert Gorbatschow immer noch mit zahlreichen Unbekannten. Denn im größten Flächenstaat der Welt mit etwa 19 Millionen Parteimitgliedern drücken diese Personalveränderungen zwar das Konzept des Generalsekretärs aus, nicht jedoch die absoluten Mehrheitsverhältnisse, wie sie im Mittelbau und an der Basis der Partei existieren. Deshalb sollte man die Warnungen, die Gorbatschow in eigener Sache immer wieder anbringt, auch außerhalb der Sowjetunion ernst nehmen und nicht die Veränderungen an der Spitze mit den noch vor Gorbatschow liegenden Zielen verwechseln.

WACHTWECHSEL IM MILITÄR
Gorbatschows neuer Generalstabschef
Sergej Achromejew[12]

Als der siebzehnjährige Bauernjunge Sergej Achromejew sich 1940 entschied, Berufssoldat zu werden, wütete der Zweite Weltkrieg bereits in Europa; ein Jahr darauf wurde er auch in die Sowjetunion getragen. Fast ein halbes Jahrhundert später urteilte der junge Soldat von damals, inzwischen als Generalstabschef einer der einflussreichsten Militärs in der Sowjetunion, über jene Jahre: Sie hätten die Völker gelehrt, dass „man den Krieg bekämpfen muss, ehe er ausbrechen kann". Wenn Achromejew heute in der internationalen Arena sowjetische Abrüstungspolitik nicht nur darstellt, sondern mitgestaltet, dann liegt in seinem Jugenderlebnis des Großen Vaterländischen Krieges ganz gewiss einer der Beweggründe dafür.

Mit intellektueller Offenheit, die nicht durch doktrinäres Sendungsbewusstsein, sondern durch einen klaren Willen zum Dialog und die Fähigkeit zum Kompromiss geprägt ist, hat Achromejew bei seinen Gegnern viel Respekt erworben. Amerikanische Abrüstungsspezialisten sprechen mit Hochachtung von einem Mann, den viele bis zum kleinen Zwischengipfel von Reykjavik offensichtlich unterschätzt hatten. Als Verhandlungsführer einer Expertengruppe für Rüstungskontrolle in Reykjavik gehörte Achromejew zu den Vordenkern für weitere Schritte zur Reduzierung strategischer Waffen, die für beide Seiten im Bereich des Möglichen liegen. Achromejew ist für die politische Führung der Sowjetunion der Garant dafür, dass von den eige-

---

[12] Eine politische Rolle der Armee schien sich mit dem Personalwechsel abzuzeichnen, um gleichzeitig frühere Hardliner unter dem neuen Generalstabschef auszutauschen. Später bot sich Achromejew den Putschisten gegen Gorbatschow an, um den Zerfall der Sowjetunion aufzuhalten. Nach dem Scheitern des Putsches erschoss sich Achromejew. Erstveröffentlichung: Ein Soldat mit Augenmaß. Sergej Achromejew, der neue sowjetische Generalstabschef, ist kein Doktrinär. In: DIE ZEIT, Nr. 51, 11. Dezember 1987.

nen Militärs kein Widerstand gegen einschneidende Abrüstungs-
projekte vorgebracht wird. Deshalb konnte Moskau seinem Generalstabschef auch die Bekanntgabe spektakulärer Entscheidungen überlassen, wie etwa das Einschwenken der Sowjetunion auf
kurzfristige Kontrollen vor Ort im Rahmen der jüngsten Abrüs-
tungsbeschlüsse. Als Achromejew im vergangenen Jahr diese
überraschende Wende in Stockholm bekannt gab, hatte er sich
bereits innenpolitisch als Befürworter eines neuen politischen
Denkens profiliert. In seinem militärischen Glaubensbekenntnis,
das er in der Ideologiezeitschrift Kommunist abgelegt hatte,
demonstrierte Achromejew den Schulterschluss mit der geltenden politischen Linie Gorbatschows: „Es ist völlig offensichtlich", so schreibt Achromejew, „dass ein weiteres Kernwaffen-
Wettrüsten keinesfalls die Sicherheit des potentiellen Aggressors
garantiert, sondern eher umgekehrt - sie vergrößert die Gefahr."
Als der Generalstabschef jüngst in Genf, bei den letzten Au-
ßenminister-Vorbereitungen für den INF-Vertrag, gefragt wurde,
ob es den sowjetischen Militärs schwergefallen sei, auf eine so
große Anzahl von Gefechtsköpfen zu verzichten, antwortete er
erfrischend klar: „Wir hatten es schwer." Und er fügte hinzu:
„Ich denke aber, dass auch unsere Partner es nicht leichter hatten, diesen Vertrag vorzubereiten." Selbst den schelmischen
Übertreibungen seines Außenministers Schewardnadse zeigte
sich Achromejew gewachsen. „Die sowjetischen und die amerikanischen Militärs", so hatte Schewardnadse seine Freude über
die gelungenen INF-Gespräche ausgedrückt, „erwartet bis Ende
dieses Jahrhunderts ein fröhliches Leben." Worauf Achromejew
ebenso schlagfertig wie doppeldeutig ergänzte: „Im Interesse des
Friedens sind wir dazu bereit." Seine militärische Karriere verdankt Achromejew einer brillanten Mischung aus konzeptionel-
lem Denken, organisatorischem Talent und strategischer Weit-
sicht. Anfang der fünfziger Jahre durchlief er die Militärakademie
für Panzertruppen. 1967 schloss er die Generalstabsakademie in
Moskau ab. Anschließend bewährte er sich auf verschiedenen
Posten in der Truppenführung. 1974 wechselte er als Abteilungsleiter in das sowjetische Verteidigungsministerium über. Seine
militärpolitische Karriere verdankt Achromejew hingegen dem

Widerstand eines Vorgesetzten. Als der damalige Parteichef Breschnew seinen fordernden Militärs den Salt-II-Vertrag schmackhaft machen musste, stieß er auf den erbitterten Widerspruch des Ersten Stellvertretenden Generalstabschefs Koslow.

Der militärisch gebildete und politisch denkende Achromejew bot sich als Alternative an. Er löste 1979 Koslow ab und ersetzte ihn auch zwei Jahre später als Kandidat des Zentralkomitees. Während der damalige Generalstabschef Ogarkow noch mit phantastischen Ideen über die Führbarkeit des Krieges, auch des begrenzten Nuklearkrieges spielte, blickte sein Stellvertreter Achromejew offenbar schon in eine andere Richtung. Bereits im Frühjahr 1983 will die Washington Post von Achromejew erfahren haben, dass die sowjetische Militärführung nicht die Möglichkeit sehe, einen Nuklearkrieg zu gewinnen, dass sie keine strategische Überlegenheit suche und einen begrenzten Nuklearkrieg ablehne. Damals führte der kranke Andropow die Partei. Die neuen Leute, die später unter Gorbatschow die Perestrojka als psychologische Umorientierung anstreben sollten, hatten schon im Moskauer Apparat Stellung bezogen. Seinen damaligen Verteidigungsminister Ustinow stützte Achromejew gegen die anhaltenden Material- und Technologieforderungen der von Breschnew verwöhnten Militärs mit dem Hinweis, das sozialistische Verteidigungsbündnis verfüge über alles Notwendige, um die sozialistischen Errungenschaften zu schützen. Bis heute sind die Gründe ungeklärt, die zur Ablösung des Achromejew-Vorgesetzten, des damaligen Generalstabschefs Ogarkow, geführt haben. Doch wurden schon früh bei öffentlichen Auftritten Meinungsunterschiede zwischen Chef und Stellvertreter deutlich. So vermittelte Achromejew vor der Presse 1983 sehr maßvoll die sowjetischen Positionen bei den Mittelstreckenverhandlungen in Genf, die dann wegen der beginnenden Nachrüstung abgebrochen wurden. Sein Chef Ogarkow hingegen musste den sowjetischen Auszug aus dem Verhandlungssaal hart verteidigen; er verstärkte damit ein Negativ-Image, das er unter westlichen Beobachtern schon mit einer anderen Hiobsbotschaft erworben hatte: Im September 1983 musste Ogarkow nach mehrtägigem Schweigen zugeben, dass die Sowjetunion den eingedrungenen südkoreanischen Jumbo abgeschossen hatte. Fast auf den Tag genau ein Jahr später wurde er von seinem bisherigen Ersten Stellvertreter als Generalstabschef abgelöst.

Inzwischen ist die sowjetische Militär-Enzyklopädie, die erst 1983 unter der Redaktion von Ogarkow erarbeitet wurde, unter der Verantwortung von Achromejew noch einmal neu aufgelegt worden. Fachleute sehen in dieser Enzyklopädie kräftige Konturen einer neuen außen- und militärpolitischen Linie, wie sie Achromejew selbst in seinem Bekenntnisartikel in der Zeitschrift Kommunist vorgezeichnet hatte: „Obwohl der Imperialismus als Quelle für das Entstehen eines Krieges weiterhin existiert, ist es objektiv möglich und dringend notwendig, dass Staaten verschiedener Gesellschaftsordnung zur Abwendung eines Nuklearkrieges zusammenarbeiten." Auf diese Botschaft aus dem Mund seines führenden Militärs kann sich Michail Gorbatschow während des Gipfels in Washington stützen.

DAS POLITISCHE SYSTEM HAT VERSAGT
Die XIX. Parteikonferenz der KPdSU in Moskau[13]

Die Parteikonferenz in Moskau hat in der Sowjetunion einen Prozess eingeleitet, an dessen Ende ein neues Verständnis von Machtausübung stehen kann. Die angestrebten Verfassungsänderungen sollen eine grundlegende Reform des politischen Systems bewirken, das nach Einschätzung von Generalsekretär Gorbatschow „sich als unfähig erwiesen hat, uns vor dem Anschwellen von Stagnationserscheinungen im wirtschaftlichen und sozialen Bereich in den letzten Jahren zu bewahren und die damals eingeleiteten Reformen zum Misserfolg verurteilt hat".[14] Mit dieser Konferenz ist die Zeit der einstimmigen Akzeptanz innerhalb der Partei auch öffentlich beendet worden. Das Dogma des ausschließlich richtigen Weges hat in der Methodendiskussion keinen Platz mehr.

Die vorgelegten Modelle für ein neues Präsidialamt, für die parlamentarische Umstrukturierung und für die Demokratisierung der Partei sollen nicht als politische Erkenntnisse, sondern als politische Experimente betrachtet werden. Um den Fortgang der Perestrojka zu verstehen, muss man Denk- und Erfahrungsfehler mit einkalkulieren. Dies hat die Parteikonferenz in aller Widersprüchlichkeit und emotionalen Aufwallung gezeigt. Denn die Perestrojka ist kein System, sondern ein Prozess, der im Laufe der Entwicklung seine Methoden selbst revidieren muss. Mit dieser Einschränkung muss man auch die vorläufigen Ergebnisse der Konferenz bewerten, die in ihren Resolutionen der Partei Vorschläge zur Diskussion unterbreitet hat, mit deren Hilfe der

---

13 Erstmals sprach Gorbatschow die „Unfähigkeit des politischen Systems" an, die anstehenden Probleme zu lösen. Damit gewann diese Parteikonferenz eine größere Bedeutung als die letzten Parteitage der KPdSU, nur noch zu vergleichen mit Chruschtschows Parteitag, der die Endstalinisierung eingeleitet hat. Erstveröffentlichung: Die XIX. Parteikonferenz der KPdSU in Moskau. In: Europa-Archiv 16, 1988, 459-464.
14 XIX. Parteikonferenz der KPdSU, Dokumente und Materialien, Bericht des Generalsekretärs, Moskau 1988, S. 40.

Umbau des politischen Systems weiterbetrieben werden soll. Zu den Ergebnissen der Konferenz zählen: die Funktionstrennung zwischen Partei- und Staatsaufgaben, eine Begrenzung der Amtsperioden in Partei und Staat sowie ein neues parlamentarisches Verständnis auf der Grundlage eines Präsidialsystems mit einem ständig tagenden Parlament, dem Obersten Sowjet, und einer Reform der Parlamente auf allen Ebenen. Nach dieser Konzeption würden die bisherigen Volksvertretungen, die Sowjets, ihre Rolle als reine Abstimmungsmaschinerie für die Vorentscheidungen der Partei verlieren und selbsttätige Parlamente werden, deren Abgeordnete - anders als bisher - für die parlamentarische Arbeit freigestellt werden. Schon in den Thesen zur Konferenz war festgehalten worden, dass die „materiellen und finanziellen Möglichkeiten der örtlichen Sowjets wesentlich erweitert" werden müssten und zu gewährleisten sei, „dass die örtlichen Machtorgane eigenverantwortlich und selbständig über Fragen der Entwicklung des jeweiligen Territoriums entscheiden".[15]

Parallel dazu muss der Parteiapparat sich von solchen Aufgaben trennen, die der Legislative (den Sowjets) und der Exekutive (dem Ministerrat und den Ministerien) vorbehalten sind. Analog zu einer Regierung verfügt bisher die Partei in hierarchischer Gliederung bis zu den kleinsten regionalen Einheiten über Fachabteilungen mit Abteilungsleiter für alle Bereiche des wirtschaftlichen, sozialen und kulturellen Lebens. Am deutlichsten ist dies an den Abteilungen des Zentralkomitees der KPdSU abzulesen, dessen Apparat unter anderem auch einzelne Abteilungen für die Chemie-Industrie, für Baustoffe und Bauwesen oder das Verkehrs- und Fernmeldewesen unterhält. Nach dem jetzigen Konzept muss die Partei sich genau von solchen Aufgaben trennen, um sie ausschließlich den staatlichen Organen zu überlassen. Stattdessen soll sich die Partei auf konzeptionelle und ideologische Arbeit beschränken. Innerhalb der Partei ist ein Demokratisierungsprozess festgeschrieben worden, wie er von Gor-

---

[15] Thesen des ZK der Kommunistischen Partei der Sowjetunion zur XIX. Unionsparteikonferenz, Moskau 1988, S. 19 f.

batschow bereits seit dem Januar-Plenum des Zentralkomitees 1987 angestrebt wird. Die damalige ZK-Resolution folgte dem Parteichef nur zögernd. Inzwischen ist in den Resolutionen der XIX. Parteikonferenz die Demokratisierung vor allem des innerparteilichen Wahlverfahrens festgeschrieben: „Bei der Wahl der Mitglieder und Sekretäre aller Parteikomitees, bis hin zum ZK der KPdSU, sind den Kommunisten eingehende Erörterung der Kandidaturen und geheime Abstimmung zu gewährleisten wie auch die Möglichkeit, eine größere Anzahl von Kandidaten in die Stimmzettel einzutragen als die Zahl der zur Verfügung stehenden Mandate."[16] Die Amtsperiode soll für alle Parteiposten auf fünf Jahre festgelegt werden, gleichzeitig aber soll alle zwei bis drei Jahre eine Parteikonferenz abgehalten werden mit dem Recht, dabei die Zusammensetzung der Parteikomitees bis zu 20 Prozent zu erneuern.

Dies gilt auch für die Unionskonferenz. Damit schafft sich die Partei die Möglichkeit, auch innerhalb der Führungsgremien im Laufe der nächsten Jahre diejenigen Personalwechsel vorzunehmen, die bislang durch konservative Kräfte blockiert wurden. Allerdings beschränkt diese Resolution auch die Amtszeit der Politbüro-Mitglieder und die des Generalsekretärs, die „höchstens zwei Amtsperioden hintereinander in die gleiche Funktion gewählt werden" dürfen.[17] Daran gekoppelt ist eine Parlamentsreform, die bereits im kommenden Jahr wirksam werden soll. Bisher verfügt der Oberste Sowjet, der nur zweimal jährlich in Moskau tagt, über eine Nationalitäten- und eine Unionskammer mit jeweils 750 Abgeordneten, also zusammen 1.500 Abgeordneten. Nach der Reform soll dieser Bestand an Abgeordneten zusätzlich durch 750 Deputierte erweitert werden und den Kongress der Volksabgeordneten bilden, der einmal jährlich tagen wird. Dieser Kongress wäre das Gremium, das in geheimer Abstimmung den Präsidenten wählt, der - mit weitreichenden Befugnissen ausgestattet - die Richtlinien der Politik bestimmt. Gleichzeitig soll aus diesem Kongress ein kleineres Parlament

---

[16] XIX. Parteikonferenz der KPdSU, a.a.O., Entschließungen, S. 151.
[17] Ebenda, Entschließungen, S. 151.

nach dem alten Zwei-Kammern-System gewählt werden, das ständig tagt und nicht mehr als 450 Abgeordnete hat. Die Reform soll aber auch die örtlichen Parlamente, die Sowjets, erfassen, die parallel zum Obersten Sowjet inhaltlich selbständiger arbeiten und entscheiden können, wobei auch hier die Abgeordneten für eine gewisse Zeit als „Berufsparlamentarier" fungieren werden. In seinem Bericht favorisierte Michail Gorbatschow das später heftig diskutierte Modell, die jeweiligen Parteichefs, also die Ersten Sekretäre, gleichzeitig, aber in geheimer Abstimmung, zu den Vorsitzenden der Sowjets wählen zu lassen. Mit dieser Verzahnung glaubt Gorbatschow, auch das Amt des jeweiligen Parteisekretärs einer Zustimmung oder eventuell auch Ablehnung durch die Repräsentativorgane des Volkes auszusetzen. Überlegungen, dass Gorbatschow selbst für das Amt des vorgesehenen Parlamentspräsidenten auf oberster Ebene kandidieren würde, lassen die Schlussfolgerung plausibel erscheinen, er strebe für den Posten des Generalsekretärs auf diese Weise ebenfalls eine Bestätigung durch die gesellschaftlichen Repräsentanten an.

Bei all diesen Vorschlägen ergibt sich jedoch wieder die oft beobachtete Kluft zwischen konkreten Vorstellungen, die Gorbatschow in seinem umfangreichen Bericht vor der Parteikonferenz erörtert hat, und den Formulierungen in den Resolutionen, die sehr viel allgemeiner gehalten sind. Diese grundlegende Reform des politischen Systems findet bei Gorbatschow eine Begründung, die auch die Notwendigkeit einer Vergangenheitsbewältigung mit einschließt: „Es geht, Genossen, - und wir alle sollten dies heute zugeben - darum, dass das durch den Sieg der Oktoberrevolution ins Leben gerufene politische System in der bekannten Etappe beträchtlichen Deformationen ausgesetzt wurde. Im Ergebnis dessen wurden sowohl die uneingeschränkte Macht Stalins und seiner Umgebung als auch die Welle von Repressalien und Gesetzwidrigkeiten möglich. Die administrativen Kommandomethoden in der Leitungstätigkeit, die sich in jenen Jahren herausgebildet hatten, übten einen verderblichen Einfluss auf verschiedene Entwicklungen unserer Gesellschaft aus. In diesem System wurzeln viele Schwierigkeiten, die wir bis auf den heutigen Tag miterleben."[18] Allerdings verzichtete die Parteikonferenz darauf, die Vergangenheitsbewältigung ebenfalls als Aufgabe der Reform festzuschreiben. Die Aufgaben der Glasnost blieben auf die Forderung beschränkt: „Die Kommunistische Partei und das Sowjetvolk brauchen die Wahrheit, vollständige und objektive Informationen über alles, was in der Gesellschaft geschieht."[19] Erst nach Abschluss der Konferenz sollte deutlich werden, dass wesentliche Kräfte in der Partei im sowjetischen Historikerstreit die konservative Variante verstärkt propagieren konnten.

Dies wurde sichtbar an einem Schlagabtausch zwischen Jurij Afanasjew, Rektor des Historisch-Archivarischen Instituts in Moskau, und der Parteizeitung *Prawda*.[20] Dabei beharrte das Parteiblatt auf der Position, zu den Entscheidungen der Partei Ende der 20er Jahre habe es keine Alternativen gegeben. Gleichzeitig verurteilt das Blatt die Varianten-Forschung von Afanasjew, der die Stalin-Zeit nicht als Konsequenz eines historischen Determinismus akzeptiert. Zur Bewältigung dieser umstrittenen Phase in der sowjetischen Geschichte wurde auf der Parteikonferenz nur am Rande ein funktionalistischer Vorschlag von dem ukrainischen Schriftsteller Boris Olejnik unterbreitet; er forderte die Veröffentlichung eines „Weißbuches über dunkle Zeiten", in dem die Opfer der Repressionen ebenso wie die Namen all derjenigen veröffentlicht werden sollen, die an den Verbrechen aktiv beteiligt waren. Damit könne eine moralische Bestrafung der noch lebenden Schuldigen erreicht werden.[21] Allerdings wurde die auf der Parteikonferenz formulierte Idee aufgegriffen, ein Denkmal für die Opfer der Repressionen in Moskau zu errichten. Ein diesbezüglicher Beschluss des Politbüros wurde bereits veröffentlicht und die Rehabilitierung verfolgter Parteimitglieder fortgesetzt. Ernüchternde Eingeständnisse musste Gorbatschow auf der Parteikonferenz angesichts der schleppenden wirtschaftlichen Verbesserungen machen.

---

18 Ebenda, Bericht des Generalsekretärs, S. 39 f.
19 Ebenda, Entschließungen, S. 169.
20 Prawda, 26. Juli 1988, S. 3.
21 Prawda, 2. Juli 1988, S. 8.

„Wir haben die Tiefe und Schwere der Deformationen und der Stagnation der vergangenen Jahre stark unterschätzt",[22] heißt es in der Bilanz. Zur Beschreibung der ernsthaften Finanzlage benutzte Gorbatschow eine Begriffsgebung, die lange von sozialistischen Finanzwirtschaftlern vermieden wurde: „Das Haushaltsdefizit lastet auf dem Markt, untergräbt die Stabilität des Rubels und der gesamten Geldzirkulation und verursacht Inflationsprozesse."[23] Der Zeitdruck, unter dem die angestrebten Wirtschaftsreformen stehen, wird aus der Resolution der Parteikonferenz deutlich, die eine politische Reform als Voraussetzung für eine echte Wirtschaftsreform innerhalb des laufenden Planjahrfünfts, also bis 1990, für notwendig erachten. Einzelne Konferenzdelegierte hatten auf drastische Weise dargelegt, dass gesetzliche Maßnahmen im wirtschaftlichen Bereich ebenso wie der Reformwille selbst in großen Teilen des Landes noch keine positiven Ergebnisse zeigen: „Schmerzen bereitet auch unser Lebensalltag. Die Arbeiter stellen die Frage ganz direkt: Wo ist die Perestrojka? In den Lebensmittelgeschäften hat sich nichts geändert. Für Zucker wurden sogar Bezugsscheine eingeführt. Fleisch gibt es auch nicht, genauso, wie es früher war. Auch gute Industriewaren sieht man gar nicht mehr."[24]

In einer vernichtenden Analyse hatte das Akademiemitglied Leonid Abalkin, ein führender Wirtschaftswissenschaftler in der Perestrojka, angemahnt, dass die Sowjetunion im wissenschaftlich-technischen Bereich immer weiter hinter dem Weltniveau zurückbleibe und dieser Prozess einen immer gefährlicheren Charakter annehme.[25] Deshalb wurde auch von der Parteikonferenz der Prozess der Perestrojka als „widerspruchsvoll, kompliziert und schwierig, im Widerstreit zwischen dem Alten und dem Neuen"[26] charakterisiert. Am deutlichsten wurde dieser Wider-

---

[22] XIX. Parteikonferenz der KPdSU, a.a.O., Bericht des Generalsekretärs, S. 7.
[23] Ebenda.
[24] Prawda, 1. Juli 1988, S. 6 (W. A. Jarin, Walzwerkarbeiter aus dem Hüttenkombinat W. I. Lenin, Gebiet Swerdlowsk).
[25] Prawda, 30. Juni 1988, S. 3.
[26] XIX. Parteikonferenz der KPdSU, a.a.O., Entschließungen, S. 130.

streit allerdings in einer personalpolitischen Debatte um den
gestürzten Moskauer Stadtparteichef Boris Jelzin, die von den
Massenmedien ausführlich dokumentiert wurde. Jelzin, der nach
seiner Ablösung aus der politischen Führungsspitze in Minister-
rang den Posten eines Ersten stellvertretenden Vorsitzenden des
Staatlichen Komitees für Bauwesen bekleidet, wandte sich am
Ende seiner eher sachlichen Rede mit einer Aufsehen erregenden
Bitte an die Delegation: „Genossen Delegierte, eine heikle Frage: Ich möchte mich an Sie wenden in der Frage meiner persönlichen Rehabilitierung nach dem Oktober-Plenum des ZK." Um
dann nach einer persönlichen Aufforderung durch Gorbatschow
fortzufahren: „Eine Rehabilitierung nach 50 Jahren ist gang und
gäbe geworden. Und das beeinflusst positiv die Gesundung der
Gesellschaft. Doch ich persönlich bitte um die politische Rehabilitierung zu Lebzeiten. Ich meine, dass diese Frage grundsätzlich
ist im Sinne des sozialistischen Pluralismus der Meinungen, der
Kritikfreiheit, der Toleranz der Meinungsgegner, wie im Bericht
und in Ansprachen der Konferenz verkündet worden ist."[27]
Damit war vor allem Politbüro-Mitglied Jegor Ligatschow herausgefordert, den Jelzin zuvor schon in Interviews namentlich als
Perestrojka-Gegner angegriffen hatte. Ligatschow nutzte seine
Replik nicht nur zu einer heftigen Attacke gegen Jelzin, sondern
auch zu einer Verurteilung der Praxis, über bürgerliche Massen-
medien - wie Jelzin es tat - die Auseinandersetzung in Sachen
Perestrojka zu betreiben. Damit verband der Ideologie-Chef der
Sowjetunion scharfe Angriffe auf die sowjetische Presse, mit
denen er auf dieser Konferenz nicht alleine stand.

Ligatschow warf der Presse vor, im Rahmen der Glasnost die
Sowjetmenschen als „Sklaven darzustellen, die angeblich nur mit
Lügen und Demagogie gefüttert und der schärfsten Ausbeutung
unterworfen wurden".[28] Obwohl Ligatschow mit diesem zorni-
gen Ausbruch sein Bekenntnis zur Perestrojka verband, wurde
der prinzipielle Unterschied zwischen den beiden wichtigsten
Gruppierungen in der Partei sichtbar. Gegenüber dem Konzept

---

[27] Prawda, 2. Juli 1988, S. 10.
[28] Ebenda, S. 11.

von Gorbatschow, einen Rechtsstaat mit parlamentarischer Kontrolle aufzubauen nach dem Grundsatz, „dass alles erlaubt ist, was das Gesetz nicht verbietet",[29] dem auch die Partei unterstellt ist, favorisiert Ligatschow eine andere Variante, wonach die Partei als der Angelpunkt der richtigen gesellschaftlichen Interpretation die Vorgänge im Staat bestimmen soll.

Das gesellschaftlich beherrschende Thema des innersowjetischen Nationalitätenkonflikts wurde zwar nicht unter aktuellem Bezug auf Armenien diskutiert, fand jedoch in den Resolutionen der Parteikonferenz Niederschlag. Nachdem schon die estnische Sowjetrepublik ein Papier vorgelegt hatte, das eine größere wirtschaftliche und nationale Selbständigkeit forderte, schwenkte die Parteikonferenz wenigstens vorsichtig auf diesen neuen Kurs ein. An den beiden entscheidenden Stellen der Resolution heißt es: „Beachtenswert ist die Idee des Übergangs der Republiken und Regionen zu den Prinzipien der wirtschaftlichen Rechnungsführung mit exakter Festlegung ihres Beitrags zur Lösung von landesweit relevanten Programmen."[30] Und zur nationalen Identität soll beitragen „die freie Entwicklung und der gleichberechtigte Gebrauch der Muttersprache durch alle Bürger der UdSSR und das Erlernen der russischen Sprache, die von den sowjetischen Menschen freiwillig als Mittel zur Kommunikation zwischen Nationalitäten angenommen wurde".[31]

Hinter diesen Forderungen steckt mehr als die Wiederholung früherer Standpunkte. Denn nun soll eigens die Gesetzgebung über die staatsrechtliche Gliederung des Landes verändert werden. „Dies macht entsprechende Abänderungen an der Verfassung der UdSSR und den Verfassungen der autonomen und Unionsrepubliken erforderlich."[32] Am weitesten sind bereits kurz nach der Parteikonferenz die außenpolitischen Überlegungen gediehen. Denn auf einer anschließenden Fachkonferenz wurde mit einem Referat von Außenminister Eduard Schewardnadse die Plattform geschaffen, auf der die Prinzipien der neuen Au-

---

[29] Thesen des ZK der KPdSU zur XIX. Unionsparteikonferenz, a.a.O., S. 6.
[30] XIX. Parteikonferenz der KPdSU, a.a.O., Entschließungen, S. 162.
[31] Ebenda, S. 163.
[32] Ebenda.

70

ßenpolitik zusammengefasst wurden. Schon im Vorfeld der Konferenz war in einem Thesenpapier die lange Zeit tabuisierte Außenpolitik in die Kritik mit einbezogen worden: „Eine kritische Analyse der Vergangenheit zeigte, dass auch unsere Außenpolitik von Dogmatismus und subjektivistischem Herangehen gekennzeichnet war."[33] Auf der Folgekonferenz bestätigte Außenminister Schewardnadse, dass im Atomzeitalter der Klassenkampf nicht mehr Bestandteil der Außenbeziehungen zwischen der Sowjetunion und den kapitalistischen Ländern sein kann:

„Der Kampf zweier entgegen gesetzter Systeme ist nicht mehr die bestimmende Tendenz der modernen Zeit."[34] Die bisherigen Fehler brachte Schewardnadse dabei in Verbindung mit innenpolitischen Fehlern: „Jede Abweichung von den Lenin'schen Prinzipien in der Innenpolitik erwies einen ernsthaften, negativen Einfluss auf die sowjetische Diplomatie."[35] Als dessen Folge kritisierte er auch, dass man „nicht immer alle Möglichkeiten genutzt habe, das Entstehen des ‚Eisernen Vorhanges' zu verhindern sowie den Umfang und die Schärfe der Konfrontation und des Wettrüstens zu begrenzen".[36]

Schon auf der Parteikonferenz hatte der Direktor des Instituts für Weltwirtschaft und Internationale Beziehungen in Moskau, Jewgenij Primakow, beklagt, dass in der sowjetischen Außenpolitik gerade wegen ihres dogmatischen Charakters lange Zeit Modelle ohne Alternativen entwickelt wurden. Auf diesen Dogmatismus führte er auch den Fehler zurück, Truppen nach Afghanistan zu entsenden.[37] Aus der Parteikonferenz leitete Außenminister Schewardnadse die Notwendigkeit einer Offenheit auch im Bereich der militärischen und militärisch-industriellen Tätigkeit „durch das höchste vom Volk gewählte Organ" ab. Diese Offenheit soll auch „für die Nutzung der militärischen Kraft außerhalb der nationalen Grenzen des Lan-

33 Thesen des ZK der KPdSU zur XIX. Unionsparteikonferenz, a.a.O., S. 27.
34 Prawda, 26. Juli 1988, S. 4.
35 Ebenda.
36 Ebenda.
37 Prawda, 2. Juli 1988, S. 8.

des" wie für den Verteidigungshaushalt gelten.[38] In diesem Zusammenhang griff Schewardnadse auf ein Zitat von Gorbatschow zurück, als dieser im Mai 1986 auf einem Treffen aller Botschafter der Sowjetunion erstmals seine Überlegungen zu einer neuen Außenpolitik formulierte. Damals warnte Gorbatschow unter Hinweis auf die angespannte wirtschaftliche Lage: „Wir können uns nicht den Luxus leisten, die USA, die NATO und Japan in allen militärtechnischen Novitäten nachzuahmen."[39]

Zum Abschluss dieser Fachkonferenz wurde dann nicht mehr ausgeschlossen, dass künftige Korrekturen an den außenpolitischen Prioritäten der Sowjetunion sogar Verfassungsänderungen zur Folge haben könnten. Bislang heißt es in Artikel 28 der sowjetischen Verfassung: „Die Außenpolitik der UdSSR ist darauf gerichtet, günstige internationale Bedingungen für den Aufbau des Kommunismus in der UdSSR zu sichern, die staatlichen Interessen der UdSSR zu schützen, die Position des Weltsozialismus zu stärken, den Kampf der Völker um nationale Befreiung und sozialen Fortschritt zu stützen, Aggressionskriege zu verhindern, die allgemeine und vollständige Abrüstung durchzusetzen und das Prinzip der friedlichen Koexistenz von Staaten unterschiedlicher Gesellschaftsordnungen konsequent zu verwirklichen."

Gerade im Hinblick auf die Notwendigkeit „einer vollen Realisierung der friedlichen Koexistenz als höchstes universales Prinzip der internationalen Beziehungen"[40] wird möglicherweise dieser Verfassungsartikel zur Disposition stehen. Denn als Folge der Parteikonferenz wurde besonders kritisch die bisherige Politik gegenüber der Dritten Welt beleuchtet. Dabei ging es um die „Frage einer sozialistischen Orientierung im Zusammenhang mit der Konzeption einer freien Wahl",[41] hinter der sich das Problem

---

[38] Prawda, 26. Juli 1988, S. 4.
[39] Ebenda; der Redetext ist bislang nur in einer Zusammenfassung ohne wörtliche Zitate veröffentlicht im Bulletin des Sowjetischen Außenministeriums, Wjestnik MID, Nr. 1/5.August 1987, S. 4-6.
[40] Prawda, 28. Juli 1988, S. 4.
[41] Ebenda.

verbirgt, dass die Sowjetunion ihr Engagement auf solche Länder konzentriert hat, die sich nominell zum Sozialismus bekannt haben, in Wirklichkeit aber weder den ideologischen noch den politischen Ansprüchen dieses Bekenntnisses gerecht geworden sind und im Grunde zu einer meist wirtschaftlichen Belastung für die Sowjetunion geworden sind. Das Eingeständnis, „dass unsere Wissenschaft und Diplomatie nicht imstande war, in vollem Ausmaß viele der heutigen Prozesse voraus zusagen"[42] zeugt von Fehlentscheidungen, für die ebenfalls der Dogmatismus verantwortlich gemacht werden muss. Denn bei manchem nationalen Unabhängigkeitskampf, der von der Sowjetunion unterstützt wurde, muss kritisch nachgefragt werden, ob nicht das nationale Element und/oder die Unabhängigkeit zuweilen vernachlässigt wurden.

---

[42] Ebenda

POSITIONSKÄMPFE

„DEMOKRATIE
WIE DIE LUFT ZUM ATMEN!"
Gorbatschows „neuer Kurs" stößt auch auf Widerstand[43]

Die 17-jährige Schülerin in der sibirischen Stadt Irkutsk bekommt glänzende Augen: „Gorbatschow ist ein toller Typ." Und ungefragt ergänzt sie: „Der geht wenigstens ran an die Leute und hört mal zu, was bei uns alles nicht klappt." Würden alle Sowjetbürger diese Begeisterung teilen, dann wäre der rasche Umbau der Sowjetgesellschaft eine Leichtigkeit. Doch was Gorbatschow anstrebt, schafft auch Widerstand im Land. Der Generalsekretär will die Wirtschaft reformieren, neue Technologien einführen und den behäbigen Apparat von Partei und Regierung auf Touren bringen. Er möchte den Kommunismus von seiner erfolglosen und unterdrückenden Ideologie befreien. Schließlich soll die Sowjetunion als konkurrenzfähiges Gesellschaftsmodell gegen den Kapitalismus antreten.

Deshalb wirbt Gorbatschow um massive Abrüstung. Er will vermeiden, dass kriegerische Konflikte provoziert werden. Gleichzeitig braucht sein Land das Geld dringend für die eigene Wirtschaft. Denn der Weg zur Erneuerung in den Betrieben ist weit und teuer. Gorbatschow hat jedoch bereits eine kleine Revolution eingeleitet. Einer scharfen Kampagne gegen Korruption und Vetternwirtschaft folgten Maßnahmen, mit denen die wirtschaftliche Eigeninitiative gefördert werden soll. Private Taxis und Restaurants sind nun ebenso möglich wie privates Kleingewerbe oder Familienbetriebe auf dem Land. Mit seinen Reformen hat sich Gorbatschow freilich nicht nur Freunde im Land

---

[43] Begeisterung und Skepsis sind die beiden Extreme, auf die Gorbatschow mit seiner Politik landesweit stieß. Erstveröffentlichung: „Wir brauchen Demokratie wie die Luft zum Atmen!" Gorbatschows „neuer Kurs" stößt auch auf Widerstand im eigenen Land. In: Abendzeitung München, 23. Februar 1987.

gemacht. Doch: „Wer unseren Weg nicht mitgehen will, von dem müssen wir uns trennen", heißt seine Devise. Und danach wurde in der Partei aufgeräumt, wurden Tausende entlassen oder versetzt. Neue Gesetze lassen die Gründung von Gemeinschaftsunternehmen mit ausländischem Kapital zu. Ein deutsches Unternehmen kann so mit westlichem Fachwissen und sowjetischem Personal seine Produkte billiger auf den Markt bringen. Den Nutzen haben beide Seiten: Die Sowjetunion baut damit ihren technologischen Rückstand ab und erschließt sich neue Märkte, die auch noch Devisen in das Land bringen.

Für eine anständige Qualität der Produkte sollen unabhängige Kontrolleure sorgen. Seit Jahresbeginn passen sie in den Fabriken wie Schießhunde auf, damit nicht - wie früher häufig geschehen - zwar Autos geliefert werden, aber mal ohne Ersatzreifen, mal ohne Armaturen oder gleich gar ohne Lenkrad. Auch im alltäglichen Leben kann man die Auswirkungen der neuen Politik spüren:

Das Fernsehprogramm wurde völlig umgekrempelt. Viele langweilige, aber ideologisch konforme Sendungen wurden ausgewechselt. Filme, die lange Zeit verboten waren, auch solche, die den Stalinismus kritisieren, kommen auf den Bildschirm und in die Kinos. Selbst die Nachrichtensendungen wurden geändert. Früher berichteten sie nach Schwarz-Weiß-Klischees über die guten Taten der sozialistischen Länder und die soziale Not im ausbeuterischen Kapitalismus.

Jetzt wird über den Westen objektiver berichtet. Besonders beliebt sind so genannte Fernsehbrücken etwa mit Amerika oder Japan. Dabei sitzen zwei Diskussionsgruppen jeweils im Fernsehstudio Moskau und im anderen Land. Sie können sich über Bildschirme sehen und diskutieren mit Hilfe von Dolmetschern miteinander. Sogar die Parteizeitung *Prawda* hat jetzt eine Gastkolumne für westliche Politiker und Journalisten eingerichtet. Diese Artikel, die natürlich oft nicht mit sowjetischen Positionen übereinstimmen, werden zwar von der *Prawda* noch einmal kommentiert. Aber die Leute erfahren aus erster Hand, wie man im Westen denkt. Auch Missstände im Inneren, früher als Tabus verschwiegen, werden offengelegt. Etwa, dass 48.000 Drogensüchtige registriert sind, oder dass in Kasachstan nur 30 Prozent des Fleisches in die Geschäfte gelangt, während der Rest in schwarzen Kanälen der Oberen Zehntausend verschwindet. Diese Kampagne für mehr Offenheit, auf Russisch Glasnost, hat das ganze Land erfasst.

In den Kinos sorgt ein Film für Aufsehen, in dem jugendliche Aussteiger, Drogensüchtige und Rocker schlichtweg erklären, Geld sei für sie das Wichtigste. Kein Wort davon, dass sie in den Idealen der Sowjet-Ideologie ihre Zukunft sehen. Zurückgekehrte Soldaten aus Afghanistan klagen, sie sähen in ihrem Einsatz kein Heldentum. Und Gorbatschow macht keinen Hehl daraus, dass Moskau seine Soldaten lieber heute als morgen abziehen möchte. Als Gorbatschow auch noch eine Diskussion in Sachen Justizreform begann, war klar, dass dabei die Frage der politischen Gefangenen eine Rolle spielt. Erst wurden berühmte Dissidenten wie Schtscharanski freigelassen. Dann durfte Sacharow aus der Verbannung zurückkehren. Und nun sind schon etwa 150 Gewissenshäftlinge in Freiheit. Fast noch einmal so viele sollen folgen. Damit schafft sich Gorbatschow neue Verbündete.

Auf dem Friedensforum in Moskau trat Andrej Sacharow auf. Er setzte sich wie immer für alle politischen Gefangenen ein, plädierte aber ebenso heftig gegen das geplante amerikanische Raketensystem im Weltraum, SDI. „SDI ist völlig sinnlos und wird nie funktionieren." Im privaten Gespräch gibt Sacharow unumwunden zu: „Der Kurs von Gorbatschow verdient volle Unterstützung." Und diesen Kurs hat Gorbatschow klar festgelegt, als er forderte: „Wir brauchen Demokratie wie die Luft zum Atmen!" Kein leichter Weg. Innerhalb der Partei blocken Alt-Apparatschiks das „neue Denken" (zum Beispiel geheime Wahlen, Abschaffung der Einheitslisten) ab. Führer „befreundeter" Länder im sozialistischen Lager zeigen sich irritiert. Gefährlich würde es für Gorbatschow, wenn die Militärs in Ost und West seine weit reichenden Abrüstungsangebote als Zeichen einer Schwäche missverstehen würden. Das größte Hindernis für die neue Politik aber liegt im eigenen Land - 280 Millionen Menschen, die sich schnell an die neuen Freiheiten gewöhnt haben, die aber, zu lange geübt, dass „die da oben" alles regeln, lieber abwarten, als ihr Schicksal selbst in die Hand nehmen und aktiv zu werden. Doch die Sowjetunion - so warnt Gorbatschow - hat keine andere Wahl. Sie muss den neuen Weg gehen.

DIE GRENZEN DER BELASTBARKEIT
Wie viel Reformpolitik kann die Sowjetunion vertragen?[44]

Mehr als zwei Jahre nach dem Amtsantritt von Michail Gorbatschow zählt es zu den schwierigsten Aufgaben, ein angemessenes Urteil darüber zu fällen, wie die neue Politik des sowjetischen Parteichefs innerhalb der Sowjetunion aufgenommen und - vor allen Dingen - von den Sowjetbürgern in die Praxis umgesetzt wird. Die Sowjetunion als größter Flächenstaat der Erde beherbergt mehr als 280 Millionen Menschen. Das Land ist in fünfzehn Republiken gegliedert, die von der Nationalgeschichte ihrer jeweiligen Völker stärker geprägt sind als von den 70 Jahren Sowjetmacht.

Ich erinnere nur an die Hochkultur der Armenier, die als erste das Christentum zur Staatsreligion erklärt haben, noch vor Rom. Auch heute noch gilt, dass die armenische Nationalität und die Zugehörigkeit zur armenischen Nationalkirche für den größten Teil der Bevölkerung eine Identität darstellen. Neben solchen Völkern, die in eigenen Sowjetrepubliken leben, gibt es noch zwanzig autonome Republiken, deren Existenz außerhalb der Sowjetunion kaum bekannt ist. Dazu kommt eine Vielzahl von autonomen Gebieten und Kreisen für insgesamt mehr als einhundert Völker und Völkerschaften mit eigenen Sprachen und Kulturen.

Als Beispiele seien nur einige von ihnen erwähnt, über die sogar unsere westlichen Enzyklopädien wenig Auskunft geben

---

44 Je populärer die Gorbatschow-Politik im Westen wurde und je größer seine außenpolitischen Erfolge waren, desto kritischer schien sich die Lage im Inneren der Sowjetunion zu entwickeln. Trotz der Offenheit in Fragen der Kultur und Geschichtsbetrachtung blieben die wirtschaftlichen und die nationalen Fragen die entscheidenden Herausforderungen, die auch von der Perestrojka nicht in wenigen Jahren bewältigt werden konnten. Erstveröffentlichung: Kann die Sowjetgesellschaft die Herausforderung einer Reformpolitik unter Gorbatschow bestehen? In: Jahreshefte Gymnasium Josephinum, Hildesheim 1987/88 [Festvortrag 26.09.1987], 57-64. Nachdruck in: Europa im Wandel, Hildesheim 1993.

wie die Gagausen, ein christianisiertes Turkvolk an der südwestlichen Grenze der Sowjetunion oder die Chakassen, ein mongolisches Volk in Südsibirien. Und wer kennt schon die Jakuten, die im hohen Norden der Sowjetunion in einer autonomen Republik wohnen, die zwölf Mal größer ist als die Bundesrepublik? Dieser Exkurs soll zweierlei demonstrieren: Erstens ist die neue Reformpolitik von Gorbatschow eine Herausforderung an die verschiedenartigsten Völkerschaften. Zweitens wird damit klar, dass die Moskauer Verhältnisse, unter denen die meisten neuen Gedanken formuliert und erstmals erprobt werden, keinesfalls typisch oder vorbildlich für das ganze Land sein können. Daneben hat die Sowjetmacht ähnlich dem Zarismus - hier liegen wesentliche machtpolitische Übereinstimmungen - stets auf den Zentralismus gesetzt. Das daraus entstandene obrigkeitliche Denken hat sich nicht selten zum Nachteil Russlands und ebenso auch zum Nachteil der heutigen Sowjetunion ausgewirkt. Denn jedes Zuwarten auf Entscheidungen von oben wie auch die Gewöhnung daran, dass jeweils andere als man selbst die Verantwortung tragen, sind heute mehr denn je die wirkliche Gefahr für eine neue Politik.

Natürlich finden sich überall auf Reisen im Land Vertreter von Staat und Partei, die schnell die neuen Losungen im Munde führen. Glasnost, die Öffentlichkeit, die in erstaunlichem Maße in der Zentralpresse hergestellt ist, spielt dabei eine wichtige Rolle. Aber auch die Perestrojka, der Umbau, mit dem Mittel der wirtschaftlichen Uskorenje, der Beschleunigung, und nicht zuletzt die Demokratisazija, die Demokratisierung der Gesellschaft. Doch häufig richtet sich das Verhalten vieler Vertreter von Staat und Partei, von Management und Wirtschaft direkt oder indirekt gegen diese neuen Gedanken. Viele beharren auf der so genannten erprobten Praxis der Vergangenheit.

Allerdings hat sich bei der Selbstdarstellung besonders gegenüber dem Ausländer etwas entscheidend verändert. Bereitwillig erörtern jetzt Betriebsdirektoren Mängel in der Produktion, klagen offen über unerfüllte Pläne oder unrealistische Planvorgaben. Doch gleichzeitig wissen viele Verantwortliche nicht zu sagen, wie die Umstellung in einem Betrieb zu bewerkstelligen sei. Aus all dem spricht oft genug eine gewisse Hilflosigkeit gegenüber den noch nicht ausformulierten Forderungen der zentralen Führung. Indessen hat Moskau - man möchte fast sagen nach einem offensiven Überraschungsprinzip - die Sowjetbürger ebenso wie das Ausland mit ungewöhnlichen Maßnahmen konfrontiert, die sich nicht nur auf den Abrüstungsbereich beschränken. Da ich berufsbedingt in Moskau gewissermaßen Bilder in Worte umsetzen und vermitteln muss, erlauben Sie mir dazu nun eine Rückblende auf ein Ereignis, mit dem zwar nicht alles angefangen hat, das aber als Schlüsselerlebnis auch später noch von Zeitgeschichtlern zitiert werden wird: Es war ein kalter Dezembermorgen im vergangenen Jahr. Die graue Dämmerung lag noch über dem Jaroslawer Bahnhof in Moskau, als sich eine stoßende Menschenmenge an den Nachtzug aus Gorki herandrängte. Flammende Kamerascheinwerfer leuchteten grell in eine offene Waggontür. Dutzende von Journalisten aus aller Welt warteten auf den lebenden Beweis dafür, dass unter Gorbatschow eine neue Ära angebrochen war, die mehr umfasst als nur kosmetische Korrekturen an der Oberfläche der sowjetischen Gesellschaft. Dann war es soweit:

Nach siebenjähriger Verbannung kehrte der Bürgerrechtler und Wissenschaftler Andrej Sacharow nach Moskau und damit in die internationale Öffentlichkeit zurück. Seine Stimme zitterte noch, als er denjenigen dankte, die sich unermüdlich für ihn eingesetzt hatten. Dieser Moment der ersten Begegnung gehörte für alle Beteiligten zu den bewegendsten Erlebnissen der letzten Jahre. Dann schilderte Sacharow die Ungeheuerlichkeit, die man bis dahin bestenfalls für ein Gerücht gehalten hatte: „Am 16. Dezember um drei Uhr nachmittags rief Michail Sergejewitsch Gorbatschow bei mir an und sagte, dass eine Entscheidung über meine Befreiung gefallen sei, also dass ich nach Moskau zurückkehren kann. Und ich sagte ihm, dass ich dankbar für diese Entscheidung bin.“

Der Generalsekretär und der Dissident im gemeinsamen Telefongespräch - das war gewissermaßen ein symbolischer Akt der Versöhnung mit den Brüchen der Vergangenheit. Doch es blieb nicht bei dem symbolischen Schritt. Sacharow erhielt seinen alten Arbeitsplatz in der Akademie der Wissenschaften wieder. Unter den Tränen seiner Kollegen feierte er eine triumphale Rückkehr in sein Büro, das seit seiner Verbannung für ihn freigehalten worden war. Bei einem internationalen Friedensforum trat Sacharow dann als Redner auf. Und als im Kremlpalast Parteichef Gorbatschow die Freilassung von 140 politischen Gefangenen erwähnte, die kurz zuvor die sowjetischen Lager verlassen konnten, da blendete das staatliche Fernsehen in abgezirkelter Regie Andrej Sacharow ein, der unter den Zuhörern saß. Ganz gleich, wie viel die Weltöffentlichkeit bis dahin von den Reformansätzen des dynamischen Parteichefs verstanden hatte, die Botschaft war deutlich: Wir wollen unsere Gesellschaft von Grund auf erneuern und scheuen nicht mehr den Disput mit unseren Gegnern. Ganz im Gegenteil - Kritik und Auseinandersetzung mit den Andersdenkenden ist nun Programm.

Alle Bereiche der Sowjetunion - so der Eindruck - sollen reformiert, sollen umgebaut werden. Die Zauberformel dafür heißt Perestrojka, ein Begriff, den auch Politiker anderer Länder inzwischen - fast mit Respekt - anwenden wie etwa der amerikanische Außenminister Shultz bei einem seiner Moskau-Besuche, als er vor Journalisten sagte: „Ich hatte einige gute Gespräche über die wirtschaftliche Lage und das Neue Denken - Perestrojka, glaube ich, ist die Bezeichnung dafür. Es ist ganz klar, dass in der Sowjetunion einige wichtige Veränderungen um sich greifen. Alle Vertreter, mit denen ich sprach, haben diesen Prozess erörtert. Und ich bin froh, dass ich diese direkten Auskünfte bekommen konnte." Selbst die konservative britische Premierministerin Margaret Thatcher kam über diesen neuen Stil förmlich ins Schwärmen und unterbreitete in Moskau trotz ihrer heftigen Attacken auf die Sowjetunion dem Parteichef Gorbatschow fast leidenschaftliche Komplimente, als sie auf einer internationalen Pressekonferenz öffentlich eingestand:

„Dieses war der faszinierendste und belebendste Besuch, den ich als Premierministerin jemals im Ausland durchgeführt habe. Ich möchte Mr. Gorbatschow, der sowjetischen Regierung und dem russischen Volk für den warmen und herzlichen Empfang danken. Ich hätte ganz sicher zu keiner interessanteren und entscheidenderen Zeit in die Sowjetunion kommen können. Mr. Gorbatschow hat mich während unserer ausführlichen Gespräche mit einem bemerkenswerten Blick in die inneren Verhältnisse der Sowjetunion belohnt. Ich kann mich nicht erinnern, dass ich jemals so viel Zeit für Diskussionen mit einem der Weltpolitiker verbracht habe. Mr. Gorbatschow gab mir einen vollständigen Überblick über die Umgestaltung in der Sowjetunion und ich begrüße diesen Prozess ganz ausdrücklich."

Was aber will Gorbatschow mit der Perestrojka, von der so viele schwärmen, in der Sowjetunion wirklich verändern? - Und wichtiger noch, was kann in absehbarer Zeit erreicht werden? Wie reagiert der normale Sowjetmensch darauf, dass plötzlich viele Werte nicht mehr stimmen sollen, an die er sich seit Jahrzehnten gewöhnt hatte? Wer garantiert schließlich, dass dieses gewaltige Vorhaben einer zweiten Revolution nicht doch - wie so viele andere Reformansätze in der sowjetischen Geschichte - wieder einmal in den Mühlen der Bürokratie, Gleichgültigkeit, Korruption und Vetternwirtschaft untergeht? Die Antworten auf diese Fragen können nur vorläufigen Charakter haben. Es gibt bislang nur eine endgültige Erkenntnis, die auch von Michail Gorbatschow geteilt wird: Die Sowjetunion hat sich nach seinen Worten am Ende der Breschnew-Zeit im Vorstadium der Krise befunden. Nun bleibt nur noch das Mittel der radikalen Reformen. Einen Weg zurück gibt es nicht. Diese Bestandsaufnahme hatte Gorbatschow bereits kurz nach seinem Amtsantritt im Frühjahr 1985 mit einer heftigen Kritik an Ministern und Parteikadern verbunden. Seine Schlussfolgerung lautete damals:

„Wer nicht bereit ist, unseren Weg mit uns zu gehen, von dem müssen wir uns trennen."

Noch gibt es keine Statistik, die im Detail belegt, wie viele tausend oder gar zehntausend Funktionsträger versetzt, gerügt, abgelöst oder entmachtet wurden. Und dieser Prozess geht weiter. Gorbatschow sieht dabei seinen besten Verbündeten in der Bevölkerung. Mit populistischem Geschick wirbt er gewissermaßen auf der Straße für seine Politik. Vor laufenden Fernsehkameras erläutert er im offenen Gespräch mit den Sowjetbürgern die Schwierigkeiten, die zu bewältigen sind. Doch der Parteichef bietet den Sowjetbürgern nicht nur die Genugtuung einer volkstümlichen Nähe, in der viele ihre persönlichen Probleme gut aufgehoben sehen. Gorbatschow fordert auch. Und er fordert viel von den Sowjetmenschen. Zu allererst soll besser und mehr gearbeitet werden. Dabei geht es nicht um die unrealistische Parole, den Kapitalismus in seiner wirtschaftlichen Leistungsfähigkeit zu schlagen. Dieses Ziel, in der Chruschtschow-Ära vollmundig gefordert, wurde unter Gorbatschow sogar eigens aus dem Parteiprogramm gestrichen. In ihren wirtschaftlichen Zielsetzungen wirkt die Perestrojka sehr viel buchhalterischer. Zunächst einmal müssen Grundmängel in der Planwirtschaft beseitigt werden. Die Erkenntnis, dass auch in der sozialistischen Wirtschaft Zwei mal Zwei Vier ist, wurde jahrelang nämlich nicht im Moskauer Planungszentrum, sondern im fernen Sibirien gepflegt. Eine Zweigstelle der Akademie der Wissenschaften in Nowosibirsk beschäftigt Fachleute, die immer wieder wirtschaftswissenschaftliche Vorstöße gewagt haben und nun unter Gorbatschow endlich Gehör finden. Zu ihnen zählt auch Abel Aganbegjan, der inzwischen nach Moskau umgesiedelt ist und sich in einem eigenen Institut Gedanken darüber macht, wie man mit Gewinn produziert. Seine Fragestellung, was durch die Perestrojka" zunächst erreicht werden muss und seine Antwort klingen sachlich, aber ernüchternd. In einem Gespräch erläuterte er:

„Wir brauchen eine Erhöhung der Produktivität um das 1,3 bis 1,5-fache. Und zwar im laufenden Fünf-Jahr-Plan. Im nächsten und im übernächsten Fünf-Jahres-Plan müssen wir dann noch eineinhalbmal besser arbeiten als im jetzigen Fünf-Jahres-Plan."

Man muss sich einmal klarmachen, dass damit die notwendige wirtschaftliche Basis für die Perestrojka erst bis zur Jahrtausendwende erreicht wäre, vorausgesetzt überhaupt, die sowjetischen Arbeiter schafften die konstante Steigerung der Produktivität. Dabei lässt Aganbegjan keinen Zweifel, dass solche anspruchsvollen Ziele nur erreicht werden können, wenn die Sowjetgesellschaft eine gewaltige Hürde überspringt. „Wir brauchen viel radikalere Maßnahmen", lautet eine der Grundforderungen.

Demnach werden jetzt auch die staatliche Planungsbehörde und die Ministerien, die Staatsbank, das Finanzwesen, das System der Materialversorgung sowie das gesamte Lohn- und Preissystem in die Reform mit einbezogen.

Es ist schon viel geschehen. Mit neuen Gesetzen über die Leitung der Betriebe, mit dem Ansporn größerer Selbständigkeit und dem Risiko, auf eigene Kosten zu arbeiten, sollen die Unternehmen stimuliert werden; sie sollen sich ihre Märkte förmlich erobern. Der Staat als Auftraggeber wird sich weiter zurückziehen. Angebot und Nachfrage sollen die Produktion bestimmen. Die neue Devise lautet: Soviel Initiative wie möglich und sowenig Plan wie nötig. Zusätzliche Hilfestellung erwartet sich der Wissenschaftler dabei von flankierenden privatwirtschaftlichen Unternehmen nach dem Vorbild anderer sozialistischer Länder wie der DDR oder Ungarn. Doch die Praxis ist schwerfälliger als erwartet. Ein neues Gesetz über private Arbeit schafft noch nicht den erwünschten Freiraum. Betroffene behaupten gerne, damit sei lediglich die Schwarzarbeit legalisiert worden, und überdies kassiere der Staat nun dafür auch noch Steuern.

Häufig legen die Behörden solchen Privatinitiativen Steine in den Weg. In anderen Bereichen wird der Umbau oft nicht ernst genommen. So klagte Gorbatschow selbst, dass in der Sowjetrepublik Armenien eine ungerechtfertigte Gelassenheit gegenüber der Perestrojka herrsche. Und in einer anderen Kaukasusrepublik erklärte ein Vertreter der Schwerindustrie im Gespräch: „Jetzt etwas ändern hieße doch, dass unser Betrieb bisher schlecht gearbeitet hat. Das ist nicht der Fall. Also mag die Perestrojka zwar für andere in Frage kommen, bei uns ist sie kein vordringliches Ziel." Auf diesen Vorfall angesprochen, meinte ein Journalist in Zentralrussland im privaten Gespräch: „Die Perestrojka ist vor allem ein psychologisches und erst danach ein wirtschaftliches Problem. Aber wir können nicht mit den wirtschaftlichen Veränderungen warten, bis sich alle Leute umorientiert haben." Genau darin aber liegt das Dilemma, das auch im Gespräch mit einem Kombinatsdirektor am Kaspischen Meer zum Ausdruck kommt. Denn für ihn ist die Perestrojka kein gesellschaftspolitischer, sondern nur ein formal-technischer Vorgang, der für ihn bereits abgeschlossen ist. Seine verblüffende Erklärung lautete: „Also was die Perestrojka betrifft, so haben wir uns schon längst umgebaut. Jetzt hat das nichts mehr zu tun mit der Perestrojka, weil ja hier alles, was mit der Perestrojka zusammenhängt - also gute Qualität in der Produktion, Planerfüllung - getan wird. Um es kurz zu machen: Wir haben schon längst die Perestrojka durchgeführt. Die Sache ist für uns abgeschlossen." Hinter einer solchen Aussage verbirgt sich zweierlei: Zunächst haben viele Menschen in der Sowjetunion noch gar nicht verstanden, was alles mit der Umgestaltung erreicht werden soll. Und zweitens lässt sich mit größerer Entfernung von Moskau auch eine größere Distanz zu den politischen Ideen der Zentralmacht beobachten. Schwieriger ist es mit den widerstrebenden Kräften, die sich gegen die Gorbatschow-Politik stellen.

Nach der Einschätzung von Valentin Falin, dem Chef der sowjetischen Nachrichtenagentur Nowosti und früherem Sowjetbotschafter in Bonn, gehören dazu folgende Gruppen: Erstens jene Menschen, die früher zu oft enttäuscht wurden, um nun irgendwelchen Versprechungen zu glauben. Zweitens so genannte Hüter der Instruktion, die als kleine Machthaber in den Ministerien komfortabel gelebt haben und nun aus Furcht vor Prestige- und Machtverlust gegen die Erneuerung sind. Drittens Dogmatiker, denen die Perestrojka prinzipiell nicht in den Kopf geht. Und viertens schließlich Kräfte in der sowjetischen Generalität, die mit dem neuen Denken nicht zurechtkommen.

Erlebnisse im sowjetischen Alltag ergänzen diese Mängelliste noch. Denn ein Teil der Bevölkerung entzieht sich durch passives Verhalten völlig dem politischen Prozess; andere Gruppen wiederum haben - spiegelbildlich zur blockierenden Gruppe im Apparat - kleine Machtgebilde von Schieberei und Schwarzmarkttätigkeit aufgebaut und klagen nun darüber, dass unter Breschnew doch alles besser gewesen sei. Doch alle Spekulationen über den tatsächlichen Anteil dieser Leute an der Bevölkerung sind müßig. Solche Eindrücke lassen sich nicht quantifizieren, ein Problem, das auch den sowjetischen Behörden selbst erheblich zu schaffen macht. Denn immer noch funktioniert das bekannte System der zwei Produktionswelten:

Geschäftstüchtige „Privathändler" nehmen eine oft untergeordnete Stelle in einem Betrieb an, am besten nicht in der Produktioß, sondern in der Verwaltung oder inneren Dienstleistung. An ihrem Arbeitsplatz erscheinen sie nur einmal im Monat, am Zahltag. Sie nehmen ihren Lohn in Empfang, um ihn gleich weiterzuleiten an den nächsten Vorgesetzten. Für dieses Schmiergeld ist der Vorgesetzte bereit, dem zahlungswilligen Mitarbeiter einen ganzen Monat lang dessen angebliche Anwesenheit am Arbeitsplatz zu attestieren. Strenge Arbeitsplatzkontrollen sollen diesen Missbrauch abschaffen, doch die Zählebigkeit eingefahrener Gewohnheiten entpuppt sich als enorm widerstandsfähig. Dies ist nur ein Beispiel für die Schwierigkeiten der Planungsbehörden, über Arbeitskräfte und Arbeitsproduktivität zuverlässige Aussagen zu erstellen. Wenn man Sowjetbürger auf ihre zwar nicht negative, aber doch oft indifferente Haltung zur Perestrojka anspricht, wird ein Argument recht häufig verwendet: „Wir wollen erst einmal mehr Geld auf der Hand und bessere Waren im Laden sehen. Dann werden wir auch mehr arbeiten." Auch diese Gruppe von Menschen lässt sich nicht quantifizieren. Sie ist aber nach offiziellen Befürchtungen groß genug, um den Fortgang der Entwicklung erheblich abzubremsen. Schließlich trifft man auch viele zustimmende Meinungen. Das sind Sowjetbürger, die in dem Unternehmen der neuen Politik eine erhebliche Investition in die Zukunft sehen. Viele können sich dabei allerdings nicht konkret vorstellen, worauf die Perestrojka wirklich hinauslaufen soll.

In dieser Situation werden begierig Veröffentlichungen aufgegriffen, die mögliche Perspektiven der neuen Politik ohne dogmatische Scheuklappen skizzieren. Bestes Beispiel dafür war ein Aufsatz des Wirtschaftswissenschaftlers Nikolaj Schmeljow, der in einer populären und weit verbreiteten Zeitschrift veröffentlicht wurde. Darin plädierte er für die Einführung marktwirtschaftlicher Elemente und legte dem Leser eine entlarvende Analyse der bisherigen wirtschaftlichen Verhältnisse vor, deren Überwindung in Zukunft auch Arbeitslosigkeit und soziale Unterschiede nicht ausschließe. Dieser Aufsatz gab in Moskau den Anstoß für eine anhaltende Diskussion darüber, ob die weitere

Entwicklung im Land überhaupt noch mit dem Etikett der sozialistischen Planwirtschaft zu vereinbaren sei. Die Wellen schlugen sogar so hoch, dass Gorbatschow in einem spontanen Gespräch mit der Bevölkerung beruhigend eingreifen musste. Die Analyse des Aufsatzes, so bescheinigte er darin die erschreckenden Fakten einer darbenden Wirtschaft, sei durchaus richtig. Nur die Schlussfolgerungen, so beruhigte er seine Zuhörer, seien für den Sozialismus unannehmbar. Denn Arbeitslosigkeit werde es nicht geben. Dann wetterte Gorbatschow unter Zustimmung der Passanten gegen Gleichmacherei. Wenn die einen arbeiten und die anderen nicht, aber alle das gleiche Geld bekommen, so der Parteichef, dann habe das nichts mehr mit Sozialismus zu tun. Damit trifft Gorbatschow freilich eine Sorge der Sowjetbürger, dass möglicherweise die Perestrojka nicht nur Erfreuliches beschert. Die Angst vor der Schmälerung des ererbten Besitzstandes machte sich bemerkbar, seit Gorbatschow eine Perspektive von zwei, in manchen Fällen sogar drei Planjahrfünften für den wirtschaftlichen Umbau und Aufstieg voraussagte. Im Klartext hieße das: mindestens die nächsten fünf Jahre, wenn nicht sogar länger noch, muss man den Gürtel enger schnallen.

Tatsächlich bekommen viele Menschen zunächst die negativen Seiten der Perestrojka gewissermaßen am eigenen Leib zu spüren. Denn mit der Einführung einer strengen Qualitätskontrolle in den Fabriken ist das Einkommen der Arbeiter nach offiziellen Angaben zwischenzeitlich bis zu zwanzig Prozent gesunken. Der Chefredakteur einer Gebietszeitung in Zentralrussland schilderte mir einen konkreten Fall aus der Motorradfabrik Degtarjow in der Stadt Wladimir: Auch in dieser Fabrik wurde am 1. Januar 1987 die staatliche Qualitätskontrolle, zu russisch Gosprijomka, eingeführt. Werksleitung und Arbeiter waren zuvor eigens geschult und mit den neuen Qualitätsanforderungen vertraut gemacht worden. Die neuen Maßnahmen, so hieß es, seien ein wichtiger Bestandteil der Perestrojka. Neue Konzepte sollten helfen, den Ausschuss bei der Produktion zu begrenzen. Doch die ganze Vorbereitung hat nichts gefruchtet. Auch nach dem ersten Januar blieb es bei den üblichen Schlampereien. Daraufhin stellten die staatlichen Kontrolleure kurzerhand das Fließband ab und für die nächsten Wochen erhielten die Arbeiter nur noch ihren Mindestlohn, bis wesentliche Mängel in der Produktion behoben werden konnten.

In Einzelfällen, so berichten Betroffene aus anderen Fabriken, seien die Einkommen wegen der neuen Qualitätskontrolle sogar bis zu vierzig Prozent gekürzt worden. Dahinter verbirgt sich eine Gefahr für die neue Politik. In der Sowjetunion besteht immer noch großer Arbeitskräftemangel. Aus Unzufriedenheit über die strengen Sitten unter Gorbatschow neigen nun manche Sowjetbürger dazu, ihre Arbeitsplätze in der Produktion zu verlassen und in nicht-produktive Berufe auszuweichen. Gleichzeitig macht sich im mittleren Management Verdrossenheit darüber bemerkbar, dass in dieser Umbruchphase Nachwuchskräfte es immer wieder ablehnen, Verantwortung zu übernehmen.

Die Risikobereitschaft, an die Gorbatschow unablässig appelliert, ist den Sowjetmenschen jahrzehntelang abgewöhnt worden. Deshalb kommt den Massenmedien nun eine entscheidende Rolle bei der Perestrojka, zu. Über Funk und Fernsehen, mit Zeitungen und Zeitschriften wird praktisch jeder Haushalt im Land erreicht. Und hierbei erleben die Sowjetmenschen die andere Seite der Perestrojka. Gesellschaftliche Tabus stehen zur Diskussion, wie einige Beispiele zeigen: Der Innenminister antwortete auf eine Leseranfrage in der *Prawda*, dass 46.000 Rauschgiftsüchtige im Land registriert seien. Ein Moskauer Jugendblatt eröffnete die Diskussion über die Aidsgefahr in der Sowjetunion, auf Russisch SPID (russ. СПИД) Eltern von gefallenen Afghanistankämpfern beklagen in der Presse ein unverständliches Verbot: sie dürfen auf die Grabsteine nicht einmeißeln lassen, dass ihre Söhne als Soldaten in Afghanistan ihr Leben gelassen haben. Doch was für Außenstehende als abrupter Wandel, als eine fast radikale Enttabuisierung anmutet, wird von manchen Sowjetbürgern sehr viel leidenschaftsloser bewertet. Sie begrüßen die Vielfalt, sehen aber auch eine gewisse Kontinuität der Themen, die nun auch in der Presse stehen. Denn vieles, was jetzt veröffentlicht wird, war bereits jahrelang hinter vorgehaltener Hand diskutiert worden, egal ob Drogenprobleme, Afghanistan-Gefallene oder die verheerenden Zustände der Wirtschaft. Wer innerhalb der Sowjetunion aufgewachsen ist oder lange Zeit dort ununterbrochen gelebt hat, mag auch in anderen Dimensionen der Perestrojka mehr Kontinuität sehen als Außenstehende, die teilweise etwas vorschnell allzu viel allzu ausschließlich mit dem Namen Gorbatschow verbinden. Denn schon sein Vorvorgänger Andropow hatte wesentliche Gedanken für eine neue Politik formuliert, die auf einer effizienteren Gesellschaftsanalyse basieren sollte. Nur wurden solche Überlegungen in der Zwischenzeit unter Parteichef Tschernenko wieder bewusst in den Hintergrund gedrängt. Dabei zeigt sich, dass die heutige Perestrojka, sich nicht einfach auf wirtschaftliche Verbesserungen beschränkt. Es geht auch darum, Erziehungs- und Denkrelikte zu überwinden, unter denen die früheren Generationen aus der Zeit der stalinistischen Erziehung noch gelitten haben. Perestrojka also auch als ein Stück Vergangenheitsbewältigung. Dies wurde in die Praxis umgesetzt, während jener denkwürdigen Demonstration am Roten Platz, bei denen - erstmals seit vielen Jahren - Hunderte ungestraft Verbrechen der Vergangenheit mahnen durften. Und im Moment der Zuspitzung galten Gorbatschows Parolen als verbale Verteidigung gegen die Staatsmacht, als nämlich Demonstranten auf dem Roten Platz skandierten: „Glasnost! Demokratie! Wo bleibt hier die Offenheit? Lasst das Volk sprechen."

Mit solcher Entrüstung setzten sich Krimtataren in der Moskauer Innenstadt gegen die Miliz zur Wehr, die ungewöhnlich erschreckt zurückwich. Auf Anordnung von oben durften über fünfhundert Sowjetbürger tagelang nahezu ungehindert gegen ein Unrecht der Vergangenheit demonstrieren. Diese Krimtataren waren unter Stalin aus ihrer alten Heimat vertrieben und nach Zentralasien deportiert worden. Der Vorwurf: Sie hätten im Zweiten Weltkrieg mit den Faschisten gemeinsame Sache gemacht. Doch die neue Politik von Gorbatschow hat ihnen Mut gemacht. Sie wollten an höchster Stelle, bei Gromyko oder Gorbatschow, ihre Rechte einklagen, verlangten volle Rehabilitation, um wieder auf die Krim in ihre alte Heimat zurückkehren zu dürfen. Bei ihrem Protest beriefen sie sich auf Losungen, die sie von Gorbatschow direkt übernommen haben. Denn der Parteichef hatte wörtlich gefordert: „Weder in der Literatur noch in der Geschichte darf es vergessene Namen und weiße Flecken geben."

Die Frage der Krimtataren ist zwar noch nicht geklärt. Aber allein die Tatsache, dass eine hochrangige Parteikommission sich mit ihren Forderungen beschäftigt, zeigt die Bereitschaft, historische Fehler wieder zu korrigieren. Von dem Bemühen um ein neues Verhältnis zur eigenen Geschichte profitierte als einer der ersten der 1960 verstorbene Schriftsteller Boris Pasternak. Er wurde postum wieder in den Schriftstellerverband aufgenommen. Sein bislang verbotener Roman Dr. Shiwago wird nun endlich in der Sowjetunion gedruckt. Auch der Lyriker Nikolaj Gumiljow, 1921 als angeblicher Konterrevolutionär erschossen, wird nun - nach Jahrzehnten der staatlichen Missachtung - als großer Sohn der russischen Literatur gefeiert. Inzwischen greift die Vergangenheitsbewältigung auf historische Personen der revolutionären Jahre über, deren Namen sich kaum noch in sowjetischen Geschichtsbüchern wieder finden, darunter Lenins engste Mitarbeiter Leo Trotzki und Nikolaj Bucharin. Noch fehlt es an einer Neubewertung dieser Personen, aber sie werden zumindest wieder erwähnt, wenn auch vorerst nur auf der Bühne in sensationellen Theaterstücken.

Ein streitbarer Historiker, der Rektor des Historisch-Archivarischen Instituts in Moskau, Jurij Afanasjew, hat seinen Fachkollegen öffentlich den Fehdehandschuh hingeworfen. Er wendet sich gegen die beschönigte Sichtweise der Parteigeschichte. Sein Ziel: Der Machtkampf um die Nachfolge Lenins und der Stalinismus sollen neu thematisiert werden. Afanasjew beruft sich vor allem auf den Brief Lenins, in dem der kränkelnde Staatsgründer vor den diktatorischen Zügen Stalins gewarnt hatte, eine Warnung, die von der Partei missachtet worden war. Daran anknüpfend verbindet er grundsätzliche Kritik an der festgefahrenen marxistischen Geschichtswissenschaft. In einem Interview mit der Zeitung Sowjetskaja Kultura meinte Afanasjew: „Die Logik der wissenschaftlichen Entwicklung besagt, dass es kein Problem gibt, das als endgültig erforscht gelten kann und in Zukunft keiner Berichtigung mehr bedarf. Meines Erachtens müsste man die Erforschung der mit dem Personenkult Stalins zusammenhängenden Probleme in ihrem Komplex endlich auf eine sachliche Grundlage stellen. Bei uns ist keine einzige wissenschaftliche Abhandlung über diese bedeutende Frage erschienen. Die nichtmarxistische Historiographie zählt dagegen hunderte, ja tausende Veröffentlichungen. Von uns aber wird dieses Problem weiterhin missachtet." Dann griff Afanasjew ein Tabu heraus, die stalinistischen Verbrechen, die bis heute nur unzureichend aufgearbeitet worden sind und sogar immer noch entschuldigende Erklärungen finden: „Mir will es beispielsweise nicht in den Kopf, dass die Massenrepressalien gegen rechtschaffene Sowjetbürger in den dreißiger Jahren auf so genannte 'Fehler' oder 'Unzulänglichkeiten' bei der Befolgung der sozialistischen 'Gesetzlichkeit' oder sogar auf - wie es heißt - unvermeidliche Kosten des 'Klassenkampfes' - zurückzuführen sein sollen."

Genau an diesem Punkt jedoch scheiden sich die Geister der Perestrojka. Die etablierten Professoren der Parteigeschichte schlugen öffentlich zurück und bezichtigten den Wahrheit suchenden Forscher einer ideologischen Untat: „Er ruft die Historiker zu einer Revision des geschichtlichen Weges unseres Sowjetvolkes in den letzten siebzig Jahren auf", so klagen seine Gegner, um an anderer Stelle fortzufahren: "Afanasjew hat bis heute nicht den Unterschied zwischen marxistischer und bürgerlicher Geschichtswissenschaft verstanden." Das Erstaunliche an diesem Streit sind nicht die unterschiedlichen Positionen, sondern die Bereitschaft der Medien, ihn öffentlich auszutragen. Ein anderer Historiker, Alexander Samsonow, hat zu einer neuen Entmystifizierung von Stalin aufgerufen. In der Zeitung Sozialistische Industrie schrieb er: „Es ist falsch, alle Erfolge der Partei und des Volkes mit dem Namen Stalin zu verbinden, indem man ihm die Qualität eines so genannten genialen Volksführers und großen Feldherrn zuschreibt." Und unter militärhistorischen Gesichtspunkten wertet Samsonow: „Ohne Stalins Fehlkalkulationen wären die Truppen der deutschen Wehrmacht, obwohl sie in sowjetisches Territorium eindrangen, nicht in der Lage gewesen, Leningrad und Moskau zu erreichen." Wer diese sowjetischen Schmerzpunkte in der Geschichte des Zweiten Weltkrieges kennt, wird schnell erraten, dass Stalin nach dieser Interpretation gewissermaßen an allem die Schuld trägt, was bei der Landesverteidigung schiefgelaufen ist. Eine der publizistischen Stützen im Kampf um dieses neue Geschichtsbild ist der Kommentator der Regierungszeitung *Iswestija*, Alexander Bowin. Als Vorreiter der umstrittenen Thematik hatte er öffentlich beklagt, dass die Bewältigung der Stalinzeit - eingeleitet unter Chruschtschow auf dem XX. Parteitag - ein Opfer der Parteibürokratie geworden ist.

In engagiertem Ton schrieb er: „Mit Befremden und Schmerz, im abscheulichen Gefühl der eigenen Ohnmacht sah ich, sah meine Generation, wie sich die Ideen eines der wirklich historischen Parteitage der KPDSU im bürokratischen Sand verliefen." Immer noch ist die so genannte Geheimrede Chruschtschows, in der er auf dem XX. Parteitag die Verbrechen Stalins anprangerte, in keinem sowjetischen Schulbuch abgedruckt oder frei erhältlich. Jetzt sollen jedoch andere Mittel dafür sorgen, dass die Vergangenheit eindrucksvoll dokumentiert und bewältigt wird. Jahre- und jahrzehntelang hatten wichtige Filme in den Archiven der Behörden gelegen, die sich mit den Tabus der Vergangenheit beschäftigen. Darunter auch ein Streifen des georgischen Regisseurs Tengis Abuladse mit dem Titel „"Pokajanije"" („Die Buße" oder „Die Reue"). Dieser Film schildert die Schrecken der Stalindiktatur, die unberechenbare Verfolgung Unschuldiger, allegorisch verfremdet, aber doch so eindringlich, dass bei den ersten Aufführungen ältere Sowjetbürger hemmungslos zu weinen begannen. Manche Jugendliche dagegen verließen achselzuckend das Kino. Sie konnten mit der Stalinzeit einfach nichts anfangen. Ihnen fehlt nicht nur die Erfahrung. Ihnen fehlt - und das ist die wirkliche Tragödie, um die es in der Historikerdiskussion geht - das geschichtliche Wissen um die Stalinzeit.

Doch die sowjetische Jugend nutzt die Freiräume der Perestrojka zur Bewältigung ihrer Gegenwartsprobleme. „Legko li bytj molodym?" („Ist es leicht, jung zu sein?"), ist der Titel eines Filmes, der wochenlang in einer Moskauer Sportarena mit achttausend Plätzen vor ausverkauftem Haus lief. Der lettische Regisseur Juris Podnijeks hatte einen Kultfilm geschaffen, der nahezu alle Problembereiche der sowjetischen Jugend berührt: Vom reinen Aussteigertum über die Rock-Kultur und Drogenszene bis hin zum Afghanistankrieg. Ein Dokumentarstreifen, in dem ausschließlich die betroffenen Jugendlichen selbst zu Wort kommen. Was hier gezeigt wird, mag freilich nur diejenigen erschrecken, die den jahrelangen Beteuerungen der Parteipresse über die tatkräftige Unterstützung der Sowjetjugend beim zielstrebigen Aufbau des Sozialismus geglaubt hatten.

Das eindrucksvollste Bild, mit dem sich die veraltete Lesart konterkarieren lässt, stammt von Gorbatschow selbst. Denn vor dem 20. Komsomol-Kongress sprach er davon, dass der staatliche Jugendverband und die sowjetische Jugend auf zwei verschiedenen Straßenseiten gehen und sich dabei auch noch in verschiedenen Richtungen bewegen. Durch Freiräume in der privaten Sphäre, durch eine kritische Jugendpresse und durch neue gesellschaftliche Perspektiven könnte es Gorbatschow gelingen, in der Sowjetjugend seinen Hauptverbündeten für die Perestrojka zu finden. Bei diesem ideologischen Annäherungsversuch spielt die Musikszene in der Sowjetunion eine erstaunlich große Rolle. Denn Rockmusik in allen Varianten hat einen großen Teil der Sowjet-Jugend erobert.

Unter Gorbatschow kommen vermehrt auch westliche Künstler in das Land. Die heimische Musikszene blüht förmlich auf. Jetzt kann es sich die Sowjetunion auch leisten, andere Einschränkungen aufzuheben. So kommt die beliebteste Rock-Sendung der Sowjetunion seit fast zehn Jahren aus London, ausgestrahlt im russischsprachigen Dienst der BBC. Der Moderator Sewa Nowgorodzew ist einer der populärsten Rundfunkplauderer in der Sowjetunion. Sein Einfluss über den Äther ist so groß, dass die Zeitungen sogar Leseranfragen zu den Sendungen und zur Person des emigrierten Rock-Spezialisten beantworten. Stets freilich mit erhobenem Zeigefinger, dass man bitte der politischen Infiltration nicht aufsitzen möge.

Im Rahmen der Perestrojka geschahen nun zwei Ungeheuerlichkeiten: Erstens wurden die Störungen gegen den Auslandsdienst der BBC eingestellt. Und zweitens durften sowjetische

Rockgruppen nach London fahren und in der früher bekämpften
Sendung selbst mit Musik und Interviews auftreten. Diese Öffnung nach außen ist ein behutsamer Prozess, der nicht auf die
Kultur beschränkt bleiben soll. Denn durch die Perestrojka soll
auch die Selbstisolierung der Sowjetunion gegenüber anderen
sozialistischen wie nicht-sozialistischen Ländern überwunden
werden. Dass dabei die Sowjetunion ein Gefangener ihrer teilweise selbstverschuldeten Klischees ist, zwingt zu neuen Einsichten auf beiden Seiten. Deshalb wohl versuchte Michael Gorbatschow mit einer Reihe von Initiativen dem Koloss Sowjetunion neue Beweglichkeit in den Außenbeziehungen zu verleihen.
Inzwischen hat sich die Sowjetunion zu einer neuen Philosophie
der Außenpolitik bekannt.

Ein Mitglied der Akademie der Wissenschaften, Jewgenij
Primakow, schrieb in der Parteizeitung *Prawda* unter Bezug auf
den letzten Parteitag darüber: „Im politischen Bericht des Zentralkomitees wurde die Verzerrung beseitigt, wonach der Widerstreit zwischen zwei Weltsystemen - dem sozialistischen und dem
kapitalistischen - ohne deren wechselseitige Abhängigkeiten
betrachtet wurde." Damit wurde das Dogma des gesetzmäßigen
Widerspruchs und der Überlegenheit eines politischen Systems
über das andere aufgegeben. Jetzt sieht die Sowjetunion zunehmende Wechselbeziehungen auch bei der Existenz und der Entwicklung der Weltwirtschaft.

Nach dieser neuen außenpolitischen Philosophie sollen nationale Interessen - so Primakow — „nicht einander entgegengestellt werden. Es gilt vielmehr, mühselig nach Feldern zu suchen,
auf denen diese Interessen in Übereinstimmung gebracht werden
können." Zur Untermauerung, dass es in Zukunft der Sowjetunion um diese Wechselbeziehungen und nicht um einseitige
Überlegenheit geht, griff der Autor auf eine alte, aber oft vergessene Aussage über die Revolution zurück: „Bereits in den Anfängen der Sowjetmacht trat Lenin gegen die Verwandlung des
ersten Staates des siegreichen Sozialismus in einen Exporteur der
Revolution nach anderen Ländern entschieden ein und beschränkte seinen Einfluss auf den Rahmen eines Beispiels. Der
Ausschluss des Exports der Revolution stellt ein Gebot des nuk-

learen Zeitalters dar." Trotz aller inneren Schwierigkeiten oder gerade wegen dieser Schwierigkeiten hat sich also die Sowjetunion angeschickt, dem Sozialismus ein neues Gewand anzupassen. Doch noch ist nicht entschieden, welche Entwicklung die Perestrojka nimmt. Denn der Widerstand gegen die neue Politik findet überall im öffentlichen und politischen Leben Eingang.

In Leserbriefen oder Privatschreiben an Parteikomitees wurden schon regelrechte Drohungen gegen die Perestrojka und ihre Befürworter ausgesprochen. Hinzu kommt, dass die Wirtschaftsentwicklung des Landes bei dem technologischen Vorsprung des Westens nicht mehr aus eigener Kraft zu bewerkstelligen ist. West-Technologie, West-Kontakte scheinen für die Sowjetunion daher ebenso lebensnotwendig zu sein wie Abrüstung und Entspannungspolitik. Gleichzeitig muss Gorbatschow wesentliche Teile des Sowjetvolkes aus einer schier unglaublichen Lethargie wachrütteln. Dabei kann er nicht einmal eine Perspektive anbieten, dass schon in Kürze der Lebensstandard nachhaltig verbessert sein wird. Eine solche Herausforderung kann die Sowjetgesellschaft nur unter großen Mühen und vor allem nicht ohne innere Widersprüche bestehen. Sollte sich nicht noch ein starker Wandel im Inneren durchsetzen lassen, vor allem bei der antrainierten Mentalität des Abwartens statt des Handelns, dann läuft Gorbatschow Gefahr, dass seine Politik im Ausland größere Zustimmung erfährt als innerhalb der eigenen Reihen. Dies wäre für das politische Schicksal des ersten Mannes in der Kommunistischen Partei der Sowjetunion verhängnisvoll.

ANHÄNGER UND GEGNER
Schwierigkeiten bei der Umsetzung der Perestrojka[45]

Zwei Umstände sind dafür verantwortlich, dass man bislang nur mit großer Zurückhaltung die Binnenwirkung Gorbatschows beurteilen kann. Erstens sind die wichtigsten Vorgänge auf die Hauptstadt Moskau konzentriert. Reisen in die Provinz oder in andere Republik-Hauptstädte zeigen, dass die Moskauer Verhältnisse weder vorbildlich, noch typisch für das ganze Land sein können. Daneben spielt eine Fixierung auf das obrigkeitliche Denken eine wesentliche Rolle mit dem Ergebnis, dass zentrale Entscheidungen nur zögernd nach unten weitervermittelt werden. Die Heftigkeit, mit der Parteichef Gorbatschow selbst bei nahezu allen seinen Inlandsreisen gegen solches Verhalten polemisiert, zeigt, dass hier ein wesentliches Hemmnis überwunden werden muss.

Zweitens gibt es genügend offizielle Gesprächspartner, die verbal zwar von den neuen Schlagworten wie Umbau (perestrojka), Beschleunigung (uskorenije), und Demokratisierung (demokratisazija) Gebrauch machen, aber das Verhalten vieler dieser Vertreter von Staat, Partei und Wirtschaft richten sich nicht zwangsläufig nach den neuen Losungen, sondern sie beharren oft auf der für sie „erprobten" Praxis der Vergangenheit. Angesprochen auf die Notwendigkeit einer landesweiten Perestrojka meinte ein Vertreter der Schwerindustrie in einer Kaukasusrepublik: „Jetzt etwas ändern hieße doch, dass unser Betrieb bisher schlecht gearbeitet hat. Das ist nicht der Fall. Also mag die

---

[45] Es meldeten sich immer mehr Gegner zu Wort, die sich der Perestrojka in den Weg stellten. Vor allem bei den Kadern außerhalb der Metropolen war die Zustimmung zu dem Reformkurs nicht gerade groß, während Gorbatschow bei der Jugend zunehmende Glaubwürdigkeit gewinnen konnte. Erstveröffentlichung: Zur Akzeptanz und Umsetzung der Gorbatschow-Politik in der Sowjetunion. In: Osteuropa 9, 1987, 666-674. Nachdruck in: Perestrojka und Ideologie. Grundsatzfragen von Systemerhaltung und Systemwandel in der Sowjetunion. Hrg. von Arnold Buchholz. Stuttgart: Steiner 1988.

Perestrojka zwar für andere infrage kommen, bei uns ist sie kein vordringliches Ziel."

Dieser Argumentation kann man als Außenstehender nur die Gesamtlage der Sowjetwirtschaft entgegenhalten, nicht aber die eigene Anschauung oder Erfahrung. Denn bisher wurden den Ausländern hauptsächlich die florierenden Betriebe und Kolchosen vorgeführt, während man die darbenden Industriezweige verständlicherweise nicht zum Aushängeschild machen wollte. Allerdings hat sich in der Selbstdarstellung einiges erheblich geändert. Bereitwillig erörtern jetzt Betriebsdirektoren Mängel in der Produktion, klagen über unerfüllte Pläne, wissen aber gleichzeitig nicht zu sagen, wie denn nun die Umstellung in einem Betrieb administrativ und produktionstechnisch zu bewerkstelligen sei. Aus alldem spricht oft genug eine gewisse Hilflosigkeit gegenüber den noch nicht ausformulierten Forderungen der zentralen Führung. Solche Verunsicherung kommt auch in Leserbriefen zum Ausdruck, die von der Presse publiziert werden.

Als genereller Eindruck nach mehr als zwei Jahren Gorbatschow ist folgendes fest zu halten: Zustimmung findet die neue Linie vornehmlich bei der jüngeren und mittleren Generation der verantwortlichen Kader (bis etwa Ende 40 - Anfang 50 Jahre). Dort wiederum scheint eher die technische und kulturelle Intelligenz mehr Engagement zu zeigen, als Leiter im Bereich reiner Produktionsabläufe. Diese Beobachtung legt den Schluss nahe, dass die Akzeptanz der neuen Politik auf abstraktem Niveau leichter zu vollziehen ist, als unmittelbar am Arbeitsplatz. Eine Sonderrolle spielen dabei die bislang unterbewerteten Berufe im pädagogischen und medizinischen Bereich.

Allzu großer Unmut der vergangenen Jahre soll durch gezielte Lohnerhöhungen zunächst abgebaut werden. Unter den reinen Parteikadern gibt es - so weit erkennbar - auf oberster und mittlerer Führungsebene breite Zustimmung, vermischt jedoch mit vereinzelt hartnäckiger Skepsis darüber, ob man die derzeitige Entwicklung noch wesentlich werde vorantreiben können. Zuverlässige Hinweise auf widerstrebende Kräfte gab der Vorsitzende der Nachrichtenagentur APN Nowosti, Valentin Falin in einem Zeitungsinterview.[46] Demnach muss sich Gorbatschow mit drei gegnerischen Gruppierungen auseinandersetzen:

- mit jenen Menschen, die früher zu oft enttäuscht worden sind, um nun irgendwelchen Versprechungen zu glauben;

- mit so genannten „Hütern der Instruktion", die als kleine Machthaber in den Ministerien komfortabel gelebt haben und nun aus Furcht vor Prestige- und Machtverlust gegen die Erneuerung sind; dies ist laut Falin zwar eine kleine Gruppe, die aber „nicht zu unterschätzen" sei;

- mit Dogmatikern, denen die Erneuerung prinzipiell nicht in den Kopf geht; außerdem nennt Falin Kräfte in der sowjetischen Generalität, die mit dem neuen Denken nicht zu Recht kommen.

Erlebnisse im sowjetischen Alltag ergänzen diese „Mängelliste" noch im Hinblick auf denjenigen Teil der Bevölkerung, der sich durch passives Hinhalten dem politischen Prozess der Veränderung völlig entzieht oder aber - spiegelbildlich zur blockierenden Gruppe im Apparat - seinerseits kleine Machtgebilde von Schieberei im Schwarzmarktätigkeit aufgebaut hat. Diese Gruppe der Bevölkerung führt nun Klage darüber, dass unter Breschnew doch alles besser gewesen sei, wobei man freilich nur die privaten Interessen im Auge hat.

Doch alle Spekulationen über den tatsächlichen Mengenanteil dieser Leute an der Sowjetbevölkerung sind müßig. Solche Eindrücke lassen sich nicht quantifizieren, ein Problem, das auch den sowjetischen Behörden selbst erheblich zu schaffen macht. Denn immer noch funktioniert das bekannte System der zwei Produktionswelten: geschäftstüchtige „Privathändler" nehmen eine oft untergeordnete Stelle in einem Betrieb an, am besten nicht in der Produktion, sondern in der Verwaltung oder inneren Dienstleistung. An ihrem Arbeitsplatz erscheinen sie nur einmal im Monat, nehmen den Lohn in Empfang, um ihn gleich weiterzuleiten an den nächsten Vorgesetzten. Für dieses „Handgeld" ist der Vorgesetzte bereit, den Zahlungswilligen einen ganzen Monat dessen angebliche Anwesenheit am Arbeitsplatz zu attestieren. Diesem Verhalten wird nun durch strengere Kontrollen

---

begegnet, es ist aber bei weitem noch nicht verschwunden. Dies ist nur ein Beispiel für die Schwierigkeit der Planungsbehörden, über Arbeitskräfte und Arbeitsproduktivität zuverlässige Aussagen zu erstellen.

Angesprochen auf eine zwar nicht negative, aber doch indifferente Haltung geben manche Sowjetbürger zu erkennen: man wolle erst einmal mehr Geld auf der Hand und bessere Waren im Laden sehen, ehe man bereit sei, mehr zu arbeiten. Auch diese Gruppe lässt sich nicht quantifizieren, ist aber nach offiziellen Befürchtungen groß genug, um den Fortgang der Entwicklung merklich abzubremsen.

Schließlich trifft man auch viele zustimmende Meinungen - bei Sowjetbürgern, die in dem „Unternehmen neue Politik" eine erhebliche Investition in die Zukunft sehen, sich allerdings noch nicht vorstellen können, worauf alles hinauslaufen soll. Umso begieriger werden Veröffentlichungen aufgegriffen, die mögliche Perspektiven der neuen Politik ohne dogmatische Scheuklappen skizzieren. Bestes Beispiel dafür ist der Aufsatz des Wirtschaftswissenschaftlers Nikolai Schmeljow[47], der für die Einführung marktwirtschaftlicher Elemente plädiert und dabei dem Leser eine entlarvende Analyse der bisherigen wirtschaftlichen Verhältnisse vorlegt, deren Überwindung in Zukunft auch Arbeitslosigkeit und soziale Unterschiede nicht ausschließe. Dieser Aufsatz gab in Moskau den Anstoß für eine anhaltende Diskussion darüber, ob denn die weiteren, notwendigen Entwicklungen überhaupt noch mit dem Etikett der sozialistischen Planwirtschaft zu vereinbaren seien. Die Wellen schlugen sogar so hoch, dass Parteichef Gorbatschow am Tag der Kommunalwahlen auf spontane Zurufe hin aus einer Menschenmenge beschwichtigend Stellung nehmen musste, ohne dabei freilich die Analyse des Aufsatzes in Frage zu stellen[48]. Diese Episode scheint charakteristisch zu sein für eine beginnende Übergangsperiode der Verunsicherung, von der nicht zu sagen ist, wie lange sie anhält.

---

[47] Avancy i dolgi, in: Novyj Mir, 6/1987, 142-158.
[48] Fernsehnachrichten Wremja, 21.06. 1987.

Positiv daran ist auf jeden Fall die, wenn auch heftige, so doch engagierte Diskussion um die eigene Zukunft.

Die Auseinandersetzung mit der neuen Politik spiegelt sich für wohl die meisten Sowjetbürger jedoch eher im Atmosphärischen wider. Trotz weitreichender außenpolitischer und abrüstungspolitischer Aktivitäten hat in dieser Phase die Innensicht für Sowjetbürger eine etwas größere Bedeutung als die Weltpolitik. Dabei kommt noch ein besonderer Aspekt zum Vorschein: Gesprächspartner, die in Rüstungsfragen unerfahren sind, zeigten sich erschreckt darüber, dass Gorbatschow nun plötzlich so viele Zugeständnisse zur Abschaffung von Raketen mit atomaren Sprengköpfen machte. Diese Reaktion entsprang aber nicht der Sorge um die eigene Sicherheit, sondern dem Erstaunen darüber, dass die Sowjetunion selbst über zahlreiche Raketen- und Waffensysteme verfügt, die nun nach den Gorbatschow-Vorschlägen eigentlich für das Land gar nicht mehr wichtig sein sollen.

Was die Innensicht betrifft, so beeinflussen zwei weitere Faktoren die Akzeptanz der neuen Politik: neben der Versorgungslage, die immer noch nicht zur Zufriedenheit verbessert werden konnte, üben die Massenmedien den derzeit stärksten Einfluss auf das Meinungsbild und das Lebensgefühl der Sowjetbürger aus. Der verblüffende Umschwung in den zentralen Zeitungen sowie in Funk und Fernsehen lässt sich für die Sparte Information auf den Nenner bringen: man liest und hört nicht mehr, was man bereits zu kennen glaubt oder zu erwarten hat, sondern man wird von Neuigkeiten überrascht.

Dieses Konzept hat natürlich mehr mit Politik zu tun, als vielen Sowjetbürgern zunächst bewusst ist. Denn das neue Medienangebot mit einem besseren Informationsanteil, einer aufgeklärten Sichtweise auch in Sachen kapitalistische Länder sowie die lebendigeren Formen der Fernsehunterhaltung, von denen auch etablierte Fernsehstationen westlicher Länder inzwischen etwas lernen können, sind gewissermaßen sichtbarer Ausdruck der Perestrojka, die zumindest auf diese Weise jeden Haushalt erreicht. Den Bürgern wird damit das Gefühl gegeben, sie nehmen an den negativen wie positiven Erscheinungen im Leben der

Sowjetunion mehr Anteil als früher; sie sollen sich ein eigenes Urteil bilden und sind zu mehr Zivilcourage herausgefordert.

Ein Beispiel für die Auswirkungen solcher Politik war eine Begegnung in der Rayonsstadt Sudogda, 200 Kilometer östlich von Moskau. Eine Gruppe von älteren Frauen stand mit Korrespondenten zusammen, die sie für sowjetische Journalisten hielten. Wie nun aus dem Fernsehen gewohnt, antworteten sie auf Fragen durch Zurufe: es gäbe nicht genügend Wohnungen, und auch an anderen Dingen mangele es in der Stadt. Solche Szenen sind ihnen in den letzten Monaten oft genug von Begegnungen Gorbatschows mit der Bevölkerung vorgestellt worden. Als ihnen jedoch klar wurde, dass es sich hier um Ausländer handelte, bestätigten sie unverzüglich, wie vorbildlich sich doch in den letzten Jahren alles entwickelt habe. Dieses Beispiel zeigt gleichzeitig, wie vorsichtig Außenstehende mit dem spontanen Urteil sowjetischer Zufallsbekanntschaften auf der Straße umzugehen haben. Das gilt für Äußerungen aller Art, für Lob ebenso wie für Kritik. Dennoch soll im Folgenden versucht werden, Verhaltensmerkmale und Bewertungskriterien für die Einstellung bestimmter sozialer Gruppierungen gegenüber der neuen Politik im Einzelnen zu benennen, wobei es bei einer solchen Kategorisierung natürlich zu Überlappungen kommt.

Freiräume in der privaten Sphäre, kritische Worte des Parteichefs an den staatlichen Jugendverband Komsomol und die Möglichkeit, Problembewusstsein nicht nur zu bilden, sondern auch umzusetzen - das alles hat der neuen Politik unter der Jugend viele Pluspunkte eingebracht. Ausdruck dieser Situation ist ein Kultfilm des lettischen Regisseurs Juris Podnijeks mit dem Titel „Ist es leicht, jung zu sein?" („Legko li byt´molodym?"), der nahezu alle Problembereiche junger Menschen - vom reinen Aussteigertum über die Rockkultur und Drogenszene bis hin zum Afghanistan-Krieg - berührt. Dabei berichtet der Film nicht aus der Perspektive lehrhafter Besserwisserei, sondern lässt als Dokumentarstreifen ausschließlich betroffene Jugendliche selbst zu Wort kommen. Unter den Abertausenden von Besuchern schafft der Film ein Identitätsgefühl, dass besonders aus der ungeschminkten Schilderung einer eigenen, dem übergeordneten

Gesellschaftsinteresse fernen Welt resultiert. Staatsverdrossenheit im allgemeinen, mangelnde Akzeptanz „bürgerlicher Werte", eine gleichgültige bis ablehnende Einschätzung des Afghanistan-Krieges, die Sucht nach Drogen als Ablenkung - das alles mag nur diejenigen erschrecken, die den jahrelangen Beteuerungen der Parteipresse und des Komsomol über die Zielstrebigkeit der Sowjetjugend beim Aufbau des Sozialismus geglaubt hatten. Das eindrucksvollste Bild, mit dem sich die veraltete Lesart konterkarieren lässt, stammt aus einer Rede von Gorbatschow vor dem 20. Komsomol-Kongress, auf dem er davon sprach, dass der staatliche Jugendverband und die sowjetische Jugend auf zwei verschiedenen Straßenseiten gehen, und sich dabei auch noch in verschiedene Richtungen bewegen.[49]

Neuerungen in der Jugendpresse haben dazu geführt, dass man diese Entwicklung wieder „einzuholen" versucht. So verzichtet eine der wichtigsten Jugendzeitungen, der Moskowskij Komsomolez, bereits seit einem halben Jahr auf Zensurmaßnahmen. Während etwa früher Lehnbegriffe aus der englischen Sprache bezüglich der Rock-Kultur verboten waren, gibt es heute keine solchen Beschränkungen mehr - ein „unumkehrbarer Prozess" nach Aussagen engagierter Redakteure, die sich selbst zur Aufgabe gestellt haben, im Rahmen der neuen Politik „wider den Stachel zu löcken". So entpuppte sich das Blatt in den letzten Monaten als Vorreiter für das Anpacken so genannter „heißer Eisen". Vom Tabuthema Prostitution über Drogenkonsum bis zur Szene der martialisch auftretenden Metallisti, wie die Anhänger von Heavy Metall sich selbst nennen, findet dort alles seinen Platz.

Zumindest für die Hauptstadtjugend ist mit dieser Zeitung noch eine andere wichtige Entwicklung verbunden. Von dem Blatt werden nämlich Rock-Konzerte organisiert, auf denen nun nicht mehr wie früher Milizionäre in Uniform jede Stuhlreihe überwachen, um jegliche emotionale Äußerung nieder zu pfeifen. Jetzt darf geschrien und getobt werden. Einige Städte in der Sowjetunion haben angesichts der Zerstörungswut der Metallisti

---

[49] Komsomolskaja Prawda, 17.4.1987.

zwar eine Verordnung erlassen, wonach solche Konzerte nur noch in leeren Hallen stattfinden - aber sie dürfen stattfinden und werden nicht verboten. Solche Entwicklungen haben natürlich nicht das ganze Land gleichermaßen erfasst. Auf Reisen durch Sibirien beispielsweise war ein sehr viel zurückhaltenderes jugendliches Publikum anzutreffen. Doch waren diese Vertreter der jungen Generation politisch interessierter und mehr auf die wirtschaftliche Entwicklung ihrer Region bedacht als mancher Hauptstadtjugendliche. Dort im Osten des Landes hat Gorbatschow vor allem deshalb Pluspunkte gesammelt, weil er durch Reisen in die Provinz immer wieder den Menschen das Gefühl vermittelt hat, dass er sich persönlich um ihre Lage kümmert. Damit ist auch einer der wichtigsten Züge des Parteichefs genannt, der unabhängig von konkreten Maßnahmen Eindruck auf die Menschen macht. Gorbatschow gilt für viele als ein Mann der es endlich einmal ernst meint mit dem, was er sagt. Außer den ganz Verdrossenen akzeptieren Befürworter wie Gegner von Gorbatschow, dass er seine Politik aufrichtig und gezielt betreibt - gleichzeitig Hoffnung für die einen und Sorge für die anderen. Seit Beginn des Jahres 1987 macht in der Sowjetunion ein Witz in verschiedenen Versionen die Runde, von denen eine lautet: „Hast du schon gehört? Heute Morgen sind alle Brote im Brotladen angebissen!"

„Wieso denn das?" Antwort: „Gosprijomka hat zugeschlagen".

Der bissige Humor trifft die ungeliebte Begleiterscheinung, die der arbeitenden Bevölkerung mit der neuen Politik beschieden worden ist: die staatliche Qualitätskontrolle durch die Abnahmebehörde Gosprijomka, die nun landesweit Einzug in die Betriebe gehalten hat, führt zunächst subjektiv zu einer Verschlechterung für die Arbeiter. Ein Beispiel aus der Motorradfabrik Degtjarew in der Gebietshauptstadt Wladimir steht stellvertretend für viele ähnliche Vorkommnisse: auch hier wurde am 1. Januar 1987 die staatliche Qualitätskontrolle eingeführt. Werkleitung und Arbeiter waren zuvor geschult und mit den neuen Qualitätsanforderungen vertraut gemacht worden. In der Theorie wurde ihnen die neue Maßnahme als wesentlicher Bestandteil der Perestrojka erläutert. Konzepte wurden ausgearbeitet, doch nichts hat gefruchtet. Es wurde - wie so oft bisher - Ausschuss produziert, auch nach dem 1. Januar. Die staatlichen Kontrolleure stoppten daraufhin die Fließbänder, und 14 Tage lang mussten die Arbeiter auf ihre Leistungsprämien verzichten. Solange dauerte es offensichtlich, bis die gewünschte Qualität garantiert und die Mängel behoben waren. Außer dem normalen Produktionsausfall und der Lücke bei der Planerfüllung spielt seither für die Arbeiter etwas anderes eine bedeutende Rolle: sie bekommen in der Lohntüte zu spüren, wenn sie schlechte Arbeit abliefern. Im Landesdurchschnitt sollen offiziellen Angaben zufolge durch die strengen Qualitätskontrollen die Einkommen bis zu 20 Prozent gekürzt worden sein. In Einzelfällen wird sogar von 40 Prozent Einkommensverlust berichtet. Dahinter verbirgt sich eine neue Gefahr. Da es immer noch in der Sowjetunion einen Überhang an freien Arbeitsplätzen gibt, neigen offensichtlich jetzt Arbeiter dazu, die Produktion zu verlassen, um an nicht-produktive Arbeitsplätze zu wechseln, die der staatlichen Qualitätskontrolle nicht mit derselben Konsequenz unterliegen. Gleichzeitig scheint sich bei dem mittleren Management eine gewisse Verdrossenheit darüber bemerkbar zu machen, dass Nachwuchskräfte es immer wieder ablehnen, in der jetzigen Situation Verantwortung zu übernehmen. Stattdessen geben sie sich mit untergeordneten Stellen im Betrieb zufrieden. Gorbatschow vertröstete schon mehrfach die Arbeiter mit dem Hinweis, man müsse zwei bis drei schwere Jahre durchstehen. Bei guter Leistung gäbe es infolge der wirtschaftlichen Rechnungsführung auch die Möglichkeit, Lohnzuschläge zu erwirtschaften. Doch diese Lohnerhöhungen halten sich noch im bescheidenen Rahmen. Die Verlockung, durch Schwarzarbeit mehr Rubel nebenher zu verdienen als durch vermehrten Einsatz an der Werkbank, ist immer noch nicht gebannt. Auch das Gesetz über individuelle Tätigkeit, gültig seit 1. Mai 1987, bietet noch keine ausreichende Kompensation für den privaten Tätigkeitsdrang vieler Sowjetbürger. Bisherige Maßnahmen, privatwirtschaftliche Initiative in einem gesetzlichen Rahmen zuzulassen, werden von vielen Interessierten als halbherzig kritisiert. Deshalb steht zu befürchten, dass dem Unmut innerhalb der Arbeiterschaft nur durch Maßnahmen entgegengewirkt werden kann, die mit dem traditionellen Verständnis der alles organisierenden Planwirtschaft nicht zu vereinbaren sind.

„Die Produkte sind zwar noch nicht deutlich besser und mehr geworden, aber den Klagen der Käufer wird bereits nachgegangen." Auf diese Formel brachte es ein Moskauer, der stellvertretend für viele seine tägliche Situation beschrieb. Man wird als Verbraucher im Geschäft oder Restaurant ernster genommen als früher. Das eher zufällige Auf und Ab in der Versorgungslage mag den Beobachter ebenso ungerechtfertigt positiv überraschen wie negativ erschrecken. Zumindest in der sowjetischen Hauptstadt bleibt es dabei, dass dem unausgeglichenen staatlichen Versorgungsmarkt mit einem Netz privater Informanten begegnet werden muss, die aus den einzelnen Stadtteilen berichten, was wann wo zu erwerben ist.

Diese Jagd nach Konsumgütern, teilweise auch nach Nahrungsmitteln, ist noch ebenso aktuell wie die Faustregel: „Es gibt nichts, was es nicht doch irgendwo gibt; man muss es nur finden." Hausfrauen, die sich vorrangig auf die Versorgung der Familie beschränken - und das sind meist die Großmütter im Rentenalter - neigen dazu, von den vielen Worten um die neue Politik nicht zu viel zu erwarten. Für sie zählt die tägliche Erleichterung beim Einkauf, die bislang eben nur sporadisch zu spüren ist. Die Tatsache, dass das Defizit-Denken der Sowjetbürger die Regel statt die Ausnahme ist, konnte von der neuen Politik der Perestrojka noch nicht dauerhaft widerlegt werden.

Die engagiertesten Fürsprecher und Widersacher der Politik Gorbatschows scheinen sich unter den Angehörigen der Intelligenz zu befinden, für die am meisten aus den kulturellen Ereignissen des Landes herauszulesen ist. Nicht die Situation am Arbeitsplatz, sondern die geistige Sphäre gilt als Gradmesser für politische Veränderungen. Die Veröffentlichung verborgener oder verbotener literarischer Schätze, die Rehabilitierung von Nikolai Gumiljow (1921 als Konterrevolutionär erschossen), die Diskussion um das Erbe von Boris Pasternak, der antistalinistische Film "Pokajanije" des georgischen Regisseurs Tengis Abu-

ladse - das alles sind nur wenige Beispiele für eine Aufbruchsstimmung, welche die Intelligenz namentlich mit Gorbatschow
verbindet. Der Befriedigung darüber, dass die eigene Geistesge-
schichte nicht mehr dem klassifizierenden Urteil parteipolitischer
Engstirnigkeit ausgesetzt sein soll, stehen warnende Stimmen
orthodoxer Slawophiler gegenüber, die - wie die Gruppe Pamjat
– versuchen, unter dem Deckmantel kulturschützender Ambiti-
onen Stimmung gegen „kulturelle und völkisch Überfremdung"
mit deutlich antisemitische Untertönen zu betreiben.

Gegensätze brechen auch bei der rein historischen Bewertung der jüngeren Sowjetgeschichte auf. Noch stehen einzelne
Geschichtswissenschaftler wie etwa Jurij Afanasjew (Rektor des
Historisch-Archivarischen Instituts, Moskau), unterstützt von
einzelnen Publizisten wie etwa Alexander Bowin, Kommentator
bei der Regierungszeitung *Iswestija*, gegen eine Vielzahl von Aka-
demie-Historikern, die ihre Glaubwürdigkeit untergraben sehen,
sollte sich die Sowjetunion anschicken, insbesondere die Bewertung des Stalinismus auf breiter Ebene zur Diskussion zu stellen
und die jüngste Geschichte umzuschreiben.

Selbst aus den Reihen der Militärhistoriker melden sich jedoch schon gelegentlich Stimmen, die darauf hinweisen, dass
man „so nicht mehr weitermachen könne", dass der „Glorien-
schein um den angeblich hervorragenden Feldherrn Stalin" endlich beseitigt werden müsse. Das mangelnde Verständnis des
jüngsten akademischen Nachwuchses für diese Fragen und auch
die eher gelassenen bis sogar gleichgültigen Reaktionen sowjetischer Jugendlicher auf den antistalinistischen Film "Pokajanije"
zeigen deutlich, welche Lücken in der eigenen Geschichtsschreibung aufgearbeitet werden müssen. Es war immer ein verhäng-
nisvoller Irrtum, die Anzahl der Parteimitglieder mit den poten-
ziellen Anhängern der jeweils gültigen politischen Linie in der
Sowjetunion gleichzusetzen. Das Bild ist heute - wie eingangs
kurz skizziert - differenzierte denn je. Die Herausforderung der
neuen Politik zu selbstständigem Denken und Handeln aktiviert
und lähmt gleichermaßen. Die Ergebnisse bisheriger ZK-
Plenarsitzungen und Konferenzen zeigen deutlich, was auch im
persönlichen Kontakt mit Vertretern der Partei zum Ausdruck

kommt: Die neue Politik wird in vielen Bereichen auf die Linie des Kompromisses gedrängt. Das Erstaunlichste sind warnende Stimmen aus der Partei selbst, die sich nicht scheuen, sogar Außenstehenden gegenüber Minuspunkte für Gorbatschow geltend zu machen.

Dieses Spiel ist nicht neu und wurde bereits bei den letzten Gorbatschow-Vorgängern praktiziert - sozusagen ein routinierter Kunstgriff, der auch gesteuert sein kann. Warum aber wird nun dieses Spiel fortgesetzt? Steckt dahinter vielleicht doch mehr Überzeugung als Verunsicherungstaktik? Auf jeden Fall wird es dadurch noch schwieriger, die Gruppen von Befürwortern und Widersachern ihrer Menge und ihrem Einfluss nach zu gewichten. Auffallend ist jedoch, dass eine Reihe von Parteimitgliedern, die als Ansprechpartner zur Verfügung stehen, vor drei bis vier Jahren kaum Anstalten machten, über die Möglichkeit oder Notwendigkeit einer neuen Politik zu reflektieren; jetzt aber treten dieselben Leute als Vorhut des Umschwungs auf. Hier ist die Frage der Glaubwürdigkeit eng gekoppelt mit der Frage, ob nun Überzeugung oder auch Sachzwänge zu dieser neuen Haltung geführt haben. Es besteht kein Zweifel: Gorbatschow als Person erfreut sich in der Sowjetunion großer Beliebtheit. Seine innenpolitischen Absichten jedoch sind der Bevölkerung offensichtlich noch nicht klar genug vermittelt. Das liegt wesentlich daran, dass der Generalsekretär selbst oft in allgemeinen, aufmunternden oder kritisierenden Phrasen spricht. Die Ausarbeitung der Konzeption liegt ohnehin in den Händen von Fachleuten, die zunächst einmal den Parteiapparat selbst für die Umsetzung neuer Ideen gewinnen müssen.

Der Chefredakteur einer Gebietszeitung in Zentralrussland beschrieb den jetzigen Zustand mit den Worten: „Die Perestrojka ist vor allem ein psychologisches und erst danach ein wirtschaftliches Problem. Aber wir können mit den wirtschaftlichen Veränderungen nicht erwarten, bis sich alle Leute umorientiert haben." Genau darin liegt das Dilemma der neuen Politik. Dennoch sind viele Gesprächspartner über den offensichtlich bestehenden Zeitdruck nicht besorgt. Wenn es mit der neuen politischen Linie nicht funktioniert, so trösten sich zahlreiche Sowjetbürger, dann werden sie eben etwas Anderes probieren. Die Zuversicht in die soziale und wirtschaftliche Absicherung durch den Staat ist so groß, dass dadurch der neuen Politik Gorbatschows erhebliche Hemmnisse erwachsen. Sollte sich die Politik der Erneuerung besonders auf wirtschaftlichem Gebiet zugunsten der Sowjetbürger durchsetzen, dann wird man sich dadurch ebenso wenig aus der Ruhe bringen lassen wie vom Gegenteil. Schwieriger ist die Situation für diejenigen, die ihre Macht zeitlich begrenzt und unter den argwöhnischen Augen mancher Parteimitglieder ausüben. Für sie scheint der Zeitdruck größer zu sein. Sie drängen deshalb auch auf parallele binnen- wie außenwirtschaftliche Veränderungen.

Die zögernde Reaktion beispielsweise der kapitalistischen Länder auf das Angebot für Joint ventures, also Gemeinschaftsunternehmen, ist durch einschränkende Halbherzigkeiten der sowjetischen Seite bestimmt. Hier muss die Administration unter Gorbatschow noch erhebliche Schritte tun, um greifbare Ergebnisse zu ermöglichen. So wie Gorbatschow dem Westen vorwirft, nur verbale, aber wenig reale Zugeständnisse in der Abrüstungspolitik zu machen, so fordern umgekehrt die westlichen Außenhandelspartner der Sowjetunion von Moskau mehr als nur allgemeine Rahmenbedingungen. Dies alles zeigt, dass sich Gorbatschow Forderungen und Erwartungen von innen und von außen gegenübersieht. Ob er in gleichem Maße wenigstens innenpolitisch auch die dringend notwendige, praktische Unterstützung für seine Politik erhält, scheint nach der vorläufigen Bilanz noch nicht schlüssig bewiesen.

DEMOKRATISIERUNG
Auf dem Weg zu freien Wahlen?[50]

Michail Gorbatschow sorgte zu Beginn der Plenarsitzung seines Zentralkomitees für Überraschungen: Er kritisierte in aller Deutlichkeit die Versäumnisse der Ära Breschnew und forderte mehr Demokratie bei der Besetzung von Führungspositionen in der Sowjetunion. Der sowjetische Parteichef möchte eine Demokratisierung einleiten, zu der zwei wichtige Elemente gehören sollen: Zum einen soll das Wahlsystem verändert werden, damit in Zukunft mehrere Kandidaten konkurrierend antreten. Zweitens soll innerparteilich über Führungskräfte auf mittlerer und unterer Ebene geheim abgestimmt werden und nicht mehr durch offenes Aufheben der Hände. Dabei können ebenfalls verschiedene Kandidaten vorgeschlagen werden.

Diese neuen Ideen will Gorbatschow nun in der Kommunistischen Partei landesweit diskutieren lassen. Mit einer weit reichenden Negativbilanz über die politische Erblast der Breschnew-Zeit hatte Gorbatschow vor dem Zentralkomitee sein Festhalten an dem geplanten wirtschaftlichen und gesellschaftlichen Umbau der Sowjetunion begründet. Es habe besorgte Anfragen aus der Bevölkerung gegeben, ob diese Politik nicht eine zu scharfe Kehrtwendung sei, gab Gorbatschow zu. Er antwortet darauf mit dem Argument, die Sowjetunion habe „einfach keine andere Wahl". Ausdrücklich machte der Parteichef das Zentralkomitee und die politische Führung der Breschnew-Zeit für wirtschaftlichen Stillstand verantwortlich, durch den auch die Moral der Gesellschaft in Mitleidenschaft gezogen worden sei. Gorbatschow beklagte Kriminalität und Drogenkonsum bei der Jugend ebenso wie frühere, unverantwortliche Beschränkungen bei „individuellen Unternehmungen", womit er privatwirtschaft-

---

[50] Spekulationen tauchten auf um Hinweise, dass eine Reform des politischen Systems möglicherweise freie Wahlen in begrenztem Umfang zulassen könnten. Erstveröffentlichung: Moskau: Demnächst geheime Wahlen? In: DIE ZEIT, Nr. 6, 30. Januar 1987.

liche Initiativen meinte, die in ersten Ansätzen bereits durch ein neues Gesetz in der Sowjetunion erlaubt werden. Erstmals gab Gorbatschow zu erkennen, dass sich seine neue Mannschaft bei der Analyse der wirtschaftlichen Missstände gehörig getäuscht hat. Denn diese Probleme seien „tiefer verwurzelt, als man erwartet habe". Vor allem hätten „schwerwiegende Fehlkonzeptionen" dem Land größere wirtschaftliche und soziale Schäden zugefügt. Diese Fehler seien aus „subjektiven" Gründen gemacht worden. Gorbatschow lässt also nicht zu, dass die alte Garde Zeitumstände oder Sachzwänge für die Fehlentwicklungen in der Sowjetunion verantwortlich macht. In Zukunft möchte Gorbatschow mehr parteilose Sowjetbürger in Führungsgremien sehen. Die Leiter von Wirtschaftsbetrieben sollen in offenem Wettbewerb gefunden werden. Damit würde die sowjetische Wirtschaft von einer belastenden Hypothek befreit: Allzu oft gab bisher das Parteibuch und nicht die Qualifikation den Ausschlag bei der Neubesetzung wichtiger Posten. Für das kommende Jahr schlug Gorbatschow die Einberufung einer Allunions-Parteikonferenz vor, wie sie zuletzt 1941 zur Vorbereitung der Rüstungswirtschaft im Krieg getagt hatte. Dadurch will der KP-Chef offenbar für eine politische Aufbruchsstimmung sorgen - gemeinsam mit den neuen Leuten, die nach den Entscheidungen dieses ZK-Plenums die politische Führung der Partei bilden.

ERSTMALS FREIE WAHLEN
Testlauf im Dorf Wjatkin[51]

Erstmals durften sich Sowjetbürger bei Kommunalwahlen in 140 ausgewählten Verwaltungsgebieten zwischen verschiedenen Kandidaten entscheiden. Für die 690 Wahlberechtigten im Dorf Wjatkin, 200 Kilometer östlich von Moskau, hat die Zukunft der Gorbatschow-Reformen bereits begonnen. Im Gegensatz zur bisherigen Sowjet-Tradition durften sie bei den Kommunalwahlen genau das tun, was mit dem Begriff „Wahl" auch gemeint ist: Sie konnten sich erstmals zwischen verschiedenen Kandidaten entscheiden. Früher galt derjenige als suspekt, der sich in die einzige geschlossene Kabine eines Wahllokals schlich, um möglicherweise den Kommunisten sein Misstrauen auszusprechen.

In Wjatkin dagegen durfte jeder Wahlberechtigte in eine der Kabinen zur geheimen Abstimmung gehen. Zur Feier des Tages wurden keine Mühen gescheut: Die Taftvorhänge der Kabinen leuchteten in revolutionärem Rot; ein bequemer Polsterstuhl sollte die Entscheidung zwischen den vielen Kandidaten erleichtern; frische Blumen und ein musikalisches Arrangement der Dorfjugend verliehen dem Wahlvorgang eine fast sakrale Atmosphäre. Sechs Wochen lang waren die wenigen Auserwählten unter dem Sowjetvolk auf diesen Moment vorbereitet worden. Denn die erste Wahl mit mehreren Kandidaten ist bislang nur ein Experiment, verstreut auf 140 Verwaltungsgebiete im Land. Mit Handzetteln und guten Worten versuchten die Agitatoren des Parteikomitees den Leuten klarzumachen, warum dieser Schritt zur Demokratisierung notwendig ist.

Entsprechend selbstbewusst machten einige Bürger von ihrem neuen Recht Gebrauch. Als Jurij Alexandrowitsch, ein Mann, der kurz vor seiner Pensionierung steht, mit stolzge-

---

[51] Mit Stolz führte die Sowjetunion ausgewählten westlichen Journalisten den ersten Wahlgang auf kommunaler Ebene vor, bei dem die Benutzung einer Wahlkabine verpflichtend war und dabei zwischen verschiedenen Kandidaten entschieden werden konnte. Erstveröffentlichung: Sowjetunion: Stolz auf freie Wahlen. In: DIE ZEIT, Nr. 28, 3. Juli 1987.

schwellter Brust aus der Wahlkabine tritt, um seinen Zettel in die Urne zu werfen, weist er neugierige Fragesteller zurecht: „Ich habe gewählt, wie es sich gehört. Und ich habe auch einen Kandidaten ausgestrichen. Aber wen, das ist mein Geheimnis, das geht keinen was an." In einem anderen Wahllokal berichtet eine Frau stolz, dass sie von vier Kandidaten sogar drei abgelehnt hat. Doch durch solche Entscheidungen würden Dorf- und Stadträte nicht vollständig besetzt werden: Bei diesem Experiment, das vorerst nur im Kommunalbereich erprobt wird, gibt es nur 30 Prozent mehr Kandidaten als Plätze in den lokalen Parlamenten.

Das neue Verfahren kann allerdings zu Problemen führen. Bei Stimmengleichheit für alle Kandidaten muss zwei Wochen später neu gewählt werden. Politische Konkurrenz wird dabei aber nicht aufkommen, denn wer auf der gleichen Liste antritt, wirbt auch für die gleichen Ziele. Dennoch ist im kleinen Dorf Wjatkin jetzt alles anders als früher. „Im ganzen Land" - so meinte eine Bäuerin - „wird immer noch von mehr Demokratisierung geredet. Wir haben damit bereits begonnen."

DIE SUCHE NACH DEM DIALOG
Moskauer Friedensforum
mit Dissidenten und Ausländern[52]

Nur wenige Wochen nach seiner Befreiung aus dem Verbannungsort Gorki hielt Andrej Sacharow in Moskau ein deutliches Plädoyer für den ABM-Vertrag zur Begrenzung von Raketenabwehrsystemen. Ungefragt unterbrach er sich selbst und irritierte dann all jene seiner Anhänger, die in ihm nur den politischen Dissidenten, nicht aber den konsequentem Wissenschaftler sahen: „Ich möchte noch einmal betonen", so ergänzte Sacharow seinen Referatstext, „wie sehr ich für Atomenergie eintrete. Sie muss ausgebaut werden, am besten in Form unterirdischer Kernkraftwerke." Technische Fragen und Sicherheitsprobleme wollte Sacharow nicht gelten lassen. Dann folgte seine Bewertung des amerikanischen Verteidigungssystems, das im Weltraum stationiert werden soll. „SDI ist völlig sinnlos", lautete das entschiedene Urteil des Bürgerrechtlers, „und es wird nie funktionieren." Deshalb bedauere er auch, dass man so viele Ressourcen für eine falsche Sache aufwende und negative politische Auswirkungen in Kauf nähme.

Sacharow ist sich selber nicht untreu geworden. Er nutzte das Moskauer Forum Für eine atomwaffenfreie Welt und für das Überleben der Menschheit, um zweierlei zu übermitteln: Erstens beharrte er unnachgiebig auf der Freilassung aller Gewissenshäftlinge in der Sowjetunion, zweitens aber wiederholte er seine bekannten Positionen als Wissenschaftler, die im Eifer westlichen Engagements für ihn oft übersehen oder gar vergessen worden waren. Die Tatsache, dass der ehemalige Dissident nun in Moskau auf einer staatlich organisierten Veranstaltung auftritt und im privaten Gespräch bekräftigt, der Kurs von Parteichef

---

[52] Gorbatschow begann, um einen offenen Dialog mit dem Klassengegner zu werben, um damit die Entideologisierung der internationalen Beziehungen einzuleiten. Erstveröffentlichung: Moskauer Friedensforum. „Das Ergebnis einer neuen Denkweise". Gorbatschow beeindruckt die Teilnehmer aus dem Westen. In: DIE ZEIT, Nr. 9, 1987.

Gorbatschow verdiene volle Unterstützung, lässt um so deutlicher Widersprüche zutage treten, die vor Beginn des Friedensforums weltweit Aufsehen erregt hatten. Demonstranten wurden verprügelt, Korrespondenten an ihrer Arbeit gehindert, als nach drei Tagen des stummen Protests gegen die anhaltende Inhaftierung des Bürgerrechtlers Josef Begun Schlägertrupps das Kommando in der Moskauer Fußgängerzone am Arbat übernommen hatten. Zwar meldete die Regierung die Freilassung von 140 politischen Gefangenen und kündigte weitere Schritte in dieser Richtung an. Doch zur gleichen Zeit bekamen die Demonstranten die Folgen organisierter Gewalt, und zwar mit politischer Duldung, zu spüren. Ob hier Quertreiber gegen die neue Gorbatschow-Linie ihr Unwesen trieben, ob lokale KGB-Behörden die trotz aller Lockerungsübungen noch immer kraftvolle Präsenz der staatlichen Ordnung demonstrieren wollten - das alles lässt sich nicht schlüssig beantworten. Die Freilassung von Anatolij Korjagin und die gleichzeitigen, widersprüchlichen Meldungen über das Schicksal von Josef Begun offenbaren Ungereimtheiten im Verhalten der zuständigen Behörden. So verkündete der Leiter des sowjetischen Nordamerika-Instituts, Georgij Arbatow, vor einer amerikanischen Fernsehkamera zum Fall Begun: „Ich kann Ihnen sagen, dass er frei ist, ich bin sicher, dass der Fall gelöst ist." Doch Beguns Frau konnte diese angebliche Freilassung nicht bestätigen. Und noch zwei Tage später orakelte ein Sprecher des sowjetischen Außenministeriums, der Fall werde weiter geprüft, wahrscheinlich aber positiv entschieden. Gerade in dieser Umbruchphase hatten sich in Moskau neunhundert Teilnehmer des Friedensforums versammelt, die auf Einladung der Sowjetunion aus aller Welt angereist waren. Moskau bezahlte nicht nur Flug und Verpflegung, sondern zahlte auch noch ein stattliches Taschengeld von umgerechnet 350 Mark.

Das anfängliche Zögern vieler Teilnehmer artikulierte zum Abschluss der britische Schriftsteller Graham Green: „Ich muss gestehen, ich bin mit einer gewissen Skepsis zu diesem Forum gekommen." Doch dann war der fast dreiundachtzigjährige Katholik voll des Lobes über die freimütige Diskussion und die Zusammenarbeit mit den Kommunisten. An Gorbatschow gewandt meinte der Schriftsteller abschließend, er träume davon, dass noch zu seinen Lebzeiten ein sowjetischer Botschafter im Vatikan vertreten sei. Diese beinahe euphorische Wendung war kennzeichnend für westliche Teilnehmer, die zunächst einen kanalisierten Austausch der Argumente statt eines freien Redestroms erwartet hatten. Erst die Versicherung, man strebe keine gemeinsame Resolution an, hat manche Vorbehalte gegen eine Teilnahme an diesem Treffen abgebaut. „Moskau bemüht sich", so das Urteil eines kanadischen Wissenschaftlers, „erst einmal uns anzuhören, um unsere Argumente zu verstehen." Doch was das offizielle Moskau zu hören bekam, wurde nicht immer nahtlos in den sowjetischen Massenmedien wiedergegeben. Ob Übersetzungsfehler oder gezielte Flüchtigkeit der Grund dafür waren, bleibt dahingestellt: Fest steht beispielsweise, dass Egon Bahr in einer Abschlusserklärung für die Sektion der Politikwissenschaftler eine Auflösung des sowjetischen Abrüstungspaketes favorisierte, ihm in der Regierungszeitung *Iswestija* jedoch die gegenteilige Meinung unterstellt wurde. Auch der Ausschluss der Journalisten von den Foren legte einen Schleier des Geheimnisses über die Diskussionen; sie hatten in der Erwartung stattgefunden, Parteichef Gorbatschow werde die Weltöffentlichkeit zum Abschluss der Mammutsitzungen mit neuen Abrüstungsvorschlägen überraschen. Der Auftritt des Generalsekretärs im großen Kreml-Palast erfüllte diese Hoffnung nicht. Stattdessen plädierte Gorbatschow unter Berufung auf bisherige sowjetische Vorschläge dafür, auf die Doktrin der atomaren Abschreckung ganz zu verzichten und das Prinzip der gleichen Sicherheit zwischen den Völkern zu beachten. Scheinbare Nebensächlichkeiten dieser vom Fernsehen landesweit übertragenen Rede entpuppten sich jedoch als charakteristisch für das neue Selbstverständnis der sowjetischen Führung: Unter Anspielung auf die jüngsten Freilassungen politischer Dissidenten sagte Gorbatschow: „Schließlich sind unsere neuen Zugänge zu humanitären Problemen, die zum ‚Dritten Korb von Helsinki' gehören vor aller Augen. Ich muss diejenigen enttäuschen, die annehmen, dieses sei das Ergebnis des Drucks seitens des Westens, wir wollten jemandem gefallen und verfolgten irgendwelche geheimen Ziele. Nein. Das ist ebenfalls das Ergebnis einer neuen Denkweise." In vorbereiteter Regie erfasste die sowjetische Kamera dabei das Gesicht von Andrej Sacharow. Wem Sacharow im Fernsehen entgangen war, der konnte der staatlichen Presse einen Aufruf des Bürgerrechtlers für mehr Demokratie und Offenheit in der Gesellschaft entnehmen. Seine neue öffentliche Rolle als Vertreter der Menschenrechte und zugleich Förderer eines Umbaus der Sowjetgesellschaft verlangt von Sacharow ein abwägendes Urteil. Entsprechend zurückhaltend reagierte er auch auf die Demonstrationen in Moskau. Gegenüber ausländischen Gesprächspartnern meinte Sacharow, man müsse sehr überlegt Schritt für Schritt vorgehen, um nicht unangemessene Reaktionen eines Systems zu provozieren, das noch nicht weit genug sei. Dabei sprach er mehrfach von einer „bedrängten Nation", deren neuer Weg auch durch außenpolitische Erfolge für Gorbatschow stabilisiert werden müsse. Mit seinem überzeugenden Plädoyer für Gorbatschow steht Sacharow nicht allein. Auch westliche Teilnehmer am Friedensforum unterstellten dem Generalsekretär eine Glaubwürdigkeit, wie man sie zuvor kaum einem sowjetischen Parteiführer zugestanden hatte. Auf einem Empfang im Kreml kam es zu einer längeren Begegnung Gorbatschows mit Petra Kelly und Gerd Bastian. Gorbatschow ließ sich nicht davon irritieren, dass Petra Kelly einen Bericht von Amnesty International zur Lage der politischen Gefangenen in der Sowjetunion überreichte mit der Aufforderung, alle noch Betroffenen freizulassen. Stattdessen verwickelte Gorbatschow die beiden Bundesdeutschen in einen längeren Dialog über die Beziehungen zwischen Bonn und Moskau, deren Verbesserung ihm „sehr wichtig" sei. Schließlich nahm Gorbatschow auch noch einen Button mit dem Bild „Schwerter zu Pflugscharen" entgegen und erzeugte bei der eher kämpferischen Petra Kelly die Reaktion: „Ich bin ja wirklich nicht leicht umzuhauen, aber das hat mich umgehauen." Auf die gleiche zufällige Weise kam auch der bundesdeutsche Schriftsteller Josef Reding mit Gorbatschow ins Gespräch. Die Faszination, die von dem ersten Mann im Kreml auf die Forumsteilnehmer ausging, brachte Reding. auf die Formel: „Ich würde mich ihm anvertrauen, wenn ich in Schwierigkeiten wäre."

DIE GUTEN UND DIE BÖSEN
Die *Prawda* richtet über politische Aktivisten[53]

Die sowjetische Parteizeitung *Prawda* hat am Montag in einem Grundsatzartikel auf die Grenze hingewiesen zwischen wünschenswerten Initiativgruppen, die sich für soziale und kulturelle Belange einsetzen, und solchen Gruppierungen, die nach sowjetischem Verständnis unerlaubte politische Aktivitäten entfalten. Positiv dargestellt wird im Artikel zunächst die Arbeit von etwa dreißigtausend Vereinigungen im ganzen Land, die sich besonders im Denkmal- und Umweltschutz oder bei der Antialkohol-Kampagne engagieren. Demgegenüber klagt die *Prawda* über eine Reihe von anderen Gruppierungen, die jetzt im Mittelpunkt stünden, weil sie „der Sowjetmacht und der Arbeit der Partei unfreundlich gestimmt" seien.

Die ausführlichste Auseinandersetzung führt das Parteiblatt dabei mit der Organisation Pamjat („Das Gedächtnis"), einer Vereinigung, die sich traditionell dem Schutz des kulturellen Erbes gewidmet hatte, bis Teile ihrer Anhänger vor zwei Jahren mit antisemitischen und großrussisch-chauvinistischen Tönen auf sich aufmerksam machten. In einem Manifest an das russische Volk hatte diese Gruppierung zu Beginn der Perestroika-Politik öffentlich gewarnt: „Die Heimat ist in Gefahr." Noch Ende vergangenen Jahres forderten Anhänger der Bewegung auf einer Versammlung in Leningrad eine „Gesellschaft zum Schutz russischer Talente, die jetzt der Verfolgung oder Vernichtung ausgesetzt" seien.

Auf die Frage nach der Rolle der Juden in der „Verschwörung" gegen das russische Volk antwortete bei derselben Veranstaltung ein Akademiemitglied wörtlich: „Sie hinterlassen ihre

---

[53] Unter Berufung auf Glasnost und Perestrojka meldeten sich immer neue Bürgerinitiativen und Gruppen politischer Aktivisten zu Wort, deren Wirken von der Prawda als oberstem „Glaubenshüter" einer kritischen Würdigung unterzogen wurde. Erstveröffentlichung: Die Prawda gegen informelle Gruppen Kritik an unerlaubten politischen Aktivitäten. In: Neue Zürcher Zeitung, Fernausgabe Nr. 26, 3. Februar 1988.

Spuren nicht." Auch die *Prawda* beklagt jetzt die absurden Vorwürfe der Pamjat-Anhänger, die, wie es im Parteiblatt heißt, „beinahe offen zum Extremismus aufrufen". Diese rechtsgerichtete Vereinigung ist zwar im Parteiorgan inhaltlich und umfangmäßig das Ziel der Kritik; ins Gericht geht das Blatt aber auch mit der Gruppe Glasnost des Bürgerrechtlers Sergej Grigorjanz, der ein gleichnamiges Bulletin Glasnost herausgibt.

Die Beiträge in dieser hektographierten Aufsatzsammlung mit einer Auflage von selten mehr als siebzig Exemplaren kritisiert die *Prawda* mit den Worten, sie sähen aus, als seien sie von der westlichen Presse abgeschrieben. Negativ bewertet wird als weitere Gruppierung das Seminar Demokratie und Humanismus, weil deren Anhänger mit Handzetteln zu Kundgebungen aufriefen und nach der *Prawda* die völlige Entideologisierung der Sowjetunion anstreben. In diesem Zusammenhang wirft das Parteiblatt dem Westen vor, diese informellen Gruppen zu einem - freilich misslungenen - Zusammenschluss ermuntert zu haben, damit sie von einer gemeinsamen politischen Plattform aus agieren könnten. Namentlich erwähnt die *Prawda* kritisch westliche Diplomaten und Korrespondenten wegen ihres Kontaktes zu solchen Gruppen.

Diese Gruppierungen haben sich im Übrigen mehrheitlich um eine offizielle Registrierung - bisher vergeblich - bemüht. Das Parteiorgan schreibt nun, die informellen Gruppen hielten „ihre Freunde jenseits des Ozeans zum Narren, indem sie selbst vorgeben, eine politische Kraft zu sein". Angesichts der Resonanz dieser Gruppierungen im Westen befürchtet die *Prawda*, der Eindruck könnte entstehen, dass es „viele Gegner unserer Lebensweise" gebe und dass die Reihen dieser Gegner immer stärker würden.

Abschließend fordert die *Prawda* eine „prinzipiengerechte" Unterscheidung, wo wahre soziale Aktivitäten der Sowjetbürger vorhanden seien und wo es nur um politischen Extremismus gehe. Um sich gegen unerwünschte politische Aktivitäten der verschiedenen Gruppen zur Wehr zu setzen, droht das Parteiblatt mit Konsequenzen. In der Schlussfolgerung des Beitrags heißt es wörtlich: „Die Hauptsache ist die patriotische internati-

onalistische Erziehung, die Überzeugung von der Richtigkeit
unserer sozialistischen Ideale, wobei die Kraft der öffentlichen
Meinung und - falls nötig - die Kraft des Gesetzes angewandt
werden.“

HERAUSFORDERUNGEN IM INNERN

UNHEILE UMWELT
Das Gewissen regt sich[54]

Wochenlang geisterte im Herbst 1983 durch Moskau das Gerücht, in der ukrainischen Hafenstadt Odessa am Schwarzen Meer und in der moldauischen Hauptstadt Kischinjow (Chişinău) sei das Trinkwasser verseucht. Westliche Journalisten, die solche Gerüchte prüfen wollten, erhielten keine Gelegenheit, die beiden Städte zu besuchen. Ende Oktober veröffentlichte dann die Regierungszeitung *Iswestija* einen Bericht[55] über eine Umweltkatastrophe am Dnjestr, in dessen Einzugsgebiet die besagten Städte liegen. Viereinhalb Millionen Kubikmeter Salzlauge waren in den Fluss eingedrungen und bildeten meterdicke Ablagerungen in einem Stausee nördlich des Schwarzen Meeres. Dort sollen die Giftstoffe zurzeit abgepumpt werden.

Allerdings hat die sowjetische Presse weder Augenzeugenberichte noch Reportagen aus dem Unglücksgebiet veröffentlicht. Die Informationen über die Katastrophe stammen vom Vorsitzenden einer Kommission, die zur Beseitigung der Schäden eingesetzt wurde und dessen Aussagen erst knapp sechs Wochen nach dem Unglück von der Regierungszeitung publiziert wurden. In diesem Interview wird auch eingeräumt, dass die Städte Odessa und Kischinjow - immerhin noch so lange nach dem Unglück - zwar sauberes Wasser erhalten, jedoch „weniger als früher". Die ökologischen Schäden der Salzlaugenwelle sind immer noch nicht absehbar. Kurzfristig wurden zwar rund zweihundert Hektar landwirtschaftliche Anbaufläche regelrecht ausgebrannt und

---

[54] Erste kritische Bestandsaufnahmen von Mangelerscheinungen erlaubte die kurze Amtszeit von Andropow. Dazu gehörten auch Diskussionen und Veröffentlichungen zu gravierenden Umweltschäden, unter denen das Land bis heute leidet. Erstveröffentlichung: Umweltschutz und Umweltschäden in der jüngsten sowjetischen Diskussion. In: Osteuropa 7, 1984, 511-514.
[55] Iswestija, 26.10.1983.

mehr als zweitausend Tonnen Fisch vernichtet. Doch um die Folgeschäden zu beheben, werden Jahre vergehen. Katastrophenmeldungen von diesem Ausmaß werden in der Sowjetunion nicht sehr häufig veröffentlicht. Dennoch machen Wasser- und Luftverschmutzung seit geraumer Zeit Schlagzeilen. Seit Jahren schon wird die Diskussion um den Baikalsee geführt, der unter industriellen Abfällen litt und dabei einen Großteil seines seltenen Fischbestandes einbüßte. Inzwischen wurde eine Reihe von gesetzlichen Maßnahmen zum Schutz des Sees getroffen, und ausländischen Korrespondenten führt man das Gewässer als Musterbeispiel einer gelungenen ökologischen Gesundung vor. Immerhin hat die Verschmutzung des Baikalsees so viel Aufsehen erregt, dass darüber sogar Bücher[56] publiziert wurden. Und erst im vergangenen Jahr wandte sich der kasachische Schriftsteller Abdishamil Nurpeisow an die Öffentlichkeit, um auf das Austrocknen des Aral-Sees hinzuweisen. Sein Fazit über die sowjetische Öffentlichkeit: „Unser ökologisches Gewissen ist zwar geweckt, aber zugestandenermaßen nicht so schnell, wie man es sich gewünscht hätte."[57]

Solche Klagen sind kein Wunder. Denn allzu lange und allzu oft wurde das Problem von Umweltschäden als ein typisches Zeichen des gesellschaftlichen Gegners angesehen. So meinte Jurij Israel, Vorsitzender des Staatskomitees der UdSSR für Hydrometeorologie und Umweltkontrolle, wörtlich: „In vielen kapitalistischen Staaten hat die Weigerung der Monopole, die elementarsten Forderungen des Umweltschutzes zu berücksichtigen, schwer wiegende Folgen."[58] Die Lage im eigenen sozialistischen Vaterland wurde oft positiver eingeschätzt, auch wenn dabei in vorsichtiger Form Zugeständnisse der eigenen Schwierigkeiten sichtbar wurden. So sagte Jurij Israel in demselben Interview: „Es gibt natürlich beim Umweltschutz auch Probleme, und nicht wenig ist noch zu tun. Sehr viel hängt von den Industrieministerien ab und von den örtlichen Sowjets der

---

[56] vgl. Boris Komarow: Das große Sterben am Baikalsee, Reinbek 1979.
[57] Moscow News Weekly, Nr. 34, 1983, S. 12.
[58] Nowoje Wremja, Nr. 51, 1981, S. 18.

Volksdeputierten. Insbesondere sind abfallfreie technologische Prozesse umfassender zu erarbeiten und aktiver einzuführen."[59] Um sich von dieser Notwendigkeit zu überzeugen, muss man nicht einmal die sowjetische Hauptstadt verlassen. Selbst in der eigenen Moskauer Wohnung kann man die Anhäufung von schwarzen Ruß- und Staubspuren beobachten, die innerhalb weniger Wochen von außen zwischen die für den Winter verklebten Doppelfenster dringen und sich als dunkler Film auf dem weißen Holzlack absetzen. Und unweit des Zuckerbäckerhotels Ukraina im Moskauer Zentrum kann man Kanalöffnungen sehen, aus denen eine Brauerei Abwässer direkt in die Moskwa leitet. Der Gestank lässt erahnen, dass es sich dabei nicht nur um geklärte Industrieflüssigkeit handelt. Aber auch außerhalb der Stadt gibt es reichlich Beobachtungsmaterial: Wenn man nur hundert Kilometer auf der Landstraße Richtung Gorkij fährt, häufen sich Industrieabfälle, halbfertige, verlassene Baustellen, unbereinigtes Brechholz und verrostete Stahlröhren in der freien Natur. Kein Zweifel: Es gibt in der Sowjetunion noch vieles im täglichen Umweltschutz zu tun. Der verstorbene Staats- und Parteichef Andropow, dessen Beraterkreis eine Reihe von entlarvenden Analysen vorgelegt hatte, ließ noch auf dem ZK-Plenum im Dezember 1983 unter seinem Namen eine Rede verlesen, in der von den Sowjetbürgern „eine Änderung des Verhältnisses zu Fragen des Umweltschutzes und der rationellen Nutzung natürlicher Ressourcen" gefordert wird.[60] Seiner Ansicht nach waren die bisherigen Maßnahmen nicht ausreichend, denn „es muss unterstrichen werden, dass ungeachtet der von uns unternommenen ernsthaften Anstrengungen dieses Problem in seiner Schärfe auf der Tagesordnung bleibt".[61] Während laut Agentur-Meldung der Andropow-Text noch die „kleinlichen und bürokratischen Maßnahmen" geißelte, mit denen der Umweltschutz in der Sowjetunion unterlaufen werde[62], hieß es in der späteren Fassung lediglich, „entschieden zu verbessern ist das gesamte

<hr>

[59] ebd. S. 19.
[60] Abdruck der Rede in: Kommunist 1, 1984, 4-11, hier S. 8
[61] ebd.
[62] TASS, 13.12.1983.

System der Leitung und Kontrolle über den Zustand der Umwelt".[63] Gleichzeitig bewies Politbüro-Kandidat Kusnezow, dass es mit Absichtserklärungen allein noch nicht getan ist. Denn als kürzlich das Präsidium des Obersten Sowjet sich mit Umweltschutz besonders im Bereich des Buntmetall-Hüttenwesens beschäftigte, schrieb der ranghohe Politiker: „Es stellte sich heraus, dass insbesondere in einigen Städten - Norilsk, Ust-Kamenogorsk und anderen -, wo Unternehmen dieses Industriezweiges liegen, der Ausstoß schädlicher Stoffe in die Atmosphäre nicht nur nicht gesenkt wurde, sondern sogar noch anstieg."[64]

Nur wenige Tage nach dem Andropow-Aufruf waren - wenigstens formal - die ersten Konsequenzen zu verzeichnen. In der Meldung über eine Politbüro-Sitzung hieß es: „Im Zusammenhang damit, dass dem ZK der KPdSU die Verunreinigung der Luft in der Stadt Kemerowo [einem Zentrum für Chemie-Industrie in Westsibirien, J. G.] signalisiert wurde, wies das Politbüro die leitenden Vertreter einer Reihe von Ministerien auf die Undiszipliniertheit bei der Durchführung von Maßnahmen zum Naturschutz durch ihnen unterstellte Betriebe hin und verlangte die Behebung dieser Unzulänglichkeiten in dieser Angelegenheit."[65] Im Verhältnis zur veröffentlichten Kritik, die sicher nur die Spitze der Umweltschäden benennt, muss deren wirkliches Ausmaß nicht gerade unbedeutend sein. So forderte das Plenum des Obersten Gerichts der Sowjetunion von den nachgeordneten Instanzen „weitere Vervollkommnung der Tätigkeit zur Erörterung der Fälle über die Verletzung der Naturschutzvorschriften".[66] Und nach einer Tagung der Regierungskommission für Umweltschutz hieß es über die Arbeit des Energieministeriums der UdSSR, des Ministeriums für Holz- und Papierindustrie, des Innenministeriums, der Staatsforstwirtschaft und des Ministerrats der RSFSR lakonisch: „Es wurde hervorgehoben, dass die oben genannten Ministerien und der Ministerrat der RSFSR die

---

[63] Kommunist 1, 1984 a.a.0.
[64] V. Kuznecov: Nekotorye voprosy raboty sovetov narodnych deputatov na sovremennom etape, in: Kommunist 1, 1984, 15-28, hier S. 21.
[65] TASS (Telegrafnoje Agenstwo Sowjetskogo Sojusa), 20.01.1984.
[66] ebd. 08.07.1983.

rechtzeitige Erfüllung der Maßnahmen zum Umweltschutz im Stauseegebiet des Bogutschansker Wasserkraftwerkes, die im technischen Projekt für seine Errichtung vorgesehen waren, nicht gewährleistet haben."[67]

Natürlich gibt es auch Gegenbeispiele, mit denen auf dem Gebiet des Umweltschutzes Fortschritt bewiesen werden soll. So wird zum Beispiel in Leningrad ein zwölf Kilometer langer Entsorgungskanal erprobt, der unterirdisch Abfälle großer Wohnsilos abtransportieren soll. An solche Müllentsorgung wird in Leningrad und in Moskau seit geraumer Zeit die Wärmegewinnung gekoppelt. Die Abfälle werden verbrannt, und mit der damit gewonnenen Energie wird Wasser für die Fernheizung erhitzt - ein Modell, das auch in westlichen Städten üblich ist.

Inzwischen wurde noch von einem interessanten Versuch berichtet. In Puschtschino, einem kleinen Ort nahe Moskau an der Oka, will eine Gruppe sowjetischer Forscher versuchen, „das Modell einer ökologisch harmonischen Stadt zu schaffen". Ihr Ziel ist dabei, eine „schmerzlose Koexistenz von städtischem Milieu und natürlicher Umwelt zu entwickeln".[68] An dem Projekt sind Vertreter verschiedener Disziplinen beteiligt: Biologen, Juristen, Ärzte, Architekten, Soziologen und Pädagogen. Allerdings befindet sich das Projekt noch im Aufbaustadium. Es geht zunächst um die notwendige Datenerhebung, bevor praktische Maßnahmen für eine Errichtung einer solchen Ökopolis erfolgen können. Als erste konkrete Ergebnisse werden bisher genannt: die Einrichtung mehrerer stadtnaher Schonreviere und der Aufbau einer ökologischen Station für die „Erziehung der Kinder in Achtung gegenüber der Natur".[69]

Neben solchen singulären Projekten gibt es auch in der Gesamtstruktur der Sowjetwirtschaft einen Anspruch, der bis zum Ende des laufenden Fünfjahrplans erfüllt werden soll. Bis 1985 nämlich „wird in der Sowjetunion grundsätzlich keine Umweltverschmutzung durch industrielle Abwässer erfolgen", so Dmitrij

---

[67] Iswestija, 29.04.1983.
[68] TASS, 16.09.1983.
[69] ebd.

Bontschowskij, stellvertretender Leiter der Hauptverwaltung für Gewässerschutz im sowjetischen Wasserwirtschaftsministerium. Was davon zu halten ist, kann man erst im kommenden Jahr beurteilen. Doch seine weiteren Bemerkungen lassen Schlüsse zu, welche Gewässer unter einer beängstigend hohen Verschmutzung litten - und auch noch leiden. Denn „dank der getroffenen Maßnahmen" sei „das Wasser in der Wolga und in ihrem Einzugsgebiet merklich sauberer geworden". Außerdem werde viel getan, „um das Wasser im Baikal-, im Peipus-, im Onega- und im Ladogasee vor Verunreinigung zu schützen"; die Verschmutzung der Binnengewässer liege „nicht über den Normwerten".[70] Oft ist auch von Geld die Rede, das in die Umweltprogramme investiert wird: Als in der Ukraine das Koks-Chemie-Werk Awdejewka vergrößert wurde, mussten fünftausend Menschen umgesiedelt werden. Für das ökologische Schutzprogramm, das die Neusiedler vor den Schadstoffen des Werkes schützen sollte, sind im noch laufenden Fünfjahrplan 300 Millionen Rubel vorgesehen.[71]

Allerdings gibt es kaum Gelegenheit, die sachgerechte Verwendung solcher Summen zu überprüfen. So wird auch landesweit immer wieder ein Posten von 8,5 Milliarden Rubel genannt, der für den Natur- und Umweltschutz zur Verfügung steht. Damit sollen jährlich (!) Reinigungsanlagen genauso finanziert werden wie die Rekultivierung von Böden und die Neuanpflanzung von Grünflächen.[72]

An einzelnen Projekten arbeiten auch internationale Firmen mit. So wird nicht ohne Stolz von sowjetischer Seite betont, dass auch Unternehmen aus der Bundesrepublik an einem Projekt für Wasserbelüftung in Leningrad beteiligt sind.[73] Es geht - gemäß der 1974 in Helsinki unterzeichneten Konvention zum Schutz der Ostsee - darum, keine unaufbereiteten Abwässer mehr in die Ostsee abzulassen. Diese Konvention war seinerzeit von allen

---

[70] ebd. 02.09.1983.
[71] ebd. 08.07.1983. Nach offiziellem Wechselkurs war der Rubel damals etwa 3,50 DM (= 1,78 Euro) wert
[72] ebd. 03.01.1984.
[73] ebd. 11.01.1984.

126

Anliegerstaaten, also auch von der Bundesrepublik, unterzeichnet worden. Nun will die Sowjetunion nicht nur solche Abwässer reinigen, sondern für den industriellen Kreislauf die Wasserversorgung geschlossen kanalisieren und von der Trinkwasserversorgung weitgehend abkoppeln. Fast zeitgleich zu diesen Projekten wurde aber noch ein anderer Umweltschaden größeren Ausmaßes bekannt: Im Gebiet der sowjetischen Autostadt Togliatti hat der Ausstoß einer Stickstoff-Fabrik zur Entnadelung von umliegenden Kiefernwäldern geführt.[74] Auch die Luftverschmutzung selbst soll in Togliatti besorgniserregend sein. Schließlich sei die Mülldeponie der Stadt nur für 90.000 Menschen angelegt. In Wirklichkeit zählt Togliatti bereits mehr als 600.000 Einwohner.[75] Als Reaktion auf diese Schreckensmeldung verbreiteten die sowjetischen Medien kurz darauf die Nachricht, dass in Togliatti ein Institut der Akademie der Wissenschaften für Ökologie errichtet worden sei. Und in einer Formulierung, die über den tatsächlichen Stand der Dinge manches offen lässt, heißt es: „In den Industriegebieten Togliattis werden zahlreiche Umweltschutzmaßnahmen getroffen."[76]

Bedauerlicherweise, so Stanislaw Konowalow, Direktor des Instituts, seien noch nicht alle Umweltschutzprobleme gelöst.[77] So etwas bedarf wohl auch einiger Zeit - und es ist nicht allein eine Frage der Industrie, sondern auch des privaten Umweltbewusstseins. Denn zur Frühjahrszeit, wenn die Sowjetbürger ihre über den Winter stillgelegten Autos wieder fahrtüchtig machen, kann man beobachten, wie sehr es zuweilen an diesem Umweltbewusstsein mangelt. Viele der Autofahrer nämlich lassen - wie jährlich in der Presse beklagt wird - einfach ihr altes Motoröl auf die Erde fließen und in den Boden versickern. Und ein paar Tropfen Autoöle können sich auf das Grundwasser oft schlimmer auswirken als Zelluloseabfälle im Baikalsee.

---

[74] Prawda, 05.01.1984.
[75] ebd.
[76] TASS, 19.01.1984.
[77] ebd.

EIN ROCKSTAR BETET UM ERRETTUNG
Tschernobyl hat die Sowjetbürger verändert[78]

Im goldenen Flittergewand tritt Alla Pugatschowa auf die Bühne, schüttelt ihren roten Haarschopf, breitet dabei die Arme aus und ruft in den Saal der Moskauer Olympiahalle: „Geld ist Geld. Aber wir wollen heute unsere Herzen geben, unseren Optimismus nach Tschernobyl schicken." Was bei anderen Stars nach theatralischem Kitsch klingen würde, wirkt bei der 35-jährigen Rock-Königin der Sowjetunion überzeugend. Mit 150 Millionen verkauften Schallplatten als populärem Verstärker erledigte sie Unmögliches sofort: Innerhalb von zwei Wochen stellte sie das erste privat initiierte Rockkonzert für die Opfer von Tschernobyl auf die Beine. Ihr gelang damit ein Durchbruch in einem Land, dessen bürokratische Hürden selbst hohe Parteifunktionäre oft genug zur Verzweiflung treiben.

Alla Pugatschowa ist spontan. Bei den ersten Filmberichten aus Tschernobyl, so erzählte sie vor dem Konzert einigen Journalisten, habe es sie „gepackt, ich musste einfach etwas tun". Ihr Weg führte direkt in das Zentralkomitee der Partei, wo sie sich Genehmigung und Unterstützung holte. So ganz nebenbei gelang es ihr auch noch, vor den dreißigtausend Besuchern eine neue Musikgruppe auf das Podium zu bringen, deren Lieder bislang nur als heimliche Raubkopien aus dem Untergrund der Moskauer Jugendszene kursierten. Die Not und die Solidarität mit Tschernobyl erwiesen sich in den vergangenen Wochen

---

[78] Die Selbstsicherheit technologischer Errungenschaften wurde durch das Kernkraftunglück von Tschernobyl schwer erschüttert. Nach kurzem Beharren darauf, dass man das Problem allein bewältigen könne, musste die Moskauer Führung Schwächen beim Umgang mit der Katastrophe vor der ganzen Welt eingestehen. Hier liegt ein wesentlicher Schlüssel zum Verständnis der Öffnung nach außen, die Gorbatschow - auch in diesem Punkt - nach kurzem Zögern betrieben hat. Erstveröffentlichung: Allas Rockkonzert – ein Gebet um Errettung. Tschernobyl hat die Sowjetbürger verändert. In: DIE ZEIT, Nr. 24, 6. Juni 1986.

stärker als die sowjetische Bürokratie. Tschernobyl hat auch die Sowjetbürger verändert. Mit erstaunlicher Gelassenheit hatten sie zunächst die abstrakten Meldungen über den Reaktorunfall hingenommen. Mangelnde Aufklärung über die Gefahren von Radioaktivität verhinderten eine Panik. Es folgte eine kurze Phase des verbitterten, sarkastischen Humors, eine Antwort auf ungenaue Informationen nach dem Motto: „Eine Radioaktivität gibt es nicht - und außerdem sinkt sie beständig." Als jedoch die staatlichen Massenmedien ihre Informationspolitik änderten, menschliches Leid nicht mehr verbargen, als die Zahl der Todesopfer stieg und die „neuen Heroen im Kampf gegen den vierten Reaktorblock" geboren und in vielen Fällen zugleich postum gerühmt wurden, schlug die Stimmung im Lande um.

Die Bilder der Feuerwehrmänner, Mittzwanziger zumeist, mit bubenhaften Zügen im Gesicht, die sich in die Radioaktivität stürzten, um Schlimmeres zu verhüten - sie haben mehr bewirkt als jede politische Propaganda. Sie haben Gefühle geweckt, Mitleid erzeugt. Diese entschlossenen Männer wurden zu positiven Helden in einem Kampf, der für viele Sowjetbürger durch die Reaktion in manchen westlichen Ländern noch einsamer, aber auch eindeutiger wurde. „Wie könnt ihr über Entschädigung für die Bundesrepublik reden, wenn unsere Leute zu Zehntausenden Hab und Gut verloren haben, zu Hunderten im Krankenhaus liegen und zu Dutzenden sterben", meinte eher enttäuscht als vorwurfsvoll ein 30-jähriger sowjetischer Freund. „Seht ihr denn nicht, dass eine Tragödie von katastrophalem Ausmaße allen voran unsere Menschen getroffen hat?"

Seit Gorbatschow im Fernsehen zu Tschernobyl Stellung genommen hat, ist diese Sicht nach innen noch verstärkt worden. Das Ausland, so der Tenor, will uns nichts Gutes, abgesehen von einfachen Menschen und einzelnen Persönlichkeiten wie dem amerikanischen Großindustriellen Armand Hammer. Als dieser große Gönner der Sowjetunion, der noch mit Lenin befreundet war, vor der Presse erklärte, die von ihm vermittelten medizinischen Hilfslieferungen seien sein Geschenk an das sowjetische Volk, da applaudierten russische Journalisten mit Tränen in den Augen. Doch auf Besorgnis jenseits der Grenzen reagierten die sowjetischen Medien zumeist zurückweisend. Die außenpolitische Hauszeitschrift des Kremls, die Neue Zeit, wiegelte eine Leseranfrage aus England ab: Der Austritt der Radioaktivität sei „von kurzer Dauer, unwesentlich und gering" gewesen. Auch habe man „Erdichtungen in Umlauf gebracht, wonach sowjetische Exportwaren und Verkehrsmittel gefährlich seien".

Der Kampf gegen Gerüchte und „widersprüchliches Geschwätz" - so die Literaturzeitung - wird allerdings auch innerhalb der Sowjetunion geführt. Ein stellvertretender Gesundheitsminister bemühte sich den Sowjetbürgern auszureden, Wodka und Rotwein seien Allheilmittel gegen Radioaktivität. Er bemängelte und deckte damit auf, dass Hunderte Kilometer entfernt von Tschernobyl Menschen in Moskau, Leningrad oder Riga in die Krankenhäuser kämen, weil sie sich gefährdet fühlten. Sogar die Haltung vieler Wissenschaftler lässt nach Meinung des Gesundheitspolitikers viel zu wünschen übrig. Denn sie hätten ihre eigene Verantwortung vergessen, weil sie sich nicht mit ihrem Wissen gegen Gerüchte zur Wehr gesetzt hätten.

Im Klartext: Auch unter der sowjetischen Intelligenz herrschte vielerorts mehr Angst als Aufklärung. Die Regierungszeitung *Iswestija* versuchte, ihren Lesern mit einer Briefaktion alle Furcht vor den traditionellen Feriengebieten am Schwarzen Meer, in den Karpaten und an der Ostsee zu nehmen, die unter der Bevölkerung als „verstrahlt" gelten. Nicht ungern haben deshalb viele Sowjetbürger ihre Putjowka, ihre Reisebestätigung, für eines der Feriengebiete zurückgegeben, um Platz für die Evakuierten aus der Ukraine zu machen. Denn trotz des Einsatzes von Wissenschaft und Technik, trotz ferngelenkter Bulldozer, die in der stärksten Strahlenzone aufräumen und trotz heroischer Hubschrauberpiloten, die laut Gewerkschaftszeitung Trud „afghanistangestählt" sind, fehlen zur Beruhigung noch immer genaue Daten über Art und Umfang der ausgetretenen Strahlen.

Wenn die Wachmannschaften von Tschernobyl ohne Mundschutz vor der Kamera des sowjetischen Fernsehreporters agieren, gleichzeitig aber die Armeezeitung Roter Sturm vermummte Gestalten bei der Entseuchung des Bodens im Kernkraftgebiet zeigt, dann bleiben für den Sowjetbürger Widersprüche. Wie schlimm ist es wirklich? Wenn alles Vieh aus der „Zone", wie die neue Vokabel nun heißt, evakuiert werden musste, aber nun friedlich mit unverseuchten Kühen grast und gemolken wird - was ist dann mit der Milch, was mit dem Fleisch? Die Vorsichtsmaßnahmen in der Ukraine und Weißrussland sind streng: In einigen Gebieten sollen sogar nur Teigwaren und Reis abgegeben werden. Auch wenn das Fernsehen eine blühende Landwirtschaft zeigt und dabei suggeriert, dass mit der neuen Zonengrenze von Tschernobyl auch die Verseuchung gebannt worden ist, werden jetzt Ängste laut. Gegen das „friedliche Atom" wenden sich inoffizielle Protestgruppen. Sie sammeln Unterschriften für Petitionen, um das sowjetische Kernenergieprogramm überprüfen zu lassen. Die Polizei reagierte jüngst zwiespältig: Zunächst nahm sie Mitglieder einer solchen Gruppe im Moskauer Gorki-Park fest, ließ die Beteiligten dann aber wieder laufen und gab sogar die Unterschriftenliste für die Petition heraus

Das alte Mütterchen, das am Sparkassenschalter fünf Rubel auf das Spendenkonto 904 einzahlt, hat mit Politik nichts im Sinn. Sie ist weder für noch gegen Kernenergie. Nur eines ist ihr wichtig: „Seit dem Großen Vaterländischen Krieg hat es so ein Unglück für die Menschen bei uns nicht mehr gegeben. Und da muss man zusammenhalten wie damals." Diesen Zusammenhalt will auch Michail Uljanow demonstrieren. Er ist ein Musterschauspieler, vor allem für Kriegsfilme. Nach eigenem Eingeständnis kann er mit Rockmusik nichts anfangen. Doch auch Uljanow ist zu dem Benefizkonzert von Alla Pugatschowa gekommen, hat sich zum ersten Mal in seinem Leben den elektronischen Klängen ausgesetzt, um dann vor dem Publikum zu bekennen: Diese Musik sei ein Aufschrei, ja ein Gebet um Errettung vor solchen Katastrophen. Tschernobyl hat die sowjetischen Menschen in Bewegung gebracht. In Allas Rockkonzert ebenso wie im Betrieb, auf der Straße, in der Schule. Tschernobyl hat aber auch Zweifel geweckt am sicheren Fortschritt. „Das 20. Jahrhundert hat den Verstand verloren", skandiert ein Rocksänger zum Applaus des Publikums. Eine Feststellung, die immerhin die Sowjetunion miteinschloss.

FEHDEHANDSCHUH FÜR DIE GENOSSEN
Gorbatschows Abrechnung umgeht Tschernobyl[79]

Michail Gorbatschow hat seinen Gegnern in der Parteibürokratie offen den Fehdehandschuh hingeworfen. Doch von Tschernobyl spricht der Generalsekretär nur ungern.

Auf dem Plenum des Zentralkomitees der sowjetischen Kommunisten fand Gorbatschow zu einer verbalen Schärfe zurück, die seit dem Parteitag Anfang des Jahres verloren schien. Der Grund seines Zorns: Die Bemühungen, die Sowjetwirtschaft von Masse auf Qualität und intensive Nutzung moderner Technologie umzustellen, stoßen landesweit noch auf Widerstände. Das zeigen haarsträubende Fälle, die Gorbatschow seinen Genossen zur Abschreckung vorführte. So hatte der Leiter eines elektrotechnischen Betriebes gegen das Votum der örtlichen Partei-Instanzen und ohne vorliegende Billigung eines Ministeriums die Firma binnen kurzer Zeit umorganisiert und mit Gewinn auf Vordermann gebracht. Obwohl das Projekt erfolgreich lief, bemühten seine Gegner den Staatsanwalt. Die Ermittlungen gaben zwar keinen Anlass zur Beschuldigung, dennoch wurde der engagierte Betriebsdirektor aus der Partei ausgeschlossen. Ein Brief zu seiner Verteidigung, von wohlwollenden Genossen verfasst, wurde Gorbatschow zufolge von den örtlichen Organen, also dem KGB, auf der Post abgefangen und erreichte Moskau nie. Eigeninitiative, von den neuen Machthabern gefordert, ist nicht nur den Bürokraten, sondern auch dem Geheimdienst verdächtig.

Mit warnendem Unterton wandte sich Gorbatschow vor dem Plenum an diejenigen, „die versuchen, uns aufzuhalten". Der Partei drohte er an, „alle Bestrebungen zu unterbinden, um alte Methoden und Fehler zu kopieren". Gorbatschow kämpft je-

---

[79] Gorbatschow stand vor dem Dilemma, mit den alten Kader abzurechnen und gleichzeitig keine Schuldeingeständnisse in Sachen Tschernobyl nach außen dringen zu lassen. Eine Gradwanderung, die den Parteichef vorübergehend einige Glaubwürdigkeit im Ausland gekostet hat. Erstveröffentlichung: Moskau: Gorbatschow rechnet ab. In: DIE ZEIT, Nr. 26, 20. Juni 1986.

doch nicht nur gegen den „blinden Glauben an die Allmacht des Apparates". Er kämpft auch gegen überalterte Maschinenparks in den Fabriken, gegen 20 Prozent Ernteverlust durch mangelnde Transport und Lagerbedingungen, gegen das nutzlose Abbrennen von jährlich 13 Milliarden Kubikmeter Erdgas. Und er kämpft auch gegen Produktionssteigerungen, die sich als volkswirtschaftlicher Schaden entpuppten. So wurden Zuwachsraten beim Maschinenbau stets nach Gewicht gemessen. Wer also möglichst schwere Werkstoffe und Materialien verwendete, hatte die besten Resultate, egal, wie leistungsfähig eine Maschine wirklich war. Derlei Unsinn soll mit dem kommenden Fünfjahrplan abgestellt werden, der von den Partei-Instanzen nun zur Verabschiedung an den Obersten Sowjet, das Parlament, weitergeleitet wurde. Doch das Lenin-Zitat „Fürchterlich sind Illusionen und Selbstbetrug, vernichtend die Angst vor der Wahrheit", von Gorbatschow als Leitlinie für dieses Plenum bemüht, hat den Generalsekretär nicht dazu bewogen, auch die Katastrophe von Tschernobyl einer kritischen Erörterung zu unterziehen.

Von drei Zeitungsseiten, die Gorbatschow mit seiner Rede füllte, sind lediglich spärliche zehn Zeilen dem größten Atomkraftunfall der Menschheit gewidmet. Auch da findet er nur Worte des Beileids für die betroffenen Familien und Worte der Anerkennung für das ganze Land, das bei dieser „harten Prüfung" aufgestanden sei, um die Folgen zu beseitigen. Um welche Art Folgen es sich dabei handelt, konnten die Sowjetbürger inzwischen der Moskauer Presse entnehmen. Seither lässt sich die Katastrophe nicht mehr auf das Konto eines tragischen Betriebsunfalls abbuchen. Mit der Entlassung des Betriebsdirektors und des leitenden Ingenieurs von Tschernobyl sind Fachleute dingfest gemacht worden, die eigentlich wissen mussten, wie der Schaden zu begrenzen gewesen wäre. Zuvor schon waren Mitglieder der Kommunistischen Partei ausgeschlossen worden, weil sie - wie es hieß - in der Not nur an sich selbst und nicht an die anderen gedacht hatten.

Die Kritik an diesen Verantwortlichen, die versagten oder sich aus dem Staub machten, als ihr Einsatz gefordert war, kann nicht die Verbitterung mancher Evakuierter dämpfen, die sich nun mit offenen Protestbriefen über ihre Behandlung beschweren. Bürokratische Hemmnisse, Ablehnung und mangelnde Hilfsbereitschaft werden nun angeprangert und sogar vom Parteiblatt *Prawda* an die Öffentlichkeit getragen. Inzwischen ist auch klar, welche neuen Probleme auftauchen: Die Menschen aus den verseuchten Gebieten lassen sich nicht wie erforderlich evakuieren. In Weißrussland gab es keinen Unterschlupf mehr für 7.000 Bewohner des Ortes Bragin.

Obwohl nach dem Eingeständnis der Regierungszeitung *Iswestija* niemand Monate oder gar Jahre hier unbeschädigt weiterleben könnte, blieben die Einwohner zurück und müssen sich damit begnügen, dass nun in ihrer Gegenwart Haus für Haus, Straße für Straße entseucht werden. Wohin aber das radioaktive Material gebracht werden soll, bleibt unklar. Auch die Lagerung der abgeschabten radioaktiven Bodenkrume von mehreren Zentimetern Dicke löst nach Darstellung der Zeitung immer noch Rätselraten aus. Diese äußerst kritischen Berichte erschienen just zur Sitzung des Obersten Sowjets.

ERSTE WAHRHEITEN ÜBER DIE TRAGÖDIE
Menschliches Versagen verursachte die Katastrophe von Tschernobyl[80]

Der offizielle Untersuchungsbericht über Ursache und Ausmaß der Katastrophe von Tschernobyl hat die sowjetische Öffentlichkeit schockiert. Was im Moskauer Politbüro, dem obersten Führungsgremium der Partei, besprochen und auszugsweise in den sowjetischen Zeitungen veröffentlicht wurde, reicht aus, um an der Funktionsfähigkeit des Staatsapparates zweifeln zu lassen. Zuständige Ministerien haben versagt, gegen eine Vielzahl hochrangiger Regierungsmitglieder ermittelt die Staatsanwaltschaft. Parteirügen und Parteiausschlüsse häufen sich. „Eine ganze Reihe grober Verletzungen der Betriebsregeln für Kernkraftwerke" war dem Bericht zufolge an dem Unglück schuld: „Es wurde festgestellt, dass sich die Havarie durch eine ganze Reihe von groben Verstößen gegen die Betriebsvorschriften der Reaktoranlagen ereignet hat, die Beschäftigte dieses Werkes zuließen."

„Verantwortungslosigkeit" und „Schlamperei" sind die Schlagworte der Kritik, mit der jetzt auch die sowjetische Öffentlichkeit konfrontiert wird. Neben dem Tod von bisher offiziell 28 Menschen (ein israelischer Arzt, der in einem Moskauer Krankenhaus Opfer der Katastrophe behandelt hat, berichtete von mindestens 30 Toten) wurde auch erstmals - annähernd - das Ausmaß der notwendigen Massenuntersuchungen von „einigen hunderttausend Betroffenen" zugegeben. Das verseuchte Gebiet soll 1.000 Quadratkilometer umfassen. Die unmittelbaren Schäden an Hab und Gut, an Ernte und Produktion, ohne die Folgekosten, werden auf jetzt schon umgerechnet 6,5 Milliarden Mark beziffert. Die Maßnahmen zur Eindämmung der immer

---

[80] Erst allmählich wurden die Sowjetbürger an die Wahrheit der Kernkraftkatastrophe herangeführt, um viele absurde Spekulationen einzudämmen. Erstveröffentlichung: Tschernobyl - „Menschliches Versagen". In: DIE ZEIT, Nr. 31, 25. Juli 1986.

noch bestehenden Gefahr nehmen sich gigantisch aus: Um das Grundwasser rings um Tschernobyl zu schützen, muss ein System zum Auffangen und Ableiten des Regenwassers geschaffen werden, mit dem immer noch Radioaktivität aus der Luft, von Bäumen und Sträuchern auf die Erde geschwemmt wird. Der nahe bei Tschernobyl gelegene Fluss Pripjat ist durch einen zwanzig Kilometer langen Erdwall geschützt. Inoffiziell ist in Moskau zu erfahren, dass der havarierte Reaktorblock von einer hundert Meter tiefen Betonmauer ummantelt werden soll, um Gefahren für das Grundwasser abzuwehren. Derweil wird die evakuierte Bevölkerung darauf vorbereitet, dass sie zu einem großen Teil nicht mehr in ihre alten Wohnorte zurückkehren kann.

In der an die Ukraine angrenzenden Republik Weißrussland haben die Ministerien bereits erste Neuansiedlungen der Evakuierten nördlich der Gefahrenzone verfügt. Im Sperrgebiet selbst müssen immer weitere Bereiche des Erdbodens abgetragen werden. Für alle Kernkraftwerke der Sowjetunion sollen dem Bericht zufolge neue Sicherheitsbestimmungen erarbeitet werden. Außerdem will die Partei mit einer ungewöhnlichen Maßnahme ihre Kontrolle in den Atomkraftwerken durch entsandte Parteiaufseher stärken, die nicht der Betriebsleitung und den örtlichen Sekretären, sondern nur dem Zentralkomitee in Moskau unterstellt sind. Inzwischen überraschte der neu ernannte Direktor des Kernkraftwerkes Tschernobyl mit der Nachricht, dass bereits im Oktober dieses Jahres der erste und der zweite Reaktorblock (verunglückt war der vierte Block) wieder in Betrieb genommen werden sollen. Voraussetzung dafür sei allerdings, dass „noch offene" technische Fragen gelöst werden. Der besondere Arbeitsrhythmus in Tschernobyl zeigt allerdings, dass dort die Gefahr für die Menschen noch keinesfalls gebannt ist. Die Fachleute dürfen sich nur zwei Wochen ununterbrochen im Sperrgebiet um den Reaktor aufhalten und verbringen dann weitere zwei Wochen zur Erholung und medizinischen Untersuchung an einem anderen Ort, bevor sie wieder an ihren riskanten Arbeitsplatz zurückkehren können. Darüber hinaus sind in Tschernobyl Psychologen tätig, welche die Arbeiter am Ort des Unglücks betreuen. Das scheint nötig zu sein. So klagte die *Prawda*, dass mehr als 3.000 Arbeiter aus Tschernobyl sich anderswo einen neuen Arbeitsplatz gesucht hätten. Weitere tausend Fachkräfte seien „auf Urlaub geschickt" worden. Der Mangel an Arbeitskräften und unwirksame Maßnahmen der örtlichen KP-Führung gelten dem Parteiblatt als die schwerwiegendsten Hindernisse beim Kampf gegen die Folgen der Katastrophe.

EIN LAND LÄHMENDER WIDERSPRÜCHE
Die Sowjetunion – von innen gesehen[81]

Die Sowjetunion unter Gorbatschow erscheint nicht nur für Außenstehende widersprüchlich. Politik heißt für Partei und Bevölkerung in der UdSSR derzeit: Erstens - Kompromisse finden, mit denen die Ziele des XXVII. Parteitages wie des anspruchsvollen Komplexprogrammes bis zum Jahr 2000 weiterverfolgt werden können, ohne dabei die wirkliche Lage von Wirtschaft und Landwirtschaft zu beschönigen. Zweitens - Werben um politische Zustimmung, und zwar innerhalb wie außerhalb der Partei. Glasnost, die Offenheit, eine der Forderungen von Parteichef Gorbatschow, die zum politischen Schlagwort gemünzt und dabei verschieden interpretiert wird, führte zu einer Gesprächs- und Kritikbereitschaft, wie sie in den vergangenen Jahren in der Sowjetunion selten zu beobachten war.

Während in der Regel dem Ausländer mit Leistungsbilanzen imponiert werden sollte, steht nun bei vielen Kolchosvorsitzenden oder Werksdirektoren die Sorgenliste um mangelnde Qualität, schleppenden Materialnachschub und fehlende Koordination ganz oben auf der Tagesordnung für ein Informationsgespräch. Gleichzeitig ist zu beobachten, dass die staatlich gelenkten Medien - nicht immer zur Freude der Partei - den Unmut des gewöhnlichen Sowjetbürgers in höchst eigenwilliger Diktion verbreiten. So wurde eine Arbeiterin während einer Fernsehsendung mit der Frage konfrontiert, wie sie zu einem neuen System von Leistungsprämien stehe, mit dem eine bessere und schnellere Produktion erreicht werden soll. Ihre erstaunliche Antwort lief auf die Gegenfrage hinaus: „Warum soll ich mich für 220 Rubel im Monat abplagen, wenn ich sowieso schon 200 Rubel einste-

---

[81] Erste Beobachtungen zeigen die Widersprüche der Perestrojka. Zahlreiche Funktionäre und Institutionen verweigern sich den Reformen. Die Probleme, die zu bewältigen waren, erschienen allzu groß. Das Beharrungsvermögen der alten Garde erwies sich schon bald als übermächtig. Erstveröffentlichung: Sowjetunion 1986 - von innen gesehen. In: Osteuropa 8-9, 1986, 813-821.

cke, auch bei schlechter und schlampiger Arbeit?" Der normale sowjetische Zuschauer wird solche Reaktionen kaum mit dem Aufschrei der moralischen Empörung von sich weisen, sondern vielmehr zustimmend nicken.

Was als Aufbruchsstimmung in der Sowjetunion erzeugt wurde oder erzeugt werden sollte, lässt sich derzeit noch nicht erkennbar in wirtschaftliche oder gesellschaftliche Erfolge nach den Parteierwartungen umsetzen. Die Bevölkerung scheint zunächst mit vorsichtiger Kontrolle einem Nachholbedürfnis zu frönen, das man etwa als Prozess der Selbstfindung bezeichnen könnte. Dieser Prozess, der entlarvt und erläutert, der Hoffnungen weckt, die oft schnell wieder gedämpft werden, um sie für sowjetische Machtverhältnisse nicht ins Kraut schießen zu lassen, ist sicher nicht als Blendwerk für die Auslandspropaganda inszeniert worden. Dafür ist eine zu große und kritische Offenheit entstanden, die sich nicht kurzerhand wieder zurücknehmen lässt. Dennoch sind auch hierbei Widersprüche auszumachen, die von Skeptikern als Argument für den nur eingeschränkten Charakter einer offenen Diskussion angeführt werden.

Am deutlichsten wird das Auf und Ab zwischen Erwartungen und Enttäuschungen im kulturellen Bereich spürbar. Als auf Moskaus Bühnen Parteifunktionäre gescholten wurden und sich zunächst Gorbatschow selbst, dann nur noch rangniedrigere Prominenz im Theater sehen ließ, wie im Stück „Silberhochzeit" im Moskauer Künstlertheater (Moskovskij Chudoshestvennyj Teatr), galt es sogar für konservative Hauptstadtbürger als normal, Versäumnisse der Partei mit dem Ausländer zu diskutieren. Als jedoch der politisierende Schriftsteller Jewgenij Jewtuschenko auf dem Verbandstreffen russischer Schriftsteller es moralisch unzulässig nannte, „dass vierzig Jahre nach dem Krieg in einer ganzen Reihe von Städten noch Bezugsscheine für Butter und Fleisch existieren", wurde seine brisante Rede nur in Auszügen veröffentlicht.

Der Autor selbst musste dafür sorgen, dass eine autorisierte Mitschrift seines Vortrages als Vervielfältigung unter die Leute gebracht wurde. Dass Jewtuschenko dabei auch die Privilegien der Nomenklatura angriff, schien zunächst nur auf der aktuellen

Linie zu liegen. Gleiches taten auch hohe Parteifunktionäre wie der Moskauer Stadtparteichef Jelzin, gleiches tat sogar - indirekt als Leserbrief - die Parteizeitung *Prawda*. Einen Schlussstrich unter diese Debatte zog jedoch Jegor Ligatschow, der offensichtlich zweite starke Mann im Politbüro. Die da oben, so der Eindruck für den politisch interessierten normalen Sowjetbürger, wollen doch nicht so recht wahrmachen, womit so vehement begonnen wurde.

Enttäuschend war auch für viele, dass einer der wichtigsten Literaturpolitiker, Chefredakteur der *Literaturnaja Gasjeta*, Alexander Tschakowskij, in dieser Phase der Aufbruchsstimmung mit verblüffend dreisten Ausreden aufwartete, ja überhaupt für einen entsprechenden Auftritt Gelegenheit erhielt: Es ging darum, ob nach dem Parteitag in Zukunft bislang nicht gedruckte, aber in der Bevölkerung viel diskutierte Autoren ihre Werke veröffentlichen dürften - alles im Rahmen der neuen Offenheit selbstverständlich.

Diese Frage reduzierte Tschakowskij auf ein Problem des Forstministeriums, von dem die Papierproduktion und -zuteilung abhängig sei. Unwillkürlich stellt man solchen Ausflüchten die Jewtuschenko-Anklage über das „verbrecherische Defizit" in der Sowjetunion gegenüber, nämlich „Mangel an Papier für diejenigen Bücher, die unser Volk normalerweise liest, während für langweilige Politbroschüren die Hälfte der Taiga abgeholzt wird". Dabei wird deutlich, wie verschieden doch die Standpunkte der Leute sind, die sich allesamt anschicken, das sowjetische System gemeinsam weiterzuentwickeln. Für den normalen Sowjetbürger sind viele Feinheiten solcher Auseinandersetzungen auf den ersten Blick zwar nicht zu erkennen. Aber der XXVII. Parteitag hat zumindest deutlich gemacht, dass die forsche Art, mit der Gorbatschow zu Beginn seiner Amtszeit innenpolitische Themen aufgegriffen hat, einem eher gedämpften Auftreten gewichen ist.

Viele hatten von ihrem Parteichef mehr erwartet, schärfere Worte der Verurteilung von innerparteilichen Missständen wie der Korruption und der Privilegien und weiterreichende Zugeständnisse an eine - wenn dieser Ausdruck in einem solchen

Zusammenhang erlaubt ist - Liberalität auf kulturpolitischem Sektor. Gerade hier auch waren entschiedenere personelle Veränderungen erwartet worden. Auch die Tatsache, dass sich einige zuvor herb kritisierte Parteikader wie die Politbüro-Mitglieder Dinmuhamed Kunajew oder Schtscherbizkij in ihren Positionen halten konnten, wurde vereinzelt dahingehend interpretiert, dass es für einen personellen Verjüngungsprozess innerhalb der Partei noch hinreichend Widerstände gäbe. Gorbatschow also schlüpfte für viele aus der Rolle des erklärten Erneuerers in die Rolle des Kompromisslers.

Dabei wird oft übersehen, dass der neue Parteichef viele jener Forderungen vorgebracht hatte, die auch zum politischen Credo seiner Vorgänger gehörten. Nur das vehementere Auftreten, die bessere Beherrschung des Instrumentes Massenmedien, ein wirksamer Populismus haben dazu beigetragen, dass Erwartungen innerhalb wie außerhalb der Sowjetunion ein Ausmaß angenommen haben, das vielleicht allein durch die Inhalte des Gesagten gar nicht einmal bedingt war. Natürlich verbreiteten sich unter der Bevölkerung rasch nach Gorbatschows Wahl einige seiner Sentenzen, mit denen er sich anschickte, einen Loslösungsprozess von den alten Kadern einzuleiten. „Wer nicht bereit ist, unseren Weg mitzugehen, von dem müssen wir uns trennen", lautete eine solche Devise, die der Parteichef mit einer heftigen und namentlichen Kritik an einzelnen Ministern verband.

In der Tat registrierte die Bevölkerung den enormen Personalwechsel gerade auf mittlerer und unterer Funktionärsebene. Und in manchen Behörden kam das Bonmot auf, sich beim Verabschieden nicht mehr „Auf Wiedersehen" zu wünschen, weil keiner mehr sicher sein konnte, ob er bei der nächsten Gelegenheit noch seinen Gesprächspartner am alten Platz vorfinden würde. Doch fühlten sich auch viele Menschen - leger ausgedrückt - an der Nase herumgeführt, als sich künstlich erzeugte Diskussionen wie Luftblasen in Nichts auflösten.

Als das Thema Geldreform und Preiserhöhungen die Runde machte, wusste zunächst keiner, woran er war. Hatte hier vielleicht wirklich in die staatliche Presse eine Auseinandersetzung zwischen Wirtschaftswissenschaftlern und Parteipolitikern Einzug gehalten? Oder sollte bewusst eine Stimmung erzeugt werden, damit die Bevölkerung ihre schwarz verdienten Rubel auf den Markt wirft, um in Panikstimmung nutzlose Ladenhüter aufzukaufen? Wie weit geht überhaupt das Spiel mit der öffentlichen und veröffentlichten Meinung - möglicherweise um herauszubekommen, wie die Stimmungslage unter der Bevölkerung ist? Denn wenn beispielsweise die Parteizeitung *Prawda* allein den Begriff „Geldreform" in eine Überschrift mit aufnimmt und mit einem Fragezeichen versieht, dann können die verantwortlichen Herausgeber sicher sein, dass auf dem Weg zur morgendlichen Arbeit dieses Thema von der Bevölkerung in Bus und Bahn aufgegriffen wird, auch wenn eine genauere Lektüre der *Prawda* sonst nicht gerade zum Lebensinhalt der meisten Sowjetbürger gehört.

Zumindest aber lassen sich Tendenzen in der pressepolitischen Linie ausmachen, wonach auch tabuisierte Themen zunehmend Gegenstand der Berichterstattung werden. Dazu gehört das Thema Preiserhöhung bei Brot und Mieten. Doch ginge es wirklich an diese Vergünstigungen des kleinen Mannes, dann käme der Staat nicht ohne irgendwelche Kompensationen aus. Denn zu viele Menschen leben mit der Mindestrente von fünfzig Rubel oder verdienen weit weniger als das statistische Monatsgehalt von derzeit knapp 190 Rubel. Ihnen kann man keine weiteren Belastungen zumuten, zumal ihre Einkünfte bei jetzigem Preisniveau zwar ein knappes Überleben, kaum aber Konsum oder gar Vermögensbildung erlauben.

Gerade darum aber geht es für die meisten Sowjetbürger, die sich von der Ära der Erneuerung etwas erwarten. Die Zahlen des Komplexprogrammes, nach denen bis zum Jahr 2000 die derzeitige Industrieproduktion und das Nationaleinkommen verdoppelt werden sollen, sind zu abstrakt für den Durchschnittsbürger, und Aufrufe zu besserer Arbeit hat er zur Genüge gehört. Es geht für die Sowjetführung eigentlich darum, wie man die Menschen zu besserer Leistung motivieren kann. Und ein solcher Weg führt nur über den persönlichen Profit. Diese Erkenntnis scheint sich auch der Wirtschaftswissenschaftler Abel Aganbegjan zu Eigen gemacht zu haben. Er ist aus der Zweigstelle der Akademie der Wissenschaften in Nowosibirsk nach Moskau in die Zentrale übergewechselt, um gewissermaßen Vordenker für neue Wirtschaftskonzepte zu sein. Aganbegjan befürwortet beispielsweise einschneidende Preiserhöhungen gerade bei Grundnahrungsmitteln, um eine realistische Kalkulation mit Rückwirkung auf die landwirtschaftliche Produktion zu erzielen. Er plädiert ebenso für eine gemäßigte Privatisierung, die sich als Ergänzung zu staatlichen Unternehmen verstehen soll, also nicht konkurrierend in den Produktionsprozess eingreifen darf. Konkret nannte Aganbegjan im Gespräch mit Journalisten, das freilich nicht in dieser Form von sowjetischen Medien publiziert wurde, zwei Möglichkeiten der Privatisierung. Entweder zahlt der Kleingewerbetreibende eine Lizenzgebühr, oder er beteiligt nach einem prozentualen Satz den Staat an seinem Gewinn. Als mögliche Bereiche nannte der Wirtschaftswissenschaftler etwa das Taxigewerbe, Dienstleistung im Reparaturbereich. So wird bereits in Tallin, der Hauptstadt der Estnischen SSR, mit einer privaten Reparaturwerkstatt für Fernseher experimentiert. Auch die Renovierbrigaden für Wohnungen könnten durch private Anbieter ergänzt werden. Nur - alle diese Beispiele würden de facto bestehende Modelle legalisieren. Denn in den meisten Dienstleistungsbereichen wird, wenn auch schwarz, aber doch erfolgreich privatisiert.

Freilich muss es für die Parteianalytiker oft enttäuschend sein, wenn sie feststellen, dass das private Profitdenken vieler Sowjetbürger ihr politisches Engagement weit übersteigt. Doch gerade davon lebt die Sowjetwirtschaft in einzelnen Bereichen nicht schlecht. Ein Schabaschnik, ein so genannter freier Brigadearbeiter, der dort einspringt, wo es gilt, den Plan zu retten, ist ein angesehener Arbeiter. Und seine Tätigkeit ist ganz legal. Im Hauptberuf arbeitet er für vielleicht 120 oder 130 Rubel (also weit unter dem offiziellen Durchschnittsgehalt) als Lehrer oder Arzt. Seinen Urlaub nutzt er, um als Akkordarbeiter in sibirischen Wäldern oder auf kasachischen Kolchosen in einem Monat das zehn- bis fünfzehnfache seines Monatsgehalts zu verdienen. Woher das Geld dann kommt, aus welcher Quelle das Material für die Wohnhäuser und Stallungen fließt, mit dem die Schabaschniki für Kolchosen die Gebäude errichten, die normale Baubrigaden nicht oder nur unzureichend schaffen - all das bleibt im illegalen Halbdunkel. Auch solche Fälle wurden vermehrt in die Presse gebracht, doch mit einer erstaunlichen Tendenz: Es galt nicht, sich über Korruption und sozialistische Unmoral des Schabaschniki-Gewerbes zu empören; sondern man wollte zeigen, dass für gutes Geld auch gute Arbeit geleistet wird. Damit wird auch eine wichtige Erwartungshaltung der meisten Sowjetbürger angesprochen. Es dürfte nur wenige Familien geben, die ausschließlich von einem einzigen und dann auch noch durchschnittlichen Monatsgehalt existieren können. Doppelverdiener sind die Regel, und meist wird noch durch zusätzliche Geschäfte Geld in die Haushaltskasse gebracht.

Für Außenstehende ist oft schwer zu verstehen, dass der Emanzipationswunsch vieler sowjetischer Frauen im Vergleich zu dem von Frauen im Westen ein ganz anderes Ziel verfolgt: Sowjetische Frauen mit Familie wollen oft weniger arbeiten, um mehr Zeit für Mann und Kinder zu haben. Dieses Bedürfnis ist bereits Gegenstand parteiinterner Erörterungen. Um hier soziale Befriedung zu erreichen, soll ein an sich davon völlig unabhängiger Prozess genutzt werden, nämlich der angestrebte wissenschaftlich-technische Fortschritt, der eine umfangreiche Automatisation in der Herstellung zur Folge haben soll. Mit dieser Entwicklung, so sagen Hochrechnungen sowjetischer Wissenschaftler, können mindestens zwölf Millionen Menschen von ihrer bisherigen manuellen Arbeit freigesetzt werden. Ein Teil davon wird durch die Alterspyramide und die sinkenden Geburtenraten kompensiert.

Doch gerade den Frauen, die überwiegend mit diesen einfachen Arbeiten beschäftigt sind, wird eine solche Entwicklung als sozialer Fortschritt angeboten. Denn ihre Arbeitszeit könnte erheblich verkürzt werden zugunsten der familiären Aufgaben. Solche Zukunftsprojekte werden freilich diskutiert, ohne die finanzielle Seite hinreichend zu berücksichtigen. Der Begriff „voller Lohnausgleich" kommt nicht vor. Allerdings wird mit einem weiterentwickelten Sozialprogramm für kinderreiche Familien manche Härte aufzufangen sein. Eine solche Regelung würde von vielen betroffenen Frauen befürwortet. Doch auch die Tatsache, dass die Versorgung mit garantierten Arbeitsplätzen unter Gorbatschow perspektivisch in Frage gestellt wird, zeugt von mehr als nur einer routinemäßigen Wirtschaftsanalyse. Die Taktik scheint zu sein, die Sowjetbürger nicht in einem Zustand sorgenfreier Sicherheit verharren zu lassen. Natürlich wird nicht dem persönlichen Existenzkampf das Wort geredet.

Aber Leistung, so die Signalwirkung, soll in Zukunft eine größere Rolle spielen für den Lebensstandard des Einzelnen. Es wird nicht mehr genügen, nur das verfassungsmäßige Recht auf Arbeit einzufordern, ohne sich künftig um die Lage auf dem Arbeitsmarkt, die Bedürfnisse neuer Technologien zu kümmern, ja sich konkurrierend um die attraktivsten Stellen zu bemühen. Bei solch einer Entwicklung spielt die wirtschaftliche Rechnungsführung eine wichtige Rolle. Als Fernziel tauchte der Begriff schon in der bisherigen, jetzt revidierten Fassung des Parteiprogramms auf, doch erst seit Andropow scheint diese Forderung in die Tat umgesetzt zu werden. Gorbatschow machte es zu seinem erklärten Ziel, diese chosrastschot vollends zu verwirklichen. Im Grunde handelt es sich dabei um das Bemühen, für Ausgaben und Einnahmen eines Betriebes und für die Planung die Betriebsleitung selbst verantwortlich zu machen. Für die Produktion in sozialistischen Ländern ist dies eine Herausforderung an die Führungskader, die bislang ihre Verantwortung immer weiter delegieren konnten und den Schwarzen Peter schließlich gerne den Fachministerien oder Planungsbehörden zuschoben.

Mit der allmählichen Umstrukturierung der Wirtschaft scheinen aber auch manche Führungskräfte überfordert. Interessant ist jedoch, dass aus dieser Grundforderung nach mehr Selbständigkeit der Unternehmen, die ab nächstem Jahr alle diese wirtschaftliche Rechnungsführung übernommen haben sollen, Wünsche in völlig neuen Bereichen abgeleitet werden. Ob in der Zeitungsredaktion, dem Buchverlag oder dem Theaterensemble - die Forderung nach größerer Selbständigkeit wird meist unter Berufung auf den wirtschaftlichen Umbau erhoben. Im Klartext heißt dies: auch die Intelligenz wünscht eine Befreiung von den bevormundenden Behörden. Solche Themen wurden nicht hinter vorgehaltener Hand diskutiert, sondern öffentlich angesprochen. Angriffe auf den Apparat der Zensur gehörten dazu ebenso wie die Forderung von Filmregisseuren, Filme, die teilweise jahrzehntelang wegen ihrer Tabuthemen in den Archiven lagern, endlich aufzuführen. Viele dieser bislang geschilderten Eindrücke entstammen zwar dem Hauptstadtleben in Moskau, das man natürlich nicht mit dem in der Sowjetunion insgesamt gleichsetzen darf. Dennoch gibt es durch die Massenmedien, allen voran durch das Fernsehen, nivellierende Tendenzen, die landesweit zu ähnlichen Reaktionen führen.

Das galt besonders für eine Aufsehen erregende Fernsehproduktion, die noch Wochen nach ihrer Ausstrahlung bis in die sibirische Provinz als Gesprächsstoff diente. Unter einem unscheinbaren Titel („Byvschie. Sudebnyj otscherk" - Die ewig Gestrigen. Ein Prozessbericht) wurden die Zuschauer mit einer Dokumentationssendung überrascht, die sozusagen Korruption auf Kosten der Bevölkerung sichtbar machte. Es ging um Vorkommnisse im Gebiet von Rostow, das schon lange unter Fleisch- und Buttermangel litt. Das Bemerkenswerte an dieser Dokumentation war die „Entlarvung" von Führungskräften bis hinauf in das Handelsministerium der RSFSR in Moskau - vor den Kameras. Zwar hatten die Zeitungen schon zuvor über diesen Skandal berichtet, in den insgesamt etwa 200 Beteiligte verwickelt sein sollen und dessen Prozesswelle noch lange nicht abgeebbt ist. Doch als die Fernsehkamera den Zuschauer optisch in die Todeszelle des Gefängnisses führte, wo einer der Hauptschuldigen auf die Vollstreckung des Urteils wartete, schauderte es selbst solche Sowjetbürger, die Korruption für einen unumgänglichen Tatbestand des alltäglichen Lebens hielten.

Die Höchststrafe in diesem Prozess erging unter anderem an Arkadij Urkin, der im fabrikeigenen Laden dem gewöhnlichen Sowjetarbeiter Knochenreste verkaufte, das eigentliche Fleisch aber an bessere Kreise gegen Höchstpreise lieferte. Sein Gewinn: umgerechnet etwa dreieinhalb Millionen D-Mark, eine Villa, Schmuck, den er im Garten vergrub, und - was besonders viel

Neid erregte - viele Importwaren aus dem westlichen Ausland. Mit verlegenem Lachen gestand dieser Arkadij Urkin vor der Kamera, er habe zwar die Leute betrogen, nie aber deren Widerspruch hervorgerufen. Ein anderer Häftling durfte im Fernsehen aussagen, er sei durch die Verhältnisse überhaupt erst zur Kriminalität getrieben worden - und er fügte hinzu, genau diese Aussage werde man wohl wieder herausschneiden, da sie nicht in das Gesellschaftsbild passe und man ihn lieber als den geborenen Verbrecher abstempeln wolle.

Der Häftling irrte: Die Dokumentarfilmer und Zensoren ließen just diese Aussage im Film, der in seiner ersten Fassung zwei Stunden lang war, dann aber um mehr als zwei Drittel für die Ausstrahlung im Fernsehen gekürzt wurde. Der Vorwurf dieses Verurteilten, die Verhältnisse hätten ihn zum Verbrecher gemacht, wurde sogar in abgemilderter Form von der Regierungszeitung *Iswestija* aufgegriffen, die bescheinigte, dass die Mangelwirtschaft in der Sowjetunion ebenso wie die Allmacht der Funktionäre mitschuldig an solchen Verbrechen seien.

Neu und verblüffend für alle Beobachter in Moskau war auch die Tatsache, dass sogar ein Politbüromitglied, Gejdar Alijew, bereit war, in einer öffentlichen Pressekonferenz unbefangen Fragen nach den korrupten Verhältnissen im eigenen Land zu beantworten. Zunächst reagierte er zwar noch mit lockerhumorvollem Unterton, wie die wörtliche Mitschrift eines Gespräches zeigt: „Nehmen wir einmal das ganze Korruptionswesen, eine der schmerzlichsten Fragen bei uns. Wer Bestechungsgelder nimmt und wie viel - das ist schwer zu sagen. Im Westen zum Beispiel weiß man zuweilen, wie viel Bestechungsgeld ein Ministerpräsident genommen hat. Man klagt ihn an, aber nach zwei, drei Jahren liegt noch kein Urteil gegen ihn vor. Na ja, und bei uns nehmen die Leute schon auf unterer Ebene Bestechungsgelder, und deshalb ist es eben schwer zu sagen, wer und wie viel Summen da eine Rolle spielen.“

Natürlich wissen die Sowjetbürger selbst am besten, auf welcher Ebene die alltägliche Bestechung beginnt: Da ist der Milizionär, der dem Verkehrssünder gegen eine kleine Extrazahlung das Strafmandat erlässt. Oder der Zehn-Rubel-Schein im Pass verschafft an der Rezeption eines Hotels Zugang zu einem der begehrten Zimmer. Selbst Studienplätze und Ministerposten sind in südlichen Sowjetrepubliken schon gegen Barzahlung „verkauft" worden. Die regionalen Plenarsitzungen der Zentralkomitees und die Parteitage der Republiken haben bereits seit der Ära Andropow reichlich Beweis- und Anschauungsmaterial für solche Enthüllungen geliefert.

Doch die Liste der Verstöße gegen die kommunistische Moral ist noch länger: Aussteiger, die keiner geregelten Arbeit nachgehen und kurz Schmarotzer genannt werden, stehen ebenso darauf wie Gelegenheitsdiebe, die sich in ihrer Fabrik mit notwendigen Ersatzteilen eindecken, weil auf dem normalen Markt nichts aufzutreiben ist. Es ist müßig, darüber zu schreiben oder sich gar beschweren zu wollen. Was der Markt nicht ermöglicht, wird oft genug auf die linke Tour besorgt: Scheibenwischer, Radkappen und Seitenspiegel der parkenden Autos bleiben davon ebenso wenig verschont wie Fotodrucke und Landkarten, die in sowjetischen Bibliotheken ohne viel Skrupel von den Benützern aus den Büchern gerissen werden. Schlimmer freilich ist für den Staat der Schwarzhandel mit begehrten westlichen Gütern, von Jeans bis zum Videorecorder. Doch ein Politbüromitglied würde sich solch brisanten Themen nicht stellen, gäbe es nicht auch etwas Positives zu berichten, was gewissermaßen der strengen Hand Gorbatschows und seinem politischen Einfluss gutgeschrieben werden könnte. So argumentierte Gejdar Alijew weiter:

„Sehen Sie, diesem Schmarotzertum, dieser Betrügerei, dieser Korruption und auch den Leuten, die ihre Stellung dafür missbrauchen, wird es schon schwerer gemacht, weil sich die Gesellschaft gegen solche Erscheinungen erhebt. Dass die ganze Gesellschaft so aktiv den Kurs des Zentralkomitees gegen solche ungesetzlichen Erscheinungen unterstützt, zeigt, dass die absolute Mehrheit unserer Gesellschaft gesund ist und frei von unmoralischen und ungesetzlichen Erscheinungen." Doch die Überzeugungskraft der kommunistischen Moral soll unter Gorbatschow nicht nur verstärkt nach innen angewandt werden. Auch die vielen sowjetischen Initiativen, die sich gegen die atomare Rüstung wenden, werden reichlich eingesetzt, um Popularität nach außen hin zu gewinnen. Dabei ist erstaunlich, dass bei vielen Sowjetbürgern genau diese politische Aktivität keinen besonderen Stellenwert einnimmt. Offizielle Gesprächspartner ebenso wie die Zeitungs- und Straßenparolen lassen zwar auf den ersten Blick ein Bild entstehen, demzufolge alle Sowjetbürger aktiv diese Politik unterstützen. Doch hier lässt sich viel mehr eine Art innere Emigration beobachten.

Die Aufbruchsstimmung, von der bereits die Rede war, scheint sich eher auf die unmittelbaren Lebenserwartungen der Menschen zu beziehen als auf die Weltpolitik. Es wäre sicher falsch, von einer Verweigerungshaltung zu sprechen. Aber eine auffallende Indifferenz ist durchaus nachweisbar. Desinteresse an wirklichen politisch-ideologischen Fragen ist auch bei der Jugend stark verbreitet. Fast hat es den Anschein, als wirke die ideologische Parole an der Häuserwand ähnlich einschläfernd wie die Reklametafeln in einem westlichen Land.

Gorbatschow selbst war es sogar, der in einem Interview mit dem französischen KP-Organ L'Humanité neben freilich positiven Aspekten so über die sowjetische Jugend urteilte: „Es hat uns beispielsweise ernsthaft beunruhigt, dass sich unter einem Teil der jungen Leute der Alkoholismus breit machte. Schmarotzerhafte und raffgierige Einstellung, ein schlechter Geschmack, begrenzte geistige Interessen, eine ungenügende Aneignung des kulturellen Erbes - auch solche Erscheinungen kommen vor." Zumindest kann man Gorbatschow nicht vorwerfen, er verkenne die Lage im eigenen Land.

Umso erstaunlicher war für die sowjetische Öffentlichkeit das lange Schweigen des Generalsekretärs nach dem Reaktorunfall von Tschernobyl. Für viele hatte in diesem Moment nicht das System versagt, sondern Gorbatschow selbst hat die erste wirkliche Bewährungsprobe im Hinblick auf die von ihm propagierte Glasnost, die Offenheit, nicht bestanden. Auch die Tatsache, dass aus Kreisen des ZK-Apparates verbreitet wurde, Gorbatschow habe bereits in der ersten Politbürositzung nach dem Unglück die volle Offenlegung der Ereignisse in den eigenen Medien verlangt, sei damit aber mehrheitlich von den übrigen

Politbüromitgliedern abgeblockt worden, wirkte wie der verunglückte Versuch einer verspäteten Ehrenrettung.

Trotz des allmählich einsetzenden Informationsflusses und der regelmäßigen Fernsehreportagen aus dem Unglücksgebiet ist die Sowjetunion ihren Bürgern eine wirkliche Aufklärung über die Menge der ausgetretenen Giftstoffe und den Grad der Bodenverseuchung zunächst schuldig geblieben. So zeigen bereits wenige Erlebnisse und Reflexionen aus dem „Innenleben" der Sowjetunion, soweit es dem Ausländer überhaupt zugänglich ist, dass eine wirklich neue Politik nicht nur innerparteiliche Widerstände, sondern auch ein gewisses Maß an Vertrauensverlust unter der Bevölkerung zu überwinden hat.

„MIT WELCHEM RECHT KÄMPFEN WIR DORT?"
Die offenen Wunden des Afghanistan-Feldzuges[82]

Igor Illin blickt dem Besucher mit fragenden Augen entgegen. Eine Haarsträhne hängt keck über der Stirn des bubenhaften Gesichts. Der Hemdskragen steht offen. Über den Lippen zeichnet sich der zarte Ansatz eines Bartes ab. Illin ist als Sowjetsoldat in Afghanistan gefallen. Er war gerade 19 Jahre alt. Sein Grab befindet sich in Peredelkino, einem kleinen Erholungsort, nur wenige Kilometer von Moskau entfernt. Ein übermannshoher, roter Granitstein, mit finanzieller Hilfe des Verteidigungsministeriums errichtet, steht über der letzten Ruhestätte.

In den Stein sind das Porträt von Igor und seine Lebensdaten graviert: 8.4.1966 bis 19.10.1985. Der Afghanistan-Kämpfer hat einen Sonderplatz auf dem Friedhof erhalten, abgezäunt von den anderen Toten; ringsum liegen nur Gräber von Parteimitgliedern, die sonst üblichen orthodoxen Kreuze fehlen. Hinter Igors Granitstein steht seit mehr als einem Jahr eine hölzerne Tafel. Sie weist den Besucher darauf hin, dass hier ein Obelisk errichtet werden soll zum Gedenken an die Soldaten, die bei der Ausübung ihrer internationalen Pflicht gefallen sind.

Szenenwechsel zu einer Totenfeier im Krematorium des Donskoj-Friedhofs in Moskau. Eine Angestellte klärt die Hinterbliebenen darüber auf, dass die mitgebrachten Blumen an dieser Stätte nicht aufbewahrt werden können. Man möge die Gebinde doch deshalb bitte auf den Gräbern der gefallenen Afghanistan-Soldaten niederlegen. Die Opfer, die der sowjetische Einmarsch in Afghanistan vor mehr als sieben Jahren inzwischen das Land

---

[82] Ein möglicher Abzug der sowjetischen Truppen aus Afghanistan wurde innerhalb des Landes wie auch international zum Testfall für Glaubwürdigkeit der neuen Politik gemacht. Die Enttabuisierung des Krieges in den sowjetischen Medien als sinnloses Kämpfen und Sterben der eigenen Soldaten leitete die spätere politische Entscheidung zum Rückzug ein. Erstveröffentlichung: "Mit welchem Recht kämpfen wir dort?" Moskaus Bemühungen um einen Rückzug aus Afghanistan. In: DIE ZEIT, Nr. 5, 23. Januar 1987.

gekostet hat, sind längst kein Tabuthema mehr. Der Tod in Afghanistan ist auch für die Sowjetgesellschaft bedrückende Gegenwart. Alle Argumente, mit denen der - wie es offiziell heißt - unerklärte Krieg begründet wird, finden in der Bevölkerung immer weniger Verständnis. Noch vor zwei Jahren wurde das heroische Angebot eines Vaters in der Presse gefeiert, der anstelle seines gefallenen Sohnes selbst weiterkämpfen wollte. Doch seit dem Amtsantritt von Parteichef Gorbatschow kommt es immer häufiger zu kritischen Bestandsaufnahmen und Reflexionen über die gesellschaftlichen Rückwirkungen dieses schier aussichtslosen Kampfes. So durften die staatlichen Massenmedien die Geschichte eines Kriegsinvaliden zur Diskussion stellen, der bei seiner Rückkehr aus Afghanistan von seinen ehemaligen Freunden gemieden und von den Behörden schikaniert wurde. Ziel dieser Kampagne war die Aussage, man müsse auch den Afghanistan-Soldaten die gleiche Anerkennung zuteil werden lassen wie den Veteranen des Großen Vaterländischen Krieges, also des Zweiten Weltkrieges.

Doch eben an diesem Punkt endet das Verständnis vieler Sowjetbürger, die nicht einsehen können, dass ihre Heimat auf fremdem Territorium verteidigt werden soll. Selbst ehemalige Befürworter des Krieges geben inzwischen zu bedenken, dass finanzielle Belastung und Menschenopfer nur dann zu rechtfertigen gewesen wären, wenn die Aktion einen schnellen Erfolg erbracht hätte.

Jugendliche kehren in Gesprächen immer wieder zu der zweifelnden Frage zurück: „Mit welchem Recht kämpfen wir dort?" Berichte über Eltern, die nichts unversucht lassen, um ihre Jungen vor dem Einsatz in Afghanistan zu bewahren, die selbst vor finanziellen Bestechungen nicht zurückschrecken, zeugen von dem verzweifelten Bemühen, sich wenigstens privat aus der Sache herauszuhalten. Lange Zeit war die sowjetische Gesellschaft über das wirkliche Ausmaß dessen, was in Afghanistan passiert, erstaunlich uninformiert. Trotz zahlreicher Reportagen aus dem Kriegsgebiet, trotz anschaulicher Filmberichte über Kämpfe und Scharmützel, ist selbst bis heute den wenigsten klar, dass dieser Krieg Millionen Flüchtlinge aus dem Land getrieben hat. Zu lange hatten sich die Medien auf die Darstellung beschränkt, dass da gut gemeinte Versuche einer gesellschaftlichen Entwicklungshilfe mit den Waffen gegen Volksfeinde verteidigt würden. Bilder von sowjetischen „Befreiern", die in afghanischen Dörfern mit Salz und Brot begrüßt wurden, von Soldaten, die statt Waffen nur Medikamente in ihren Händen hielten, gehörten zur bevorzugten Selbstdarstellung.

Das Bild vom geschlossenen Volkswillen wurde in dem Augenblick zerstört, da die Parteizeitung *Prawda* davon sprach, dass die afghanische Revolution bei weitem nicht von der ganzen Bevölkerung angenommen worden sei. Und in jüngerer Zeit machten die sowjetischen Medien immer häufiger deutlich, dass die religiösen Fragen in diesem Krieg eine entscheidende Rolle spielen - und nicht allein die Waffenlieferungen des „imperialistischen" Westens. Die Tatsache, dass die *Prawda* unter Berufung auf den neuen afghanischen Parteichef Nadschibullah inzwischen zugesteht, die muslimische Geistlichkeit und die Volkstraditionen, einschließlich der islamischen Religion, seien berufen, zu einer gemeinsamen Plattform für die nationale Versöhnung beizutragen, hat unter vielen sowjetischen Lesern Erstaunen ausgelöst. Dies gilt umso mehr, als die Partei im eigenen Land oft genug vor den falschen Mullahs warnt, die sie in den zentralasiatischen Republiken der Sowjetunion immer wieder attackiert. Emotional aber geradezu bewegend wirkte jüngst die Feststellung von Außenminister Schewardnadse bei seinem überraschenden Besuch in Kabul, dass Mütter, Väter, Frauen, Bräute und Kollegen mit Ungeduld, Unruhe und Hoffnungen auf die Rückkehr „aller unserer Burschen" warteten. Damit sind Hoffnungen geweckt worden auf ein Ende ohne Schrecken. Inzwischen setzt sich die sowjetische Gesellschaft auch mit den Folgen des Krieges für die jungen Veteranen auseinander. Der Krieg hat bei den Soldaten, die nach Hause zurückgekehrt sind, Nachwirkungen hinterlassen, die von moralischem Rigorismus bis zur existenziellen Enttäuschung reichen.

In den Kinos ist gerade ein Film mit dem Titel angelaufen: „Ist es denn leicht, jung zu sein?", in dem Jugendliche ihre Alltagsprobleme erörtern. Die Klagen ehemaliger Afghanistan-

Soldaten zeigen, dass diese sich völlig falsch verstanden fühlen. Sie meinen, dass ihre Erfahrungen abschätzig betrachtet werden, dass sie selbst immer wieder und immer noch als unreife Jugendliche gelten. Und das sind diese jungen Menschen in der Tat nicht mehr.

„Man hat Angst, man will ja noch leben", sagt einer in diesem Film, dessen Freund als Krüppel aus Kabul zurückkam. „Auch die Orden sind dann kein Trost. Ich tat nur, was sie forderten, ich bin kein Held." Ein anderer Heimkehrer sinniert düster: „Damals, vorher, habe ich gelebt, jetzt muss ich weiterleben. In der ersten Zeit habe ich Tag für Tag getrunken, um zu vergessen. Dann wurde ich Feuerwehrmann, da kann man auch nie wissen, wie es ausgeht."

Das Thema der Veränderung junger Sowjetbürger durch diesen Krieg hatte schon einmal Schlagzeilen gemacht, als sich ein Afghanistan-Rückkehrer zu einer Art Selbstjustiz bekannte - angesichts der gesellschaftlichen Mängel, die er nach dem Kriegserlebnis in seiner Heimat nicht mehr hinzunehmen gewillt war. Das Echo der Leser auf diesen Standpunkt zeigte, wie besorgt die Bevölkerung über solche Folgen des Afghanistan-Abenteuers ist. „Die Bereitschaft getötet zu werden und, falls nötig, selbst zu töten, ändert viel", schrieb der 24-jährige Georgij Derojan in einem Brief an die *Komsomolskaja Prawda* und fuhr fort: „Deshalb muss man darüber nachdenken, wie man die jungen Veteranen wieder vernünftig in die Gesellschaft integrieren kann."

Die Leserin Lena Rinejskaja stellte die rhetorisch-provozierende Frage, mit der sie den Sinn des ganzen Afghanistan-Abenteuers in Zweifel zog: „Sich zwischen Leben und Tod bewegen - ist das nicht ein zu hoher Preis, um sich selbst von allem Überholten zu befreien? Es muss dafür doch noch einen anderen Ausweg geben..."

MEDIEN UND KULTUR

DIE HEIMLICHEN VERFÜHRER
Verbotene Früchte als Zeichen des Wandels[83]

Die heimlichen Verführer der sowjetischen Gesellschaft kamen auf Videokassetten in das Land. Innerhalb weniger Jahre hat sich die Sucht nach Filmen aus dem Westen den ersten Platz unter den „verbotenen Früchten" erobert. Dabei spielt nicht einmal die Qualität der gewünschten Filme eine hervorragende Rolle. Es geht oft schlicht darum, dass man ausländische Produktionen, die in den heimischen Kinos nicht gezeigt werden, einfach gesehen haben muss. Am harmlosesten sind die normalen Kinofilme, die auch nach westlichen Maßstäben ohne Beschränkung der Öffentlichkeit zugänglich sind. So kann man beispielsweise amerikanische Filme auf dem Schwarzmarkt kaufen, die in der sowjetischen Grenzrepublik Estland direkt aus dem finnischen Fernsehen aufgenommen und mit russischen Untertiteln versehen wurden. Andere Kopien stammen von Videokassetten, die Auslandsreisende auf irgendeine Weise mit in das Land gebracht haben.

Die Preise klingen zunächst horrend. Die Leerkassette wird je nach Länge mit 50-80 Rubel gehandelt. Eine bespielte Kassette kann im Extremfall bis zu 300 Rubel kosten. Und wer bereits eine bespielte und eine leere Kassette in einem der inzwischen zahlreichen, aber illegalen Videostudios abgibt, muss für die Erstellung einer Zweitkopie immerhin noch 40-50 Rubel zahlen. Und dies bei einem durchschnittlichen Monatsgehalt von 220 Rubel. Der Staat versucht, diesem Geschäft entgegenzuwirken, indem seit geraumer Zeit Videotheken eröffnet wurden. Liebhaber können sich freilich nur eine geringe Auswahl von nicht-

---

[83] Die Verwestlichung auf dem Markt der Konsumgüter griff um sich und bereitete den Boden für den Wunsch nach mehr wirtschaftlichen Veränderungen. Erstveröffentlichung: Die verbotenen Früchte. In: Das Parlament, 5./12. September 1987.

sowjetischen Produktionen ausleihen. Gleichwohl hat sich nun eine indirekte Konkurrenz mit dem sowjetischen Filmverband entwickelt, der nach den jüngsten Reformen darum bemüht ist, möglichst viele ausländische Filme in die Kinos zu bringen, die früher teilweise auch aus Geldmangel nicht angekauft worden waren. Daneben spielt sich jedoch eine andere Entwicklung ab, die von den sowjetischen Behörden bis zu den ideologischen Wächtern der Partei mit großem Missbehagen verfolgt wird. Wenn nämlich ein Taxichauffeur in Moskau dem nächtlichen Fahrgast eine besondere Attraktion anbietet, die zehn Rubel Eintritt kostet, dann handelt es sich mit großer Wahrscheinlichkeit um eines der privaten Video-Kinos, in denen nicht gerade Kulturfilme mit dem Prädikat „wertvoll" gezeigt werden. Von Pornos bis Horrorfilmen ist inzwischen zumindest in der sowjetischen Hauptstadt alles auf dem Video-Untergrundmarkt vertreten, was gegen die Ideale der Sowjetgesellschaft verstößt. Aber nicht nur die zentralen Städte sind davon betroffen. Denn jüngst wurde in der turkmenischen Republikhauptstadt Aschchabad ein Mann verurteilt, weil er Sadismus und Gewalt propagiert hatte. Gegen Eintrittsgeld nämlich zeigte der Mann einen Videofilm westdeutscher Herkunft, in dem es um kannibalistische Sitten unter „zivilisierten" Menschen ging.

Solche Filme sind offensichtliche Verstöße gegen die sowjetische Zensur, die Aufrufe zur Gewalt, aber auch Kriegspropaganda und antisowjetische Propaganda verbietet. Heimliche Renner sind aber auch Streifen wie „White Nights" oder „Moskau am Hudson", in denen mit einem lachenden und einem weinenden Auge das Schicksal sowjetischer Emigranten in Amerika behandelt wird. Der ausländische Video-Markt hat derweil in der Sowjetunion ein solches Ausmaß angenommen, dass sogar Politbüro-Mitglied Ligatschow inzwischen gefordert hat, man müsse aus ideologischen Gründen den eigenen Videomarkt ausbauen. Denn obwohl die Rekorder der eigenen Produktion für sowjetische Verhältnisse mit umgerechnet rund fünftausend Mark fast unbezahlbar sind, lässt sich der Videoboom nicht mehr eindämmen. Wenn es um „verbotene Früchte" geht, so der Eindruck, dann spielt das Geld auch gar keine Rolle mehr.

Eine weitere Sucht ist ebenfalls mit hohem finanziellem Einsatz verbunden: Der Wunsch, sich möglichst westlich zu kleiden. Unter Sachkundigen gibt es sogar den Fachausdruck, jemand sei „firmeni" gekleidet, oder aber ein Mädchen sei eine wandelnde „firma", dann nämlich, wenn ihre modische Ausstattung überwiegend aus westlichen Textilien besteht. Das höchste Prestige scheinen dabei Schuhe zu genießen, gefolgt von der Oberbekleidung. Vor allem aber die kleinen Accessoires, vom Halstuch bis zur Swatch-Uhr gelten als Beweis einer Anbindung an den „wirklichen" Fortschritt.

Nächster Renner ist - offensichtlich ohne Unterschied von Alter und Ansehen - die westliche Rock- und Popmusik. Was früher meist durch ausländische Rundfunksender stimuliert wurde, erhält nun jedoch immer mehr offiziellen Zutritt zur sowjetischen Musikszene. Natürlich herrschen auf dem Schwarzmarkt für Originalschallplatten beispielsweise der amerikanischen Sängerin Whitney Houston oder der Sänger Michael Jackson und Prince immer noch Schwindel erregende Preise bis zur Höhe eines halben Monatsgehaltes. Andererseits hat hier die Musikkassette vieles kompensiert. So lässt sich nun die begehrte Musik um ein Vielfaches billiger vervielfältigen und verkaufen. Die sowjetischen Offiziellen haben jedoch schon seit längerem eine Gegenoffensive gestartet. Von besonders beliebten Gruppen wie der deutschen Musikgruppe Modern Talking werden im Lizenzverfahren Schallplatten mit Millionenauflage gepresst und erfolgreich verkauft. Daneben hat die Öffnung der Kulturpolitik auch viele bisher nicht-offizielle sowjetische Rockgruppen zutage gefördert, so dass die Jugendlichen mehr und mehr dazu übergehen, ihre eigene Musikszene zu entdecken.

Nur für einen eingeweihten und sprachkundigen Kreis von Sowjetbürgern ist es weiterhin attraktiv, sich Literatur aus dem westlichen Ausland zu besorgen. Hier gibt es, je nach Alter und Bildung, sehr unterschiedliche Bedürfnisse. Es kann durchaus sein, dass jemand sich tatsächlich aus rein belletristischen Gründen für Bücher in Originalsprachen interessiert, die in der Sowjetunion schlicht nicht zu kaufen sind, aber auch nicht auf einer Verbotsliste zu finden wären. Andererseits gibt es immer wieder

Nachfrage nach Literatur über die Geschehnisse der eigenen sowjetischen Geschichte, die weithin tabuisiert und nur im Ausland aufgearbeitet wird. Doch auch hier bahnt sich ein Wechsel an, der für das Selbstverständnis solcher Sowjetbürger ein entscheidender Durchbruch sein kann: Mit der Publizierung wichtiger Romane und Schilderungen über die Schrecken des Stalinismus entsteht jetzt eine Gelegenheit, dieses Informationsbedürfnis teilweise zu stillen. Aber auch eine andere Thematik hat unter der eingeweihten Leserschaft nicht an Attraktivität verloren, nämlich Spionageromane vom Autorentyp eines John le Carré. Dessen Buch „A perfect spy" gehört unter den so genannten informierten Kreisen gewissermaßen zur Pflichtlektüre, ohne deren Kenntnis man bei den hitzigen Diskussionen im gleich gesinnten Freundeskreis heillos verblasst.

Als letztes bleiben dann noch die kleinen Äußerlichkeiten zu nennen, die den Sowjetbürger mit Auslandsbeziehungen von dem einfachen Menschen auf der Straße unterscheiden. Das kann ein Stereo-Walkman japanischer Herkunft oder eine Halogen-Taschenlampe sein. Gelegentlich reicht auch das Firmenschild eines westlichen Herstellers. Und sowjetische Frauen vermögen auf den ersten Blick zu erkennen, welche Geschlechtsgenossin sich über Beziehungen das Makeup eines westlichen Produzenten besorgt hat, oder sie verstehen es wissend zu schnuppern, wenn sie an der Konkurrentin ein Parfüm entdecken, das schwerlich in einer heimischen Fabrik abgefüllt worden sein kann.

DAS THEATER ALS POLITISCHE BÜHNE
Perestrojka in der Kultur (I)[84]

Der kulturelle Aufbruch in der Sowjetunion ist ein Ereignis, das in seinen Ursprüngen zweifellos auf Moskau konzentriert ist. Dies gilt nicht nur, weil hier die meisten Film- und Theaterpremieren stattfinden und weil der Redaktionssitz der wichtigsten Zeitungen fast ausnahmslos in der sowjetischen Hauptstadt ist.

Entscheidend für die Durchsetzung neuer Ideen ist vielmehr die Überwindung bürokratischer und ideologischer Hemmnisse im ministeriellen und parteilichen Verwaltungsapparat der Kultur wie auch in den entsprechenden Berufsverbänden der Schriftsteller, Filmemacher, Künstler und Theaterleute. Bevor in der Praxis Veränderungen begonnen werden konnten, mussten zunächst radikale Personalentscheidungen, gerade in diesen Verbänden, durchgesetzt werden. Die Bücher, Filme oder Theaterstücke, die heute soviel Aufsehen erregen, sind nicht erst in der Zeit Gorbatschows entstanden. Das Verdienst der Perestrojka besteht zunächst einmal darin, dass endlich verborgene Schätze gehoben werden können. Es ist außerhalb des sowjetischen Kulturbetriebs schwer vorstellbar, warum hervorragende Filme jahrzehntelang im Archiv lagen, ehe sie jetzt öffentlich gezeigt werden. Oder warum Theaterstücke jahrelang geprobt, aber nicht öffentlich aufgeführt werden durften. Gemessen am heutigen Stand der kulturpolitischen und gesellschaftlichen Diskussion erscheinen Theaterstücke oder Filme, in denen etwa der jüdische Wunsch nach Auswanderung erörtert wird, vergleichsweise harmlos. Auch Streifen, die das lange tabuisierte Problem der sowjetischen Kriegsfreiwilligen, die für die Deutschen gearbeitet

---

[84] Als wichtigstes Merkmal für die neue Offenheit galt der Zugang zu der so genannten Schubladenliteratur, also der bislang verborgenen oder verbotenen Manuskripte, nun für die Publizierung oder die Inszenierung auf den zahlreichen Theaterbühnen des Landes zugänglich gemacht wurde. Erstveröffentlichung: Perestrojka in der Kultur. In: Moskauer Theatertage in München. München 1988, 4-5.

haben, aufgreifen, besitzen heute keine besondere Sprengkraft mehr. Die Zeit hat manche Tabuthemen längst überholt. So wirkt die nachträgliche Freigabe bislang verbotener Bücher oder Filme weniger dramatisch als es auf den ersten Blick den Anschein hat. Der Prozess der kulturellen Perestrojka drückt zunächst einmal das Bedürfnis aus, in den Taten dem tatsächlichen Entwicklungsstand der kulturellen Szene gleichzuziehen oder offensichtliche Fehler und Rückschritte wieder auszugleichen. Ein gutes Beispiel hierfür ist der 1960 gestorbene Schriftsteller Boris Pasternak. Seit seinem Tod vergeht kein Jahrestag, an dem sich seine Verehrer nicht zu Lesungen an seinem Grab treffen. Trotz der Hetzkampagne gegen diesen Autor, trotz seines Ausschlusses aus dem Schriftstellerverband konnte sein Ruf als Literat nicht geschmälert werden. Nun ist Pasternak postum wieder in den Schriftstellerverband aufgenommen worden. Seine Datscha soll endlich zu einem Museum umgestaltet werden. Der bislang verbotene Roman „Doktor Schiwago" wird für den Druck in der Sowjetunion vorbereitet. Diese Veröffentlichung wird für den anspruchsvollen russischen Leser freilich weniger ein literarisches Erlebnis vermitteln als vielmehr die Genugtuung, nicht länger von den eigenen Quellen abgeschnitten zu sein.

Das Theater spielt zweifellos eine wichtige Rolle in der Sowjetunion. Wer dort die kritische Aufarbeitung der eigenen Vergangenheit oder die Angriffe auf den unmoralischen Herrschaftsanspruch saturierter Parteibürokraten erlebt, der weiß, dass solche Aufführungen erst von offizieller Seite ihren Segen bekommen mussten. Neue Namen in der politischen Führung stehen beispielhaft für den engagierten Versuch, den Aufbruch in der kulturellen Szene als Motivationsträger für die gesellschaftliche und wirtschaftliche Perestrojka einzusetzen. Doch der normale Sowjetbürger bekommt solche spektakulären Ereignisse auf der Bühne oft nur aus zweiter Hand vermittelt. Theaterkarten sind für die begehrtesten Stücke schwer zu erhalten, und nicht selten bleiben interessante Inszenierungen auf die Großstadtbühnen in Moskau beschränkt.

Die Kluft zwischen dem Zentrum der Perestrojka und der Peripherie wird oft schmerzhaft spürbar. Deswegen kommt den

Massenmedien eine entscheidende Übermittlungsfunktion zu. So überraschte der Moderator einer populären Mitternachtssendung des sowjetischen Fernsehens seine Zuschauer mit einem offenen Gespräch über Unwahrheiten in der eigenen Geschichtsschreibung. Sein Gesprächspartner war der streitbare Historiker Jurij Afanasjew, der sich in der kritischen Betrachtung bisheriger Fehler am weitesten vorwagt. Auch das Verschweigen von Tatsachen, so lautete die Schlussfolgerung der beiden Gesprächspartner, sei eine Form von Lüge. Dann fuhr der Moderator fort, seit fast siebzig Jahren habe man in der Sowjetunion die kirchenmusikalische Komposition „Die Liturgie des Heiligen Chrysostomos" von Sergej Rachmaninow nicht mehr öffentlich aufgeführt. Es folgte ein Szenenwechsel, und das Fernsehen zeigte Aufnahmen von der ersten sowjetischen Schallplatteneinspielung dieser Liturgie in einer Moskauer Kirche. Die Rückbesinnung auf das kulturelle Erbe in der Sowjetunion spielt wohl die größte Rolle bei der Rehabilitierung der Exilliteratur wie auch der verfemten Literatur der nachrevolutionären Zeit. Ein russischer Durchschnittsbürger kannte bislang kaum den Namen Nikolaj Gumiljow. Man hatte Gumiljow, einen der begabtesten russischen Lyriker, geächtet, seit er 1921 als angeblicher Konterrevolutionär erschossen worden war. Jetzt feiert die sowjetische Presse seinen Namen als Symbol für die Größe der russischen Dichtkunst. Auch Josef Brodskij, Nobelpreisträger für Literatur, war seit seiner Exilierung 1972 in der Sowjetunion nicht mehr gedruckt worden. Nun bereitet die angesehene Literaturzeitschrift *Nowyj Mir* eine Veröffentlichung seiner wichtigsten Werke vor. Im Zuge der Perestrojka soll das kulturelle Erbe aus dem inneren wie äußeren Exil in die gesellschaftliche Gegenwart zurückgeholt werden. Dazu dienen auch Versuche, Malern und Bildhauern, die nicht offiziell anerkannt sind, Ausstellungsmöglichkeiten einzuräumen. Doch dieser Weg ist nicht geradlinig. Einige Künstler dürfen ausreisen und im Ausland ihre Werke zeigen, doch die sowjetischen Museen bleiben ihnen vorerst noch verschlossen. Wer sich jetzt engagiert, beruft sich gerne auf das Gorbatschow-Zitat, es dürfe in der Geschichte und in der Literatur weder vergessene Namen noch weiße Flecken geben.

Die schon erwähnte Rehabilitierung von Pasternak war nur ein erster Schritt. In einem Leserbrief an die Zeitschrift Ogonjok wurde sogar gefordert, diejenigen zur Rechenschaft zu ziehen, die vor 25 Jahren den Schriftsteller Wassilij Grossmann verfolgt und sämtliche Exemplare seines Romans über die Stalin-Zeit beschlagnahmt haben.

Über andere Autoren, die im Exil gestorben sind, soll nun ein Sammelband herausgegeben werden. Schriftsteller wie Wladimir Nabokow oder Jewgenij Samjatin werden damit geehrt. Samjatin hatte schon 1927 einen Roman mit dem Titel „My" („Wir") geschrieben, der erschreckend die Vision eines totalitären Staates aufzeigt, wie er dann in der Stalin-Zeit verwirklicht wurde. Wenige Jahre später musste Samjatin nach Paris emigrieren, wo er auch starb. Kultureller Aufbruch bedeutet also auch die Neubewertung der eigenen Vergangenheit. Ein antistalinistischer Film wie "Pokajanije" von Tengis Abuladse, der die Methoden der Diktatur so allegorisch verfremdet zeigt, dass Jugendliche achselzuckend das Kino verlassen, ist eben nur dann zu verstehen, wenn die historischen Daten von der eigenen Geschichtsschreibung nicht unterschlagen werden. Genau darauf zielt ein Historikerstreit in der Sowjetunion, der in seiner Polarisierung zwei Ansätze gegenüberstellt.

Auf der einen Seite plädieren engagierte Historiker dafür, die gesamte Geschichte der Sowjetunion unter Heranziehung bislang unveröffentlichter Quellen und Ereignisse neu zu bewerten. Auf der anderen Seite stehen jene Historiker, die mit scharfen Worten das bestehende Geschichtsbild der Sowjetunion verteidigen und ihre eigene „höfische" Geschichtsbetrachtung nicht durch so genannte Enthüllungen in den Schmutz ziehen lassen wollen.

Noch befinden sich viele Bereiche in einer Phase des vorsichtigen Experimentierens in eine Richtung, die es erlaubt, die Gesellschaft nicht mehr weitgehend mit einem administrativen Kulturverständnis zu betrachten. Die Kulturpolitik der Sowjetunion krankt an ihrer ideologischen Einengung. Diese Stufe soll nun überwunden werden, ohne dass damit schon klar wäre, welche Rolle die Ideologie in der weiteren Entwicklung der kulturellen Perestrojka spielen wird.

VERBORGENE KRÄFTE DER IDENTITÄT
Perestrojka in der Kultur (II)[85]

Die Aufbruchsstimmung in der Sowjetunion hat sich am schnellsten und am deutlichsten in den kulturellen Bereichen des Landes bemerkbar gemacht. Auf den Theaterbühnen wurden Stücke inszeniert, die lange verboten waren. Filme, die Jahrzehnte lang in den Archiven vergeblich auf eine Aufführungsgenehmigung warteten, kamen auf die Leinwand. Bücher in- und ausländischer Autoren, die auf dem Index standen, wurden gedruckt. Maler und Bildhauer, die aus dem Künstlerverband ausgeschlossen waren, konnten ihre Werke mit staatlicher Genehmigung auf Ausstellungen in westlichen Ländern präsentieren. Der Umschwung kam für viele überwältigend schnell und erzeugte Hoffnungen auf eine freiere Gestaltungsmöglichkeit innerhalb der sowjetischen Gesellschaft. Deshalb wurde die Intelligenz zu einem der tatkräftigsten Befürworter der neuen Politik und dadurch zu einer der wichtigsten Stützen für Gorbatschow.

Dabei nahm die kulturelle Revolution zunächst einen eher zögernden Verlauf. Unvermittelt berichtete die Wochenzeitung Moskowskije Nowosti über einen der hervorragendsten Lyriker der russischen Sprache, Nikolaj Gumiljow. Nur Fachleute wussten sofort die Ungeheuerlichkeit des Vorganges einzuschätzen. Denn Gumiljow war 1921 als Konterrevolutionär erschossen worden und seine Werke wurden seit seinem Tod in der Sowjetunion nicht mehr publiziert. Für die Öffentlichkeit spektakulärer war dagegen die Rehabilitierung von Boris Pasternak. Der verfemte Autor des revolutionskritischen Romans Dr. Shiwago wurde postum wieder in den Schriftstellerverband aufgenommen. Die engagierte Literaturzeitschrift *Nowyj Mir* druckte den Roman Anfang dieses Jahres in der Fassung der russischsprachi-

---

[85] Die Rückkehr der verfemten Dichter und Regisseure sowie die Enttabuisierung der Geschichte schaffte unter der russischen Intelligenzija die Identität einer Rückkehr zu alten Werten. Erstveröffentlichung: Perestrojka in der Kultur. Noch ist kein Ende für weitere Entwicklungen in der Sowjetunion in Sicht. In: Academia 5, 1988, 233-234.

gen Exilausgaben von 1957 nach. Auch das Requiem von der Lyrikerin Anna Achmatowa, eine eindringliche Mahnung an die Unmenschlichkeiten der Stalin-Zeit, verdankt seine Publizierung der neuen Politik. Diese Liste ließe sich weiter fortsetzen mit Schriftstellern, die nach ihrem Tod erst jetzt die verdiente Anerkennung in der sowjetischen Öffentlichkeit erhalten, obwohl die Literaturkenner diesen verfemten Dichtern nie ihren Respekt versagt hatten. Aber auch unter den lebenden Schriftstellern hat die Perestrojka Veränderungen bewirkt.

Der Roman Kinder des Arbat von Anatoli Rybakow, der ebenfalls die Schrecken der Stalin-Zeit anprangert, ist nach jahrzehntelangem Verbot nun publiziert worden. Exilschriftsteller werden zur Rückkehr eingeladen und ihre Werke dem sowjetischen Publikum vorgestellt. Eine Aufsehen erregende Rückkehr - wenigstens auf Zeit - feierte der Theaterregisseur Jurij Ljubimow. Durch sein kritisches Engagement in Ungnade gefallen, wurde er 1984 ausgebürgert, konnte aber vier Jahre später mit einem israelischen Pass zurückkehren und feiert an seinem alten Theater an der Taganka großartige Erfolge. Auch die kritische Beschreibung von der missglückten Erschaffung des neuen Menschen unter dem Titel Hundeherz von Michail Bulgakow wurde auf der Bühne in Moskau ein riesiger Erfolg. Erst mehr als vier Jahrzehnte, nachdem der Autor 1944 im Pariser Exil gestorben war, konnte dieses Stück inszeniert und auch als Erzählung gedruckt werden.

Neben solchen bewegenden Ereignissen, die mehr eine Art kultureller Vergangenheitsbewältigung sind, dient das Theater in der Perestrojka auch dazu, die Bevölkerung gegen Parteibürokratie und gesellschaftliche Missstände zu sensibilisieren. Unter dem Titel „Liebe Jelena Sergejewna" von Ludmila Rasumowskaja wird ein erschütterndes Bild einer verrohten Jugend gezeigt. Schüler treiben ihre Lehrerin in den Tod, weil diese aus Ehrgefühl nicht bereit ist, den Jugendlichen der Abschlussklasse beim Fälschen der Examensarbeiten zu helfen. In anderen Theaterstücken wird zum Widerstand gegen Parteifunktionäre aufgerufen, die ihre Positionen missbräuchlich als Erbhof zum eigenen Nutzen ansehen. Doch die meisten solcher Theaterstücke werden in der Hauptstadt Moskau aufgeführt. Die Karten dafür sind begehrt und können nie die Nachfrage decken. In der Provinz besteht gegenüber dieser kulturellen Perestrojka zuweilen aber noch manches Hemmnis. Deshalb wäre es falsch, die Aufbruchsstimmung des Moskauer Theaterlebens auf alle Städte der Sowjetunion zu übertragen.

Anders dagegen ist die Situation beim sowjetischen Film. Als Massenmedium ist der Film zugleich wichtiger Kulturträger für die Erneuerung. Auch hier sorgten zunächst ältere Streifen, die bis zu zwanzig Jahren verboten waren, für Aufsehen. Im Westen ist der Film „Der Kommissar" von Arkadi Askoldow bekannt geworden, der die Revolution nicht als glorreichen Feldzug, sondern als menschliche Tragödie schildert. An diesem Film zeigt sich, wie schleppend oft der Prozess der Perestrojka verlaufen kann. Obwohl der Streifen im Ausland als offizieller sowjetischer Wettbewerbsbeitrag in verschiedenen Ländern lief und mit Preisen überhäuft wurde, darf er in der Sowjetunion noch nicht öffentlich gezeigt werden. Auch andere, weitaus jüngere Filme, die eine sozialkritische Bestandsaufnahme liefern, wie „Die kleine Wera", sind bislang nur einem ausgewählten Spezialpublikum zugänglich. Gerade dieser Film zeigt die ausweglose Situation in einer sibirischen Industriestadt, in der die Erwachsenen sich dem Alkohol und der Verzweiflung überlassen und die Jugend ihre Idole aus der westlichen Rockszene bezieht.

In der Tat kommt gerade dem westlichen Musikeinfluss im kulturellen Verständnis eine große Bedeutung zu. Lange Zeit waren die sowjetischen Imitatoren solcher Musik aus den Konzertsälen verbannt. Schließlich gestanden die Vertreter der Perestrojka ein, dass man gegen kulturellen Einfluss keine Grenzen errichten könne. Inzwischen ist die Rockszene in der Sowjetunion nicht nur integriert. Deren neue Freiräume führen sogar zu einer Entwicklung, die früher vom Staat eher krampfhaft provoziert werden sollte. Denn in den neuen Freiräumen entwickelt sich eine eigenständige sowjetische Musikszene, die sich inzwischen von ihren westlichen Vorbildern wieder loslöst. Mit dieser Grunderkenntnis lässt sich die Bedeutung der Perestrojka für die Kultur ganz generell charakterisieren: Je mehr Verbote und Tabus gebrochen werden, umso mehr Zutrauen wird zu der eigenen gesellschaftlichen Fähigkeit entwickelt. Je mehr Exilliteratur offiziell auf den sowjetischen Markt kommt, umso weniger werden die Interessenten in die Grauzone von Schwarzhandel mit westlichen Editionen gezwungen. Und je offener die eigenen Massenmedien über frühere Tabuthemen berichten, umso geringer ist die Attraktivität ausländischer Rundfunksender.

Doch die Perestrojka in der Kultur führt über die eigenen Landesgrenzen hinaus. Maler, die man früher nicht öffentlich gezeigt hat, können nun in das Ausland fahren, dürfen ihre Bilder präsentieren, um anschließend problemlos in die Heimat zurückzukehren. Schließlich hat als eine Werbeaktion in Sachen kultureller Perestrojka das berühmte britische Auktionshaus Sotheby die erste Versteigerung sowjetischer Gegenwartsmalerei in Moskau praktiziert. Noch ist kein Ende für weitere Entwicklungen auf diesem Sektor abzusehen. Doch eine Warnung muss schon jetzt mit bedacht werden. Die für die Bevölkerung ebenso wichtige wirtschaftliche Perestrojka kann mit den stürmischen Ereignissen auf dem kulturellen Sektor nicht mithalten. Hier gilt es für die kommenden Jahre, dass die Kluft zwischen Absichtserklärung und Verwirklichung nicht zu groß wird. Denn darunter würden die gesamte Politik des Umbaus und damit auch die neue Freiheit in der Kultur erheblich leiden.

GLASNOST AUF DEM BILDSCHIRM
Perestrojka im Fernsehen[86]

Glasnost auf dem Bildschirm hat das Fernsehverhalten der Sowjetbürger entscheidend beeinflusst. Wer noch vor wenigen Jahren gegen neun Uhr abends in Moskau seine Freunde besuchte, konnte sich zu einem ungestörten Schwätzchen niederlassen. Die Tatsache, dass auf drei Kanälen gleichzeitig die routinierten und oft nichts sagende Texte der aktuellen Nachrichtensendung „Wremja" („Die Zeit") liefen, konnte niemanden beeindrucken. Dieses Bild hat sich geändert.

Jetzt schalten die Sowjetbürger den Fernseher nicht mehr in der Erwartung an, dass sie hören und sehen werden, was sie bereits zu wissen glauben, sondern Fernsehen hat einen Überraschungseffekt, der gleichzeitig auch eine politisierende Wirkung zeigt. Die Anteilnahme an den Auftritten von Parteichef Gorbatschow ist enorm. Seine Wirkung hängt mit zweierlei zusammen: erstens redet er - artikulatorisch und grammatisch - nicht in der unverständlichen Sprache eines Parteichinesisch. Zweitens neigt er zu spontanen Gesprächen mit der Bevölkerung, bei denen die wirkliche Stimmung im Land wiedergegeben wird.

Bei einem heftigen Wortwechsel mit der Bevölkerung von Krasnojarsk in Sibirien musste sich Gorbatschow Vorwürfe über die schlechte Versorgungslage anhören mit der Nachfrage: „Werden Sie das auch im Fernsehen zeigen oder herausschneiden?" Die Kritik der Bevölkerung wurde gesendet, samt dieser besorgten Nachfrage. Abgeschafft wurde unter Gorbatschow dagegen das alte Ritual, in den Nachrichtensendungen regelmäßig die gesamten Texte im Wortlaut verlesen zu lassen, die unter dem Namen des Parteichefs verbreitet werden. Der neue Stil

---

[86] Die sichtbarsten Erfolge erzielte die Reformpolitik auf dem Buchmarkt, der Theaterbühne und in den Medien. Das Fernsehen trug mit seinen Direktübertragungen politischer Diskussionen und den Erörterungen zur eignen Geschichte als Massenmedium maßgeblich zur Enttabuisierung bei. Erstveröffentlichung: Glasnost auf dem Bildschirm. Perestrojka im Sowjet-TV. In: Weiterbildung und Medien 6, 1988, 6-9.

beschränkt sich darauf, nachrichtlich zu erfassen, dass beispielsweise Gorbatschow ein Schreiben an diese oder jene Organisation gerichtet hat oder mit einer Rede aufgetreten ist. Dann folgt der Hinweis: „Der gesamte Wortlaut wird in der Presse veröffentlicht". Zwar ist „Wremja" auch heute noch nicht ganz frei von dem Verlautbarungsjournalismus, der über die Null-Nachricht von Abflug, Ankunft und Begrüßung politischer Besucher ausführliches Filmmaterial verbreitet.

Doch gleichzeitig bietet die Sendung Bilder von politischen Demonstrationen, Eisenbahnunglücken oder Erdbeben, die im eigenen Land stattfinden. Früher hatte es den Anschein, als seien alle Katastrophen dieser Welt nur einseitig auf die kapitalistischen Länder verteilt. So eigenartig es klingt: Auch durch die Schreckensmeldungen über das eigene Land hat das Fernsehen an Glaubwürdigkeit gewonnen. In der Redaktion von „Wremja" bemüht man sich um kritische Distanz gegenüber den oft betulichen Korrespondentenberichten aus der Provinz. Doch überlange Sequenzen von Mähdreschern und schwebenden Fertigbauteilen sowie vor gestanzte Antworten lokaler Parteigrößen zeigen, dass der Wandel in der Berichterstattung noch nicht landesweit verwirklicht ist.

Im Inland arbeiten für die Nachrichtenredaktion 150 Korrespondenten; dazu kommen 22 Auslandsbüros. Gerade die Berichterstattung aus kapitalistischen Ländern hat sich dabei am deutlichsten verändert. Nach einer heftigen Kritik in der Parteizeitung *Prawda* an der klischeehaften Sichtweise mancher Korrespondenten begann das sowjetische Fernsehen verstärkt, über vermeintlich positive Seiten im Kapitalismus zu berichten. Meist handelt es sich dabei um Filme, die den höheren Konsumstandard oder den Dienstleistungsbereich als vorbildlich darstellen. Ein besonderer Glücksgriff ist dem sowjetischen Fernsehen mit seinem Korrespondenten in der Bundesrepublik, Wladimir Kondratjew, gelungen, der es versteht, in sachlicher Distanz eine objektive Darstellung vom Leben in seinem Gastland zu geben, ohne in Klischees zu verfallen. Damit weckt er positive Neugierde bei den Sowjetbürgern, die ohnehin großes Interesse an der Bundesrepublik haben. Für einen Betrachter von außen ist es zuweilen allerdings schon merkwürdig, wenn man auf dem sowjetischen Bildschirm mit dem Lobgesang auf westliche Schnellimbissketten, funktionierende Postdienste oder den hervorragenden Reparaturservice für Autos konfrontiert wird. Eine wichtige Sendung, die sich auch bemüht, das Leben im Ausland politisch einzuordnen, ist „Meshdunarodnaja Panorama" („Internationales Panorama"), ähnlich dem Weltspiegel der ARD oder dem Auslandsjournal des ZDF. Hier macht sich die neue Sicht auf die kapitalistischen Länder besonders wohltuend bemerkbar.

Aufregender jedoch sind für Sowjetbürger solche Sendungen, die in der Zeit der Perestrojka völlig neu gegründet wurden. Etwa einmal monatlich wird „Do i posle polunotschi" („Vor und nach Mitternacht") ausgestrahlt, ein Fernsehmagazin, das aus gebauten Beiträgen, Live-Schaltungen und Interviews besteht. Die Sendung beginnt kurz vor Mitternacht und dauert etwa zwei Stunden. Das ist bereits die erste Ungewöhnlichkeit. Denn früher endete das sowjetische Fernsehprogramm nach den Spätnachrichten meist gegen 23 Uhr. Die zweite Ungewöhnlichkeit ist die Brisanz der Themen, die in dieser Sendung behandelt werden. Das Hauptverdienst liegt bei Moderator Wladimir Moltschanow, der als einer der unbestechlichsten Interviewer seinen Gesprächspartnern keine Ausflüchte durchgehen lässt.

Einen hochrangigen Vertreter der sowjetischen Zensurbehörde lässt er berichten, warum jetzt verbotene Bücher freigegeben werden. Doch gleichzeitig zwingt er denselben Mann zu einer Stellungnahme, wie er seine jahrelange Arbeit, nämlich das Verbot von Büchern zu prüfen und zu befürworten, mit seinem Gewissen vereinbaren konnte. In dieser Sendung kommen Historiker zu Wort, die sich im Gegensatz zu vielen Kollegen für eine radikale Vergangenheitsbewältigung aussprechen und sich auch nicht scheuen, die Millionen Todesopfer der Stalinzeit zu nennen, über die immer noch von vielen so schamhaft geschwiegen wird. Dem Moderator Moltschanow kommt auch das Verdienst zu, AIDS sachlich thematisiert zu haben. Einen Arzt ließ er über die erste Initiative für Reihenuntersuchungen in Moskau berichten, und dies zu einem Zeitpunkt, als man in der Sowjetunion die Krankheit noch tabuisierte und eine mögliche Gefährdung durch AIDS leugnete.

Eine weitere Nachtsendung namens „Wsgljad" („Der Blick") hat viele ähnliche Elemente, richtet sich aber vornehmlich an die junge Generation. Per Telefon kann sich der Zuschauer an die Moderatoren oder Studiogäste wenden. Brisante Themen sind die Regel, von sozialer Ungerechtigkeit bis zum Umweltschutz. Als unterhaltende Einlage dienen Videoclips - häufig von westlichen Rockgruppen; Reportagen über Alltagskriminalität werden ergänzt durch eigene Recherchen im Bereich der landesweiten Korruption. Eine eher zweifelhafte Premiere war ein Filmbericht mit drastischem Fotomaterial von der Ermordung einer Mitarbeiterin der Staatsanwaltschaft, die in Zentralasien im Auftrag eines herrschenden Familienclans umgebracht worden war.

Obwohl „Wsgljad" alle zwei Wochen zwischen 23 Uhr und Ein Uhr nachts ausgestrahlt wird, muss die Zuschauerbeteiligung enorm hoch sein. Denn „Wsgljad" ist regelmäßig Gesprächsthema des nächsten Tages. Als Experiment ist eine weitere Nachtsendung unter dem Titel „Montash" („Montage") gestartet worden, ebenfalls ein Fernsehmagazin eher für die junge Generation, das mit Satire und Rock die eigene Gesellschaft glossiert.

Die neuen Nachtprogramme werden durch ein zusätzliches Frühprogramm unter dem Titel „120 Minuten" ergänzt, das ab 6.30 Uhr früh als Fernsehmagazin aktuelle Reportagen, Nachrichten und eine Aerobic-Show anbietet. Damit bleibt besonders am Wochenende nur noch eine Programmpause von knapp fünf Stunden übrig - gegenüber etwa zehn Stunden vor der Perestrojka. Eine vertiefte Auseinandersetzung mit Unzulänglichkeiten innerhalb der Sowjetunion betreibt die Sendung „Problemy, Poiski, Reschenija" („Probleme, Nachforschungen, Lösungen") mit dem Moderator Wosnessenski, der sich bei Vortragsreisen im Westen auch schon als Mr. Glasnost vorstellen ließ.

Die Sendung ist stets einem bestimmten Thema gewidmet, das in der Zeit der Perestrojka eine besondere Rolle spielt. Das ist zum Beispiel die Reform des politischen Systems oder die neue Rolle der Soziologie, die nun mit dem bislang ungewohnten Konzept von wissenschaftlich betreuten Meinungsumfragen arbeiten soll. Fachleute aus der Regierung, Wissenschaftler und

Betroffene diskutieren live am runden Tisch, während die Zuschauer über mehrere Telefonleitungen ebenfalls live ihre Fragen stellen können. Mit dieser bewusst gewählten Zuschauerbeteiligung ist ein Prozess in Gang gesetzt, der den Sowjetbürgern, auch wenn sie selbst nicht zum Telefon greifen, das Gefühl vermittelt, man kann den Verlauf in den Medien mitgestalten. Der früheren Ohnmacht, jeden Schwachsinn ohne Einspruchsmöglichkeit über sich ergehen lassen zu müssen, steht nun das Modell von Zuschauerbeteiligung gegenüber.

Neben der zahlreichen Hörer- und Zuschauerpost hatte das sowjetische Fernsehen auch über die wöchentliche Programmzeitung „Goworit i Pokasywajet Moskwa" („Moskau spricht und zeigt") versuchsweise Meinungsforschung betrieben. Es ging dabei um die Bewertung eines ungewöhnlichen Experimentes. In der Silvesternacht vor zwei Jahren nämlich hatte das staatliche Fernsehen auf zwei Fernsehkanälen musikalische Unterhaltung angeboten, wahlweise Klassik oder Rock und Pop. Dabei wurde erstmals der Versuch unternommen, etwa die Hälfte der Sendungen mit westlichen Interpreten zu gestalten.

Im Bereich der klassischen Musik wurde das von den Zuschauern noch akzeptiert. Im Bereich der leichten Musik dagegen lehnte die Mehrheit der sowjetischen Zuschauer diesen Proporz ab. Man fühlte sich plötzlich von einer „Westlerwelle" überrollt und forderte mehr einheimische Folklore. Im Jahr danach wurde auf diesen Proporz verzichtet und wieder überwiegend einheimische Musik in das Silvesterprogramm aufgenommen. Dieser Vorgang zeigt, dass Publikumsreaktionen - und zwar nicht nur die positiven - im Fernsehprogramm aufgefangen werden müssen. Leonid Krawtschenko, Erster stellvertretender Rundfunk- und Fernsehchef der Sowjetunion, bekam gerade zu Beginn der TV-Perestrojka den Unmut nicht nur von Seiten des Publikums, sondern auch von Seiten der Behörden und Ministerien zu spüren.

Eine kritische Jugendsendung, „Dwenadzatjy etash" („Die zwölfte Etage"), war mehrfach Anlass für direkte Interventionen, die der engagierte Fernsehmann abzuwehren wusste. In dieser Sendung führen Jugendliche in der 12. Etage des Funkhauses

Ostankino in Moskau einen freimütigen Dialog über Drogen und Aussteigertum, über den sinnlosen Tod gleichaltriger Freunde in Afghanistan oder über das ungeliebte Engagement bei den Komsomolzen. Auch hier spielt das Live-Element eine große Rolle, so dass Regisseur und Aufnahmeleiter schon oft ihre liebe Mühe hatten, den ungestümen Verlauf der Diskussion einigermaßen sicher im Bild festzuhalten. Diese Sendung konnte sich stets des Protestes der älteren Generation sicher sein. Leonid Krawtschenko, der als Perestrojka-Mann aus der Chefredaktion der Gewerkschaftszeitung Trud zum staatlichen Komitee für Rundfunk und Fernsehen überwechselte, war dafür mitverantwortlich, dass vor drei Jahren innerhalb weniger Monate ein Viertel des Programms völlig umgekrempelt wurde.

Zwei Drittel des Programms wurden zusätzlich mit neuen Elementen belebt. Die Technik der Computergraphik, eingekauft bei den Japanern, gibt jetzt dem vormals eher betulichen Bildschirmlayout einen modernen Anstrich. Die inhaltliche Problematik neuer Sendungen wurde gezielt auf Zuschauerbedürfnisse abgestimmt, die sich aus dem alltäglichen Leben der Sowjetunion ergeben, aber bislang mehrheitlich von den Massenmedien unterschlagen worden waren. Das Ziel dieser Reform hieß, die sowjetische Gesellschaft so darzustellen, wie sie wirklich ist und nicht, wie sie einem Idealtyp entspricht. In einer Zwischenbilanz antwortete Leonid Krawtschenko nach den ersten erfolgreichen Umbauten auf die Frage, was denn nach Ansicht der Fernsehmacher die Leute am meisten bewegt:

„Wir haben jetzt eine Skala von Prioritäten. Auf dem ersten Platz steht das Wohnungsproblem. An zweiter Stelle folgen Fragen von Arbeitsorganisation mit dem Lohn- und Prämiensystem. Dann folgt - was einem Außenstehenden etwas merkwürdig vorkommen mag - die Rentenfrage und schließlich die medizinische Versorgung und die Lage des Gesundheitswesens sowie die Fragen des öffentlichen Verkehrs in den Städten". Damit sind gleichzeitig die sozial brisantesten Probleme genannt, die für eine wirksame Zuschauerbindung an die einschlägigen Programme sorgen. Nachdem die Sowjetbürger einen Reflex ihrer eigenen Probleme im Fernsehen und auch im Radio wiedererkannten, schwoll die Flut der Hörer- und Zuschauerpost enorm an - auf fast eine halbe Million im vergangenen Jahr. In einer regelmäßigen Sendung geht das Fernsehen jetzt vielen Einzelproblemen nach.

Unmittelbar im Anschluss an die abendliche Nachrichtensendung „Wremja" folgt zehn Minuten lang die Sendung „Proshektor Perestrojki" („Brennpunkt der Perestrojka"), die sich mit jeweils einem Missstand beschäftigt: Käuferschlangen vor einem Geschäft werden über unnötige Versorgungsmängel interviewt, die zuständige Handelsorganisation um Stellungnahme gebeten. Oder es geht um das Problem, dass es kaum Bücher zu kaufen gibt: die Kamera entdeckt tausende von verschimmelten Exemplaren in einem feuchten Keller, während die Menschen in den Buchhandlungen seit Monaten vergeblich auf den Verkauf dieser ersehnten Literatur warten. Auch Missstände im Umweltschutz, schon früh Gegenstand sehr kritischer Betrachtung, werden immer wieder angemahnt. Doch der Kontakt zum Zuschauer bleibt nicht auf die innergesellschaftliche Sicht beschränkt. Neu eingeführt wurde die Teilnahme von ausländischen Politikern, Wissenschaftlern, Korrespondenten oder Managern - meist aus kapitalistischen Ländern - an Fernsehdiskussionen.

Mit so genannten Telebrücken beteiligt das Fernsehen die Sowjetbürger auch direkt am Geschehen im Ausland. Diese sehr populären Sendungen bauen auf dem einfachen Prinzip auf, dass Menschen verschiedener Länder in ihrer üblichen Umgebung und in ihrer jeweiligen Muttersprache mit Sowjetbürgern diskutieren können.

Damit wird ein größtmögliches Maß an Selbstvertrauen in der Diskussion erreicht. Japaner in Tokio mit einem japanischen Moderator sehen auf einem großen Bildschirm ihre sowjetischen Gesprächspartner und kommunizieren mit Hilfe eines Simultandolmetschers. Auch Amerikaner, Westdeutsche und Briten haben an solchen Telebrücken teilgenommen. Ergänzt werden diese Sendungen durch Filmeinspielungen, in denen das jeweilige Gastland aus der Sicht eines sowjetischen und eines einheimischen Journalisten vorgestellt wird. Tabuthemen gibt es nicht. Die Konfrontation mit Vorurteilen ist erwünscht, um innerhalb

der Sendung dagegen argumentieren zu könne. Auf diese Weise
erleben Millionen von Sowjetbürgern, dass Perestrojka auf dem
Bildschirm auch eine Öffnung gegenüber dem Ausland bedeutet.

RÜCKKEHR DER GESCHICHTE

"DER FASCHIST FLOG VORÜBER"
Der 40. Jahrestag vom Ende des Großen Vaterländischen Krieges[87]

Im alten Moskauer Zirkus verkünden schallende Fanfarenstöße den Beginn der Vorstellung. Erwartungsvolles Raunen geht durch das Publikum, zur Hälfte Kinder im Grundschulalter und noch jünger. Doch statt des gewohnten Aufmarsches von Artisten und Akrobaten, von Clowns und Muskelmännern dröhnt eine Lautsprecherstimme durch den Raum:

„Dem 40. Jahrestag des großen Sieges, dem sowjetischen Volk, das seine Freiheit und Unabhängigkeit behauptet hat, widmen wir diese Vorstellung. Es lebe der Frieden, der im Großen Vaterländischen Krieg erkämpft wurde!" Währenddessen flattern rote Fahnen unter der Zirkuskuppel. Es folgt ein Film, der als Drei-Minuten-Spot eine schnell wechselnde Bildfolge zeigt: den Rauchpilz einer Atomexplosion, weinende Kinder, Straßendemonstrationen in Westeuropa, klagende Palästinenserinnen, Raketen, Kampfflugzeuge, Moskauer Friedensmarschierer, eine Unterwasserexplosion, die weiße Friedenstaube auf der Weltkugel, schließlich strahlende Augen in einem lachenden Mädchengesicht.

Ob eine Theateraufführung in Kiew oder eine Ausstellung von Laienkünstlern in Nowosibirsk, ob ein Jugendsportfest in Alma Ata oder ein Filmfestival in Moskau - alles ist der Erinnerung an jenen Tag gewidmet, der - nach der Oktoberrevolution -

---

[87] Der Krieg gegen den deutschen Faschismus spielt bis heute – auch nach dem Zusammenbruch der Sowjetunion - eine Sonderrolle im Geschichtsbild und dem Selbstverständnis des Landes. Kein anderes historisches Ereignis wird so ausführlich in der Öffentlichkeit gefeiert wie das Ende des Zweiten Weltkrieges. Erstveröffentlichung: *Der Faschist flog vorüber". Wie Russland den 40. Jahrestag vom Ende des Großen Vaterländischen Krieg feierte.* In: DIE ZEIT, Nr. 16, 12. April 1985.

als zweitwichtigstes Ereignis in der Geschichtsschreibung der Sowjetmacht gilt. Wer jedoch unter dem Datum 8. Mai auf dem Kalenderblatt sucht, findet dort nur die Abbildung einer Kolchose und im Kleindruck den Hinweis, dass vor vierzig Jahren das deutsche Volk und die Tschechoslowakei vom Faschismus befreit wurden, mehr nicht.

Erst einen Tag später, am 9. Mai, feiert die Sowjetunion den Sieg. In revolutionärem Rot strahlt die ordensgeschmückte Brust eines Sowjetarmisten vom Abreißkalender. Hinter ihm leuchtet das Freudenfeuerwerk. Davor brennt die ewige Flamme am Grabmal des Unbekannten Soldaten. Die heldenhafte Pose des Sieges wird millionenfach kopiert. Die historische Kriegsberichterstattung der Regierungszeitung *Iswestija* ist markiert von dem Bildnis jenes Sowjetsoldaten, der die Rote Fahne auf dem Berliner Reichstag hisste. Dazu die Serienüberschrift: „Wie wir zum Sieg schritten." In der deutschsprachigen Tageszeitung Freundschaft berichtet der Sowjetsoldat Adolf Streicher über seine Kampferlebnisse, und das Moskauer Abendblatt nutzt das Porträt eines das Gewehr schwenkenden Soldaten als Erkennungszeichen für die Wettbewerbsserie „40 Jahre großer Sieg - 40 aktive Arbeitswochen". Gefordert werden Bestleistungen zum Gedenken an den Sieg.

Schon fast ein Jahr vor dem wichtigen Datum hatte das Zentralkomitee der Partei den Startschuss gegeben. Rundfunk, Fernsehen, Film, Plakat- und Buchverlage, Kultur- und Sportministerien, Veteranenverbände und Jugendorganisationen bekamen ihre Aufgaben zugewiesen. Auf diese Weise ist auch eine deutsche Kopie des zweiteiligen Filmes „Pobjeda" („Der Sieg") hergestellt worden, der in 1.300 sowjetischen Kinos Premiere feierte. Fast drei Stunden müssen die Zuschauer dieses Spektakel aus Dokumentar- und Spielszenen aushalten. Der Film, nach einem Roman von Alexander Tschakowskij, soll beweisen, dass schon auf der Potsdamer Konferenz die Westmächte mit der Verfälschung der Geschichte und mit einer Politik der Stärke begonnen haben, die zum Kalten Krieg führte. In einer Rahmenhandlung treten ein sowjetischer und ein amerikanischer Reporter auf, die sich bei Kriegsende in Deutschland kennen lernen und auf der Helsinki-Konferenz 1975 wieder treffen. Die Entwicklung zwischen den beiden Ereignissen hat dem sowjetischen Kollegen, der stets mit Schlips und Kragen und mit akkurat gebürstetem Haar auftritt, Recht gegeben. Er und sein System sind dem Amerikaner überlegen, der als Gegenstück natürlich einen schief sitzenden Jeansanzug trägt, ungekämmte Haare hat und in der Schlussszene mit flehentlich weinendem Blick seinen moralischen Tiefstand beklagt: Arbeitslosigkeit und soziale Verzweiflung haben ihn zu einem Handlanger der Kalten Krieger gemacht. Interessanter als solche Klischees sind die historischen Bezüge in eigener Sache. Stalin spielt nämlich eine Hauptrolle in dieser Feierpropaganda.

Der Diktator tritt als listiger Verhandlungspartner auf, der dem „schlangenhaften Widerling" Churchill und dem „machtbesessenen" Truman in Potsdam mit Humor und Härte begegnet und dabei als Hauptziel das Wohlergehen vor allem Polens im Auge hat. Die Darstellung des britischen Premiers und des amerikanischen Präsidenten bewegt sich dagegen in verdächtiger Nähe zur Verunglimpfung. Das Erstaunliche an diesem Film: die Deutschen existieren nur als gute Nachkriegskommunisten oder als Opfer amerikanischer Besatzer, die zwei Besucher im eroberten Berlin durch ihre Militärpolizei aus einem Restaurant werfen lassen. Kommentar des sowjetischen Kriegsjournalisten: „Während ihr so mit den Deutschen umgeht, hat Marschall Shukow bereits antifaschistische Parteien und Gewerkschaften in der Sowjetzone zugelassen."

Bewegung kam in das ausgewählte Publikum bei einer Probevorführung, als neben Stalin noch sein damaliger Außenministers Molotow und der junge Berater und heutige Außenminister Gromyko auftauchten. Jewgenij Matwjejew, der Regisseur des Films, hatte vorher an sämtliche Theater Briefe mit historischen Fotos der Betroffenen verschickt, um geeignete Schauspieler für seine Rollen zu finden. Für Gromyko konnte er einen verblüffend ähnlichen Doppelgänger präsentieren, der auch noch Bemerkenswertes zu sagen hat. Im Vorspann und gegen Ende des Films bekam auch Altbundeskanzler Schmidt eine kleine Rolle zugewiesen. Originalaufnahmen zeigen ihn bei der Helsinki-

Konferenz zusammen mit dem SED-Chef Honecker. Kriegsschuldfrage, Naziverbrechen oder gar Revanchismusvorwürfe gegen die Bundesrepublik sind ausgespart.

Selbst die große Kunstausstellung zum Siegestag in Moskaus zentraler Ausstellungshalle, der Manege, unweit vom Roten Platz verzichtet auf martialische Kriegsszenen. Der Oberbefehlshaber, wie Stalin heute meist in der Öffentlichkeit genannt wird, bekam nur einen bescheidenen Seitenplatz: eine beinahe unauffällige Gipsbüste, die nur einen vereinsamten Stern auf der Brust trägt, der Stalin als Held der Sowjetunion kennzeichnet. Schulkinder, die mit ihrer Lehrerin gekommen sind, toben durch den Saal. Sie sind von einer Nebensächlichkeit fasziniert: einem Automodell, das von Revolutionären besetzt ist.

Das ergreifendste Bild kennen sie längst aus ihrem Schulbuch: Ein kleiner Junge, von einer Bombe getötet, liest mit blutigem Kopf im Gras. Daneben bellt sein erschreckter Hund. Früher hieß dieses Plastow-Gemälde „Der Deutsche flog vorüber". Es ist inzwischen umbenannt. Jetzt steht auf dem Bilderrahmen: „Der Faschist flog vorüber".

Es hängen dort aber noch andere aktuelle Bilder. Unvermutet sieht man afghanische Mudschaheddin, die ihre Waffen vor dem sowjetischen Besatzer niederlegen. Porträts würdigen die Afghanistan-Kämpfer der Sowjetarmee. Ein Buch mit historischen Kriegsplakaten, das gerade in den Buchläden zum Verkauf ausgelegt wurde, findet ebenfalls Anschluss an die Gegenwart. Nach Aufrufen zur Verteidigung der Heimat und Karikaturen von Hitler und der Deutschen Wehrmacht schließt eine ausgemergelte Figur mit Texaner Hut den Bildband ab. In den Händen hält der Mann eine Atombombe, mit der er die Weltkugel bedroht. Ein Dokument mit der Aufschrift Entspannungspolitik ist in der Mitte zerrissen. Doch der zornentbrannte Globus schleudert dem Bedroher in Form eines Blitzes das Wort „Frieden" entgegen. Mit ihrer Propaganda zum Siegestag will die Sowjetunion den Zusammenhang zu einem anderen Ereignis herstellen: Im Sommer findet in Moskau das zwölfte Weltjugendfestival statt, das für Schüler und Studenten attraktiver ist als Kriegserzählungen alter Veteranen. In Kindergärten und Schulen werden zwar in diesen Tagen auch Leistungs- und Liederwettbewerbe abgehalten; für den 9. Mai ist sogar eine besondere Unterrichtsstunde dem heldenhaften Gedenken gewidmet. Doch wirkliche Betroffenheit lässt sich unter der Jugend kaum ausmachen.

Die Kriegsereignisse liegen auch für die jungen Menschen in der Sowjetunion zu weit zurück. Eher noch sind die Souvenirsammler von der neuen Abzeichenkollektion fasziniert, die zum 40. Jahrestag aufgelegt wurde. Diese „snatschki" sind eine Besonderheit in der Sowjetunion. Sie werden ebenso gerne gesammelt und getragen wie richtige Orden. Für umgerechnet etwa fünfzehn Mark halten die Kaufhäuser eine neue Serie bereit, die den Ruhm aller Waffengattungen, des sowjetischen Siegervolkes, der Eisenbahner und der KGB Grenztruppen verherrlichen. Andere „snatschki" zeigen phantasievolle Gebilde, wehende Fahnen, Spruchbänder, Sowjetsterne und Kriegsdenkmäler im Kleinformat mit den denkwürdigen Jahreszahlen „1945-1985". Neuerungen auf dem beliebten Postkartenmarkt halten sich dagegen in Grenzen.

Wer will, kann auf die alljährlichen Bildkarten zum 9. Mai zurückgreifen. Zur Ergänzung ist gerade ein Klappgemälde im Kleinformat erschienen. In kantigen Zügen ist darauf das kämpfende und arbeitende Sowjetvolk abgebildet, dem ein Soldat voranschreitet, Auflage: 1,3 Millionen. Schließlich wird noch ein singender Kartengruß vertrieben. In dem Kuvert liegt eine papierdünne Schallplatte mit dem populärsten Siegeslied des Textdichters Tuchmanow und des Komponisten Charitonow.

Für die Veteranen und kriegsgeschädigten Familien zählen jedoch vierzig Jahre nach dem Sieg neben ideeller Anerkennung auch handfeste Privilegien. Erstmals in der Nachkriegsgeschichte werden ehemaligen Soldaten nicht nur Gedächtnismedaillen, sondern Kriegsorden verliehen. Je nach militärischem Rang steigen nun wieder die Renten, Höchstzahlung monatlich umgerechnet etwa 550 Mark[88]. Das ist für die Sowjetunion ein geradezu fürstliches Ruhegeld. Das Recht auf mehr Wohnraum, verbilligte oder gar kostenfreie Medikamente führte in den Leser-

---

[88] Das wären heute ca. 280 Euro

briefspalten bereits zu besorgten Anfragen, wer denn nun wirklich noch zu den Kriegsteilnehmern zähle und also in den Genuss dieser Privilegien komme. Die Regierungszeitung *Iswestija* konnte aufgebrachte Leser beruhigen: Selbst wer nur einen Tag als Soldat an der Front im Einsatz war, darf sich als Veteran bezeichnen.

STALINISMUS UND FASCHISMUS
Ein allegorischer Film zieht einen gewagten Vergleich[89]

Immer wieder drehen sowjetische Regisseure Filme, die dann nur einem Kreis von Eingeweihten zugänglich gemacht werden. Der neueste Fall ist "Pokajanije" (Die Buße), ein künstlerisch ungewöhnliches und politisch brisantes Werk des mit vielen internationalen Preisen ausgezeichneten Regisseurs Tengis Abuladse. "Pokajanije" konnte bislang nicht öffentlich in der Sowjetunion gezeigt werden, weil der Film sich auf sehr unkonventionelle Weise mit dem Stalinismus auseinandersetzt und stalinistische Verbrechen mit den Schrecken des Faschismus gleichsetzt. Damit verletzt der Film ein jahrzehntelang gepflegtes Tabu: Ein verdientes Parteimitglied in der sowjetischen Kaukasusrepublik Georgien stirbt im Alter von 78 Jahren.

Die Zeitung veröffentlicht den üblichen, formelhaften Nachruf auf den vorbildlichen Sohn des Volkes. Eine Frau mittleren Alters entdeckt das Foto des Toten im Parteiblatt und scheint sich nur beiläufig für sein Ableben zu interessieren. Doch nach der Beerdigung wird der Leichnam von Unbekannten wieder ausgegraben und im Garten der Hinterbliebenen aufgestellt. Hundegebell verrät den makabren Fund. Trotz Sicherheitsmaßnahmen auf dem Friedhof wiederholt sich das erschreckende Schauspiel noch zweimal. Daraufhin halten bewaffnete Freunde und Verwandte des Toten Wache an seinem Grab und entlarven den Täter. Es ist jene Frau, die zufällig die Todesnachricht in der Zeitung gelesen hatte. Im Getümmel ihrer Festnahme wird sie auf dem nächtlichen Friedhof vom empörten Enkel des Verstor-

---

89 In der Sowjetunion wurde jede Gleichsetzung zwischen Stalinismus und Faschismus vermieden. Der Film des georgischen Regisseurs Tengis Abuladse, der sich an dieses Tabu wagte, lag jahrelang unter Verschluss in den Filmarchiven, bis er im Rahmen der Perestrojka zunächst gezielt einigen westlichen Journalisten vorgeführt wurde, bevor er dann in den sowjetischen Kinos gezeigt werden konnte. Erstveröffentlichung: Die Buße eines Toten. Erstmals zieht ein sowjetischer Film Parallelen zwischen Stalinismus und Faschismus. In: DIE ZEIT, Nr. 43, 17. Oktober 1986.

benen angeschossen. Vor Gericht gestellt, erzählt sie ihre Lebensgeschichte, um damit die Tat zu begründen: Der Verstorbene, so stellt sich in einer filmischen Rückblende heraus, hat als Bürgermeister des georgischen Städtchens Einwohner mit menschenverachtendem Zynismus verfolgen und in Lagern verschwinden lassen. Zu seinen Opfern gehörten auch die Eltern der Angeklagten, deren Vater sich, nach Auffassung der damals Herrschenden, als Maler des „Individualismus" schuldig gemacht hat.

Der georgische Regisseur Tengis Abuladse, 62 Jahre alt, zieht zwei bedrückende Parallelen in seinem Film: Erstens erinnert sein negativer Held mit kurz geschorenem Haar und Zwicker auf der Nase an den Geheimdienstchef der Stalin-Zeit, Lawrentij Berija, der seine politische Karriere mit der Unterdrückung der Kaukasus-Völker begann und stellvertretend für den Georgier Stalin dessen grausame Herrschaft repräsentiert. Zweitens ist der Schreibtischtäter im Dienst der Partei mit den Attributen damaliger faschistischer Führer ausgestattet: schwarzes Hemd, schwarze Hose, Stiefel und Lederhalfter in Anspielung auf Mussolini, im Gesicht ein sauber rasiertes Hitlerbärtchen. Der blutrünstige Parteigenosse weiß sich gegenüber seinen späteren Opfern als Biedermann zu geben, singt italienische Arien und rezitiert Shakespeare. Auf dem Höhepunkt seiner Macht preist im Vorzimmer seine Sekretärin die neue Zeit mit der deutsch gesungenen Ode „Freude schöner Götterfunken".

Tengis Abuladse verzichtet auf realistische Schreckensdarstellungen der stalinistischen Arbeitslager. Stattdessen zeigt er verzweifelte Frauen, die zwischen frisch geschlagenen Baumstämmen umherirren, um auf den Schnittseiten nach eingeritzten Lebenszeichen ihrer verschwundenen Männer aus den Arbeitslagern zu suchen. Mit bedrückender Deutlichkeit lässt der Regisseur als Zeichen der Hoffnungslosigkeit die Baumstämme von einer Sägemaschine zu Kleinholz verarbeiten. Die Angeklagte erlebt als kleines Mädchen Schrecken und Unterdrückung jener Zeit bewusst mit. Schließlich wird sie nach der Verhaftung ihres Vaters auch noch gewaltsam von ihrer Mutter getrennt und später bekennt sie den Richtern: „In diesem Moment habe ich aufgehört, ich selbst zu sein." Eine Metapher für die Entmenschlichung im Stalinismus. Nach dieser historischen Rückblende fordert die Angeklagte im Gerichtssaal im Namen aller unschuldig Verurteilten, dass der verstorbene Parteigänger wieder ausgegraben werde soll. Im allegorischen Bezug zur Entfernung Stalins aus dem Mausoleum auf dem Roten Platz in Moskau gibt der Regisseur zu verstehen, dass auch heute noch viele seiner Handlanger zumindest postum vor der Geschichte zur Rechenschaft gezogen werden sollten.

Doch Abuladse lässt es dabei nicht bewenden. Sein Film führt weiter in die Gegenwart. Zwischen dem Sohn und dem Enkel des stalinistischen Schächers entsteht ein Generationskonflikt, denn erst im Gerichtssaal, wo die Leichenschändung verhandelt wird, erfährt der Enkel von den Verbrechen seines Großvaters - symbolisch für die immer noch große Unwissenheit der sowjetischen Jugend in Sachen Stalinismus. Als der Enkel mit moralischen Vorwürfen gegenüber seinen Eltern nicht spart, hält ihm sein Vater in hilfloser Verteidigung entgegen: „Opa hat niemals jemanden mit eigener Hand umgebracht, aber du hast schon einmal einen Menschen mit deinem Gewehr angeschossen. Von welcher Moral sprichst du eigentlich?" In einer Anwandlung von moralischem Rigorismus und Enttäuschung begeht der Enkelsohn Selbstmord. Der verzweifelte Vater gräbt daraufhin den verstorbenen Großvater eigenhändig wieder aus und stürzt ihn in eine Schlucht. Doch die bedrückendste Schlussfolgerung für den Zuschauer steht noch aus. Am Ende des Films kehrt die Kamera zur Eingangsszene zurück. Die Frau, die als Leichenschänderin vor Gericht stand und mit der Offenlegung ihrer Motive der historischen Wahrheit zum Durchbruch verhelfen wollte, starrt weiterhin nur auf die Todesanzeige. Sich an dem Schreibtischtäter zu rächen, ihn auszugraben und der Öffentlichkeit zum Aburteilen zu übergeben, das alles hat sich nur in ihrem Wunschdenken abgespielt. In Wirklichkeit, so die Konsequenz des Films, hat eine Bewältigung des Stalinismus in der Sowjetunion bis heute noch nicht stattgefunden.

Tengis Abuladse hat diesen Film als Auftragsproduktion für das georgische Fernsehen gedreht. Er ist ein mehr künstlerisch als politisch orientierter Regisseur. Erst im Alter von 52 Jahren trat er der Kommunistischen Partei bei. Seine Spielfilme basieren fast ausnahmslos auf literarischen Vorlagen aus seiner georgischen Heimat. Auch der jüngste Film "Pokajanije" ist von der Vielschichtigkeit kaukasischer Erzählungen durchdrungen, mit Bildern und Assoziationen besetzt, die nicht auf den ersten Blick verständlich werden. Gerade darin aber liegt die Brisanz des Films, der wegen seiner Vielfalt an Interpretationsmöglichkeiten eine besondere Herausforderung an die sowjetischen Zulassungsbehörden stellt.

Doch die vorsichtige Öffnung in der sowjetischen Filmszene unter der im Frühjahr neu gewählten Leitung des sowjetischen Filmverbandes lässt nun eine öffentliche Aufführung möglich erscheinen, denn bereits seit einigen Monaten sind in der Sowjetunion bewegende Filme zu sehen, die bis zu fünfzehn Jahre in den Archiven zurückgehalten worden waren.

KEIN VERSTECKSPIEL VOR DER GESCHICHTE
Die Wiederentdeckung von Nikita Chruschtschow[90]

Als im Herbst 1987 das sowjetische Fernsehen den 90-minütigen Dokumentarfilm „Risk" („Das Risiko") ausstrahlte, wurden zwei Tabus gleichzeitig gebrochen: Erstens konnten die Sowjetbürger nach mehr als zwei Jahrzehnten wieder Nikita Chruschtschow ausführlich auf dem Bildschirm erleben. Und zum zweiten stellte der Film eine inhaltliche Parallele der Chruschtschow-Ära zur Perestrojka unter Gorbatschow her. Vor den Vereinten Nationen in New York hatte Chruschtschow 1959 - erstmals in diesem Jahrhundert, wie der Kommentator sagt - zur Abrüstung aufgerufen. Mit angespannter Stimme war Chruschtschow vor das internationale Publikum der UNO getreten und hatte einen Vorschlag gewagt, den erst 1986 Michail Gorbatschow wieder aufgriff und weiterdachte: die Vernichtung aller Atomwaffen bis zum Jahr 2000. Nicht zufällig hatte Dokumentarfilmer Dimitrij Barschewskij Chruschtschow im O-Ton sprechen lassen: „Im Laufe von vier Jahren sollten alle Staaten eine vollständige Abrüstung durchführen, damit sie über keine Mittel der Kriegsführung mehr verfügten... Lasst uns vollständig abrüsten, lasst uns lieber darin wetteifern, wer für sein Volk mehr Wohnungen, Schulen und Krankenhäuser baut, wer mehr Brot, Milch, Fleisch, Kleidung und andere Konsumgüter herstellt." Dieser Film bedeutet in der öffentlichen Auseinandersetzung um Chruschtschow zwar nicht dessen Rehabilitierung. Er leitet aber zu einer engagierten Diskussion über, die heute auf den Seiten der Zeitschriften und Zeitungen - allen voran Ogonjok - fortgesetzt wird. Die Enttabuisierung der weißen Flecken in

---

[90] Die Zeitgeschichtler rehabilitierten - mit politischer Billigung - den geächteten früheren Partei- und Staatschef Nikita Chruschtschow; mehr noch: sie stellen die Gorbatschow-Reformen in eine Reihe mit der Entstalinisierung und der Tauwetterperiode unter Chruschtschow. Erstveröffentlichung: Die Samen treiben Keime. In der Sowjetunion lebt die Chruschtschow-Ära wieder auf. In: DIE ZEIT, Nr. 47, 18. November 1988.

der sowjetischen Geschichte führt über die Stalinzeit zwangsläufig zu dem Mann, der als erster den Personenkult um Stalin angeprangert und die Stalin-Opfer namentlich genannt hat. Der streitbare Historiker Jurij Afanasjew machte als einer der ersten in der Zeitung Sowjetskaja Kultura auf die Parallele Chruschtschow - Gorbatschow aufmerksam. In einem Interview vom vergangenen Frühjahr erinnert er an eine Filmszene: Da schreitet der junge Jurij Gagarin nach seinem ersten Weltraumflug über einen langen roten Teppich auf ein Podium zu. „Man möchte gern wissen", so Afanasjew, „wem er da Meldung erstattet und wer ihn durch Handschlag begrüßen wird. Die jungen Leute wissen es nicht, die älteren wechseln vielsagende Blicke. War es nun notwendig, Chruschtschow herauszuschneiden? Wie lange wollen wir so tun, als habe es ihn überhaupt nicht gegeben? Wie lange wollen wir Gagarin noch zwingen, irgendwohin in die Ferne, aus der Leere in die Leere zu schreiten?"

Seit der Ausstrahlung von „Risk" ist Chruschtschow wieder sichtbar: Mit einer begeisterten Umarmung küsst er Gagarin rechts und links, wiederholt und heftig. Und schließlich erleben die Zuschauer einen Chruschtschow, der über den Weltraumerfolg vor Rührung weint und sich die Tränen mit einem Taschentuch trocknet. Als Gorbatschow in seiner Rede zum 70. Jahrestag der Revolution im vergangenen Jahr über die Zeit nach Stalin urteilte, wusste jeder, an wen er dachte: „Man begann, der Entwicklung der Landwirtschaft, dem Wohnungsbau, der Leichtindustrie, der Konsumsphäre und all dem, was mit der Befriedigung der Bedürfnisse des Menschen zusammenhängt, mehr Aufmerksamkeit zu schenken. Mit einem Wort, es vollzogen sich Wandlungen zum Besseren - sowohl in der sowjetischen Gesellschaft als auch in den internationalen Beziehungen." Mit seiner Erklärung, woran die Reformen unter Chruschtschow gescheitert sind, verblüffte Gorbatschow gar die Eingeweihten. Die Hauptursache sah er darin, „dass sie sich nicht auf eine breite Entfaltung von Demokratisierungsprozessen stützte". Nur einen Monat später publizierte die Wochenzeitung Moskowskije Nowosti ein Gespräch mit dem 88-jährigen Drehbuchautor Jewgenij Gabrilowitsch, der Chruschtschow als einen außerordentlich interessanten Menschen für die künstlerische Aufarbeitung bezeichnet. Chruschtschow habe „Millionen Gefangene befreit, während das Volk ihm seine Mais-Ideen nicht vergeben kann". Fjodor Burlatzki, ein Mitarbeiter aus Chruschtschows Stab, hat begonnen, seine Memoiren über jene Jahre in der Zeitschrift Nowyi Mir zu veröffentlichen. Eine Kurzfassung davon ist als Buch auf Deutsch erschienen unter dem Titel: „Es gibt keine Alternative zur Perestrojka". Burlatzki beobachtete etwa, wie Chruschtschow verträumt mit einem amerikanischen Transistorradio auf dem Bauch spazieren ging oder bei einem Gespräch mit Tito unter dem Tisch mit einer Armbanduhr in Form eines Fotoapparates spielte. Sympathie für den früheren Parteichef klingt in Entschuldigungen an: „Der Erste war leider von Ratgebern umgeben, die ihm viel Unsinniges erzählt haben." Allerdings wirft auch Burlatzki Chruschtschow vor, er sei ein Vertreter des autoritär-patriarchalischen Kultes gewesen, der sich in alles mit einem Unfehlbarkeitsanspruch einmischen wollte. Derlei Kritik stößt in der Sowjetunion bei Millionen auf offene Ohren, ebenso wie die teilweise sehr subjektiven Darstellungen „jener zehn Jahre" von Chruschtschows Schwiegersohn Alexej Adschubej, die im Sommer dieses Jahres von der Zeitschrift Snamja veröffentlicht wurden.

Erstaunliche Bekenntnisse enthielt ein groß angelegter zweiseitiger, bebilderter Bericht, der im Mai dieses Jahres in der Wochenzeitung Moskowskije Nowosti erschien. In der Einleitung wird deutlich, wo man heute Anknüpfungspunkte sucht. Denn mit der Absetzung des damaligen Parteichefs und mit dem Vorwurf des „Voluntarismus und Subjektivismus", so argumentieren die Autoren, „wurde der Versuch verurteilt, die sowjetische Gesellschaft zu dezentralisieren." Doch auch hier wird Chruschtschow und sein Unvermögen, den notwendigen zweiten Schritt zu tun, kritisiert: „Die Verurteilung von Stalins Vergehen wurde konterkariert mit der Absage, das politische Regime und die Ideologie des Stalinismus eingehend zu analysieren." Der Apparat habe es wegen seiner Eigeninteressen zwar geschafft, Chruschtschow zu Fall zu bringen, aber die wichtigste Lehre aus jener Zeit entnahmen die Autoren der Tatsache, „dass das Volk, das gerade dabei war, aus seinem Dämmerzustand aufzuwachen, noch nicht für Veränderungen bereit war". Warum man sich heute mit der Chruschtschow-Zeit auseinandersetzen muss, begründet die Zeitschrift mit der Verzahnung von damaligen und heutigen politischen Absichten: „Schon in jener Zeit wurde das Saatgut für das neue soziale und politische Denken in die Erde gelegt... Nach zwei Jahrzehnten treiben diese Samen Keime."

Für die innerparteiliche Diskussion um Chruschtschow sorgte das frühere Agitationsblatt Argumenty i Fakty, das sich mehr und mehr zu einem aufklärerischen Blatt entwickelte, mit Zeugnissen des Historikers Roy Medwedjew, der lange Zeit in Ungnade gelebt hatte. Das Blatt druckte bereits zwei wichtige Kapitel aus seiner in Amerika erschienenen Chruschtschow-Biographie. Gleichzeitig bemüht sich ein Moskauer Verlag, das Buch auch in der Sowjetunion herauszugeben. Schon zuvor hatte eine Zeitung in Weißrussland Medwedjews Biographie in einer zweimonatigen Serie nachgedruckt. Die Zeitung konnte ihre Auflage in dieser Zeit spürbar steigern.

Angesichts dieser neuen Publizität erhält Medwedjew eine Flut von Leserbriefen. Die gesamte Diskussion wird nach Medwedjews Eindruck „ohne bestimmten Plan und ziemlich durcheinander" geführt. Doch sei sie unumgänglich, weil die gesamte Literatur, die jetzt über Stalin produziert wird, ihren Ausgangspunkt in der von Chruschtschow eingeleiteten Entstalinisierung habe. Die Umsetzung dieser Diskussion in der Geschichtsschreibung macht noch große Schwierigkeiten. Für die Neufassung der Parteigeschichte sind bislang noch keine Thesen verabschiedet worden, und das Autorenkollektiv ist noch nicht vollständig. In der Praxis bekommen das die Schüler zu spüren. So wurde im vergangenen Jahr ein Geschichtsbuch mit einer Auflage von drei Millionen Exemplaren ausgeliefert, in dem Nikolaj Bucharin noch als Volksfeind bezeichnet wird, obwohl er bereits rehabilitiert war. Als Folge der verwirrenden Zustände sind die Geschichtsprüfungen an den sowjetischen Schulen derzeit ausgesetzt.

HÄFTLING IN DER STALINZEIT
Ein Film bricht ein Tabu[91]

Die Auseinandersetzung mit der Zeit des Stalinismus und den Folgen des Terrors gehört zu den wichtigsten Bestandteilen der Glasnost-Politik in der Sowjetunion. In Kürze soll ein neuer Film in die Kinos kommen, der bereits probeweise gezeigt wird und der die moralische Rehabilitierung politischer Gefangener aus der Zeit Stalins zum Thema hat. Gleichzeitig wird in diesem Film indirekt die Partei bezichtigt, in einer kritischen Phase der Herausforderung versagt zu haben.

Unter dem Titel „Kalter Sommer 1953" führt der Film des Regisseurs Alexander Proschkina zurück in die Zeit kurz nach Stalins Tod. Die ersten Straflager im Norden der Sowjetunion werden geöffnet, kriminelle Häftlinge entlassen, während die politischen Gefangenen von der Amnestie noch nicht erfasst sind. Plündernd und mordend fällt ein Trupp von sechs ehemaligen Kriminellen über ein kleines Dorf her. Der Parteichef beugt sich der rohen Gewalt und wagt keinen Widerstand, obwohl er selbst über Waffen verfügt. Auch die übrigen Vertreter der Staatsmacht haben dem Terror nichts entgegenzusetzen. Stattdessen folgen sie aus Angst um ihre eigene Sicherheit bereitwillig den Befehlen der ehemaligen Häftlinge.

In diesem Dorf leben aber auch zwei Männer, die unter Stalin als politische Gefangene hierher verbannt wurden. Sie kennen sich nicht einmal mit richtigem Namen, führen ein verachtetes Außenseiterdasein und gelten als gesellschaftlicher Abschaum. Mit verzweifeltem Mut gelingt es ihnen jedoch, das Dorf von dem Terror der kriminellen Bande zu befreien. In der Stunde der größten Not, in der nicht einmal klar ist, ob sie den Kampf mit

---

[91] Die „weißen Flecken" der Geschichte wurden in kleinen, aber brisanten Dosierungen getilgt. Die „strahlende Vergangenheit des Kommunismus", getrübt durch das Erbe Stalins, erscheint als langer Schatten auf der Geschichte. Erstveröffentlichung: Die Last der Vergangenheit in der Sowjetunion. Ein Film über Häftlingsschicksale in der Stalin-Zeit. In: Neue Zürcher Zeitung, Nr. 27, 4. Februar 1988.

den Verbrechern überleben, entdecken die politisch Entrechteten wieder ihre Identität, indem sie sich einander mit vollem Namen vorstellen.

Die erschütternde Aussage des Filmes: Menschen, die während der Stalin-Zeit im Namen ungerechter Anklagen verurteilt und ihrer Menschenwürde beraubt wurden, zählen zu den eigentlichen Befreiern einer unterdrückten Gesellschaft. Die Absurdität der politischen Prozesse jener Zeit wird deutlich gemacht, indem die Kriminellen in Anlehnung an die stalinistische Terminologie die politischen Gefangenen unter brutalen Schlägen als Trotzkisten, Menschewiken, Utopisten und Abweichler beschimpfen. Der Film entlarvt damit die Methoden der stalinistischen Beschuldigungen selber als kriminell.

Vernichtend ist aber auch die Abrechnung mit den Vertretern der Staats- und Parteimacht, die sich dem Terror gebeugt haben. Von dem Held des Filmes, einem politischen Gefangenen, verlangen sie, er solle gegenüber den Behörden behaupten, er habe nur auf Anweisung der Parteileute so mutig gehandelt. Seinem Mitstreiter, der umgekommen ist, wollen sie dagegen die Beerdigung auf dem Dorffriedhof verweigern, weil er kein vollwertiger Zeitgenosse gewesen sei. Dieser Schauspieler, der im Film den Tod erleidet, Anatoli Popanow, ist kurz nach den Dreharbeiten gestorben. Im Nachspann des Filmes lässt der Regisseur ihn in schwarzer Bildumrandung noch einmal den Schlüsselsatz wiederholen, der bis heute wie eine aus der Zeit Stalins stammende Belastung der sowjetischen Gesellschaft wirkt: „Um eines tut es mir leid, um die Jahre, in denen man doch nur hatte menschlich leben wollen."

STREIT UM DEN STALINISMUS
Ein Konflikt zwischen Geschichtswissenschaft und Ideologie[92]

Die Auseinandersetzung um die Neubewertung der sowjetischen Geschichte hat zu einem heftigen Schlagabtausch zwischen dem streitbaren Historiker Jurij Afanasjew, Rektor des Historisch-Archivarischen Instituts in Moskau, und der Parteizeitung *Prawda* geführt. Dabei beharrt das Parteiblatt auf dem Standpunkt, es habe trotz Massenrepressionen und Verbrechen keine Alternative gegeben zu den politischen Zielsetzungen, die von der Partei Ende der zwanziger Jahre, also unter Stalin, getroffen wurden. Der Historiker Afanasjew hatte schon im vergangenen Jahr in der Zeitung Sowjetskaja Kultura eine Aufarbeitung der Stalin-Ära gefordert, über die in der Sowjetunion „keine einzige wissenschaftliche Abhandlung" erschienen sei. Vor einigen Wochen klagte er dann in der Zeitung Literaturnaja Rossija darüber, dass die Verbrechen Stalins und sein völliges Abweichen von der Linie Lenins unterschlagen würden. Wörtlich verwies er auf die verheerenden Vorgänge: „Im Verlauf der Kollektivierung wurden erstmals Massenrepressionen angewandt. Der 1932-1933 organisierte Hunger kostete Millionen von Menschenleben."

Die Sowjetunion, so folgerte der Autor, sei wohl das einzige Land der Welt, in welchem es in der Geschichtsschreibung nur so von Fälschungen wimmelte, was sich verheerend auf die allgemeine Geschichtskenntnis auswirke. Im Kern jedoch zielte der Historiker auf die ikonenhaft idealisierte Figur des Staatsgründers Lenin mit der Aussage: „Lenin hat doch überhaupt nicht im Sozialismus gelebt, er hat nur geträumt und gedacht, dass aus dem Russland der Neuen Ökonomischen Politik das Russland des Sozialismus entstehen wird." Dann folgte die Forderung,

---

[92] Mit der Stalinismusdebatte verknüpften kritische Historiker, allen voran der Rektor des Historisch-Archivarischen Instituts in Moskau, Jurij Afanasjew, heftige Angriffe auf die Gegner der Perestrojka. Erstveröffentlichung: Streit um den Stalinismus. Fragen nach der Notwendigkeit in Geschichte und Gegenwart. In: Neue Zürcher Zeitung, Nr. 174, 29. Juli 1988.

Lenin zu entmythologisieren: „Lenin würde noch erhabener vor uns stehen, wenn er als Mensch gezeigt würde, der suchte und nicht immer die Antwort auf entstehende Fragen fand." Zur weiteren Behandlung empfahl Afanasjew die „fruchtbare Diskussion" vor allem mit westlichen Marxisten.

Die heutige Identitätskrise in der Sowjetunion beschrieb er wörtlich so: „Wir sehen in den Spiegel und können uns nicht erkennen." Gleichzeitig polemisierte der Historiker gegen den Versuch, ein offizielles Lehrbuch der Parteigeschichte zu schreiben, mit der Forderung, man müsse sich von jeglichen Ansprüchen auf das Monopol von historischem Wissen trennen. Kurz vor der Parteikonferenz Ende Juni 1988 antwortete die *Prawda* das erste Mal auf diese Vorwürfe mit einer grobschlächtigen Replik und folgender Schlussfolgerung: „Wir sind nicht vom Weg abgebogen, den der Oktober eröffnet hat, ... sonst gäbe es in der Welt keinen Sozialismus. Aber natürlich sind wir diesen Weg bei weitem nicht so gegangen, wie sich Lenin das vorgestellt hat." Damit provozierte die *Prawda* eine emotional verfasste und voller Ironie triefende Antwort von Afanasjew, die nun zusammen mit einer erneuten Replik der *Prawda* publiziert wurde.

Darin vermochte der Historiker den vom Parteiblatt verteidigten Sozialismus nicht zu erkennen und polemisierte überdies: „Ich halte die bei uns geschaffene Gesellschaft nicht für sozialistisch, nicht einmal für einen ´deformierten´ Sozialismus." Ferner wandte sich Afanasjew gegen historische Determinanten in der Entwicklung der Sowjetgeschichte: „Der konterrevolutionäre Weg Stalins und seines riesigen Apparates war nicht historisch zwingend und deshalb auch nicht gerechtfertigt." Daraus leitet er die Schlussfolgerung ab, dass die Perestrojka nun die Chance haben müsse, sich auf solche Alternativen zu stützen, die früher, also konkurrierend zu Stalin, in der Partei bestanden hätten.

Auch jetzt steht das Schicksal der Sowjetunion für den Historiker auf Messers Schneide. Wenn man nur mit Halbwahrheiten operiere, so Afanasjew, werde man auch nur halbe Maßnahmen ergreifen - mit der Gefahr des „Zusammenbruchs unseres letzten historischen Versuches, aus dieser schrecklichen Situation herauszukommen." Dann wiederholte Afanasjew - dieses Mal auf den Seiten der *Prawda* - seine Forderung nach einem neuen ideologischen Verhältnis zu Lenin: „Die moderne Theorie des Sozialismus ... muss man von Anfang an neu mit Hilfe von Lenin schaffen, sie aber nicht einfach in seinen Werken suchen. Damit würde der Staatsgründer Lenin reduziert auf das Mittel eines ideologischen Werkzeuges, statt wie bisher den Rang eines ideologischen Maßstabes einzunehmen."

Mit ironischem Unterton attackierte Afanasjew das Politbüro-Mitglied Ligatschow. Ohne ihn wörtlich zu nennen, zitierte der Historiker Ausdrücke und Redewendungen des eher konservativen Politikers, dessen Ablösung er sogar zur Diskussion stellt. Unter sarkastischer Anspielung auf die Folge von Rücktritten in der Stalin-Zeit schreibt Afanasjew: „Sollte jetzt jemand zurücktreten und eine staatliche Pension beziehen, würde das etwa die Rückkehr zum stalinistischen Terror gegen die leninschen Parteikader bedeuten? Oder ließe sich dieser Rücktritt - im Unterschied zu Zwangsarbeit und Erschießungen - doch vereinbaren mit der Volksmacht und einem normalen politischen Kampf?"

Hernach stellte Afanasjew zur Debatte, ob die von Ligatschow angegriffene Form des Markt-Sozialismus sich wirklich selbst entwickelt habe oder von den „subversiven Feinden" der Sowjetunion stamme. Man könne mit der Erhöhung von Prozentzahlen argumentieren, meinte der Historiker zur wirtschaftlichen Lage, und er fuhr mit der Bemerkung fort, dass man auch vor fünf und zehn Jahren „uns keine schlechten Prozente mitgeteilt" habe. Daran knüpfte er mit einem vernichtenden Bild der Versorgungslage an, das sich in ähnlicher Beschreibung auch bei dem gestürzten Moskauer Stadtparteichef Boris Jelzin wieder findet. „Wollen wir doch ganz einfach antworten: Ist es auch nur etwas besser geworden mit Lebensmitteln, Konsumgütern? Kann das Volk leichter leben als vor drei Jahren? Aus den Prozenten bei der Erhöhung der 'Arbeitsproduktivität', die uns von der heimischen Statistik mitgeteilt wird, lässt sich keine Borschtsch-Suppe kochen, damit kann man keine Schuhe kaufen, sonst wären wir schon lange eine florierende Gesellschaft."

Unter Anspielung auf eine allgemeine Redewendung, „wenn Lenin das sähe", verwies Afanasjew auf die Bezugsscheine für Lebensmittel im Jahre 1988 und auf die russischen Träume von Millionen von Menschen in der Provinz, die sich nach einer künstlich gestreckten Koch-Wurst sehnten. Diesem Missstand stellte er gegenüber, dass „wir 35 Jahre nach Stalins Tod erst anfangen, Demokratie zu lernen wie 15-jährige Sitzenbleiber in der ersten Schulklasse". Dennoch verband Afanasjew mit seiner Kritik die Hoffnung, die in den vergangenen drei Jahren der Perestrojka entstanden sei. Doch in seiner Schlussfolgerung konnte sich Afanasjew nicht zur Antwort durchringen, welche Form von Sozialismus in der Sowjetunion letztlich eine Chance erhält.

Den Wortlaut dieser Polemik hat die *Prawda* veröffentlicht und damit einem Leserkreis zugänglich gemacht, der sich an eine neue Form des Pluralismus gewöhnt hat, wenngleich das Forum dafür ziemlich prominent erscheint. Ebenso prominent wirkt die Replik, in der die *Prawda* den Historiker der unwissenschaftlichen Methode beschuldigte und sich darüber aufregte, dass Lenins Rolle geschmälert werden soll, In Anlehnung an die Parteilinie behauptete die *Prawda*, dass es keine Alternativen zum Verlauf der Sowjetgeschichte gegeben habe. Die *Prawda* berief sich auf eine Bewertung Gorbatschows vom November letzten Jahres, als dieser bei den Feiern zum 70. Jahrestag der Oktoberrevoluti-on eigens die Industrialisierung und Kollektivierung verteidigt hat. Unter Anspielung auf den Zweiten Weltkrieg setzte die *Prawda* in traditioneller Weise diese Bewertung in Zusammen-hang mit der damaligen Notwendigkeit, „die Heimat vor der tödlichen Gefahr zu retten". Gleichzeitig aber machte das Par-teiblatt geltend, dass es „auf unserem Weg enorme Verluste, schwere Fehler und Fehlkalkulationen, massenhafte Repressio-nen und Verbrechen" gegeben habe.

In Verteidigung eines weit verbreiteten Geschichtsbildes weist die *Prawda* darauf hin, dass „Millionen von Menschen wirk-lich mit Enthusiasmus" sich beim Aufbau der sowjetischen In-dustrie engagiert hätten. Aber auch hierbei wurden „grausame Verluste, die das Volk erlitten hat" erwähnt. Trotz dieser konservativen Replik erfolgte abschließend eine Überraschung: Die *Prawda* übernahm die Frage Afanasjews nach den Antiperestroika-Kräften, die er unter Anspielung auf Ligatschow gestellt hat, mit dem Hinweis, gegen sie müsse man „energisch kämpfen". Und auch die Ware-Geld-Beziehung, von Ligatschow in einer Rede vor Arbeitern in Togliatti bestritten, ist laut *Prawda* ein organischer Bestandteil des Sozialismus, den es zu nutzen gelte.

ZUR ZARENZEIT WAR ALLES BESSER
Ein historischer Leistungsvergleich mit den USA[93]

In den gut siebzig Jahren seit der Revolution ist es der Sowjetunion nicht gelungen, es den Vereinigten Staaten auf wirtschaftlicher Ebene gleichzutun. Ganz im Gegenteil sind die sozialen und wirtschaftlichen Unterschiede zwischen den Ländern zum Nachteil der Sowjetunion immer größer geworden. Den Beleg dafür lieferte eine sowjetische Fachzeitschrift für Amerikafragen. In der Zeitschrift „USA - Wirtschaft, Politik, Ideologie" vermittelt der Autor Nikolaj Sajtschenko den Sowjetbürgern erstmals anhand von konkreten Daten ein erschütterndes Bild der Lage im eigenen Land. Verweise auf Angaben aus der vorrevolutionären Zeit belegen außerdem, dass die Menschen im Gebiet der heutigen Sowjetunion zu den viel geschmähten zaristischen Zeiten mehr und besser zu essen hatten als heute.

Vor Beginn des Ersten Weltkrieges und vor der Oktoberrevolution lag der jährliche Fleischverbrauch in Russland demnach im Durchschnitt bei 88 Kilogramm pro Person. In Städten, in denen heute, also Ende 1988, der Fleischverkauf rationiert ist, standen den Einwohnern vor der Revolution weit über einhundert Kilogramm im Jahr zur Verfügung. Der heutige Fleischverbrauch liegt dagegen offiziell bei 62 Kilogramm. Im Vergleich zu den USA mit 120 Kilogramm ist das nur knapp die Hälfte von dem, was Amerikaner auf dem Tisch haben. Als soziale Ungerechtigkeit wird in dieser Analyse bewertet, dass die Sowjetbürger aus dem gesamten Nationaleinkommen nur 36,6 Prozent als Lohnanteil erhalten. In den USA dagegen partizipiert die Bevölkerung mit 64 Prozent am Nationaleinkommen. Das bedeutet, dass den Amerikanern ein sehr viel größerer Teil des gesamten Geldvolumens für ihre privaten Bedürfnisse zur Verfügung steht

---

[93] Der ständige Wettbewerb mit den USA erwies sich als Traumtänzerei, nachdem historische Vergleiche zeigten, wie sehr der Sozialismus die Sowjetunion heruntergewirtschaftet hat. Erstveröffentlichung: Sowjetunion und USA im Leistungsvergleich. Zur Zarenzeit ging es den Russen besser. Neue Zürcher Zeitung, Nr. 305, 31. Dezember 1988.

196

als den Sowjetbürgern. Die Kluft wird noch größer, wenn man Preise und Arbeitsleistungen miteinander vergleicht. Demnach müssen Sowjetbürger für Fleischprodukte zehn- bis zwölf Mal länger arbeiten als die Amerikaner. Selbst Grundnahrungsmittel sind trotz aller Propaganda unvergleichlich teurer: Für Milch arbeitet ein Sowjetbürger 18- bis 20-mal länger, und für das künstlich verbilligte Brot je nach Sorte zwei- bis achtmal länger als ein Amerikaner — ganz zu schweigen von schier unerschwinglichen Köstlichkeiten wie Orangen und Bananen, für die ein Sowjetmensch bis zu 25-mal länger arbeiten muss als ein Amerikaner. Vernichtend fällt auch der Vergleich im Konsumgüterbereich aus:

Die Kosten für Elektrogeräte, Autos, selbst für Schuhe und Kleidung liegen teilweise absurd hoch. Das Warenangebot selbst ist im Vergleich zu den USA sehr bescheiden. Nach diesen sowjetischen Angaben verfügt der sozialistische Markt lediglich über 14 Prozent des amerikanischen Warenangebotes für Gegenstände des täglichen Bedarfes, die langfristig benutzt werden wie Kühlschränke oder Waschmaschinen. Besonders klein ist das Angebot an Autos, die nur fünf Prozent des amerikanischen Vergleichsmarktes ausmachen. In der Sowjetunion, so lautet die Schlussfolgerung der Studie, sind die Preise für Lebensmittel und Konsumgüter mit die höchsten in der ganzen Welt. Weitere Preiserhöhungen als Mittel einer Wirtschaftsreform, wie sie zurzeit diskutiert werden, dürfen daher nach Meinung dieser Fachzeitschrift auf keinen Fall angewandt werden.

NATIONALE KONFLIKTE

PROTESTE AUF DEM ROTEN PLATZ
Die Krimtataren kämpfen für die Rückkehr in ihre Heimat[94]

Vier alte Männer erheben sich kurz nach Mitternacht vom Kopfsteinpflaster zwischen der Kremlmauer und der Basilius-Kathedrale am Roten Platz. Die Bewegung strengt sie sichtlich an. Dann schlurfen sie auf die weiträumigen Polizeiabsperrungen zu und gelangen durch die verwinkelte Fußgängerunterführung auf die andere Straßenseite am Hotelkomplex Rossija, wo seit Stunden schon neugierige Passanten das Schauspiel beobachten: Erst aus der Nähe wird die Ungeheuerlichkeit des Vorganges klar: Die alten Männer sind hoch dekorierte Kriegsveteranen, die seit den Mittagsstunden im vollen Ordensschmuck am Zentrum der Sowjetmacht demonstriert haben. Zusammen mit über 500 anderen Krimtataren ist ihnen gelungen, was seit Jahren in der sowjetischen Hauptstadt nicht mehr möglich war: öffentlich zu protestieren, ohne ein Eingreifen der Staatsmacht zu provozieren.

Die Milizionäre im Dienst zeigten ungewöhnliche Zurückhaltung, ja sogar Langmut mit den Demonstranten, die ungehindert die Absperrungen passieren konnten, um sich für ihren stundenlangen Protest mit Essen und Trinken zu versorgen. Ihre Forderung lautete: Wir wollen Gorbatschow sprechen. Mit der Zusage, man werde ihre Vertreter am nächsten Tag im Zentralkomitee empfangen, begann der disziplinierte Abzug der Demonstranten in eng geschlossener Formation: Frauen mit schlafenden Kindern auf dem Arm, lachende Burschen und Mädchen, stolze,

---

[94] Nach Jahrzehnten der Verbannung wagte ein ganzes Volk - vom Kriegsveteranen bis zur Mutter mit Kind - tagelang auf dem Roten Platz den ersten großen Massenprotest gegen die nationalen Säuberungen unter Stalin. Erstveröffentlichung: Protest auf dem Roten Platz. „Nur einer kann uns helfen“. Die Krimtataren erhoffen von Gorbatschow die Rückkehr in ihre Heimat. In: DIE ZEIT, Nr. 32, 31. Juli 1987.

medaillengeschmückte Männer und Frauen. Sie alle betrachten sich als Delegierte der Krimtataren, als eine Art außerparlamentarische Volksvertretung, die in keinem sowjetischen Gesetz verankert ist, aber in Wirklichkeit existiert. Dem geschundenen Volk der Krimtataren erscheint der Generalsekretär der KPdSU als einziger Hoffnungsträger, dem sie vertrauen können. Seine Parolen vom neuen politischen Denken, von Glasnost und Gesetzlichkeit, seine Forderung, es dürfe keine vergessenen Namen und keine weißen Flecken in der eigenen Geschichte mehr geben, sind für die Krimtataren erklärtermaßen der Anstoß für ihr verzweifeltes wie geduldiges Ausharren gewesen. Schon seit dreißig Jahren bemühen sie sich - ausgehend vom XX. Parteitag 1956, auf dem Chruschtschow seine Genossen mit den Verbrechen Stalins konfrontierte - um ihre historische und politische Rehabilitierung. Von Stalin wurden sie pauschal der Kollaboration mit dem faschistischen Besatzer beschuldigt und in einer erniedrigenden Aktion zusammen mit anderen Kaukasusvölkern nach Zentralasien deportiert. Doch allein den Krimtataren ist - neben den Russlanddeutschen - eine Rückkehr in ihre Heimat versagt geblieben.

Noch während hinter der Kremlmauer angesichts der seltsam ruhigen und doch Aufsehen erregenden Demonstration verhandelt wurde, hatten die sowjetischen Massenmedien bereits ein Stück Wiedergutmachung geleistet. Im Nachrichtenprogramm des Fernsehens wurde eine TASS-Erklärung verlesen, die klarstellte, dass den Krimtataren trotz vereinzelter Zusammenarbeit mit dem Feind Unrecht geschehen ist. Damit erhielt eine Teilrehabilitierung der Krimtataren fast auf den Tag genau nach zwanzig Jahren erstmals landesweite Publizität. Unter wesentlicher Beteiligung des damaligen KGB-Chefs und späteren Generalsekretärs Andropow war nämlich am 21. Juli 1967 den Krimtataren - ebenfalls nach einer größeren Demonstration auf dem Roten Platz - bescheinigt worden, dass es keinen Anlass für eine kollektive Beschuldigung gegeben hätte. Doch nur die regionalen Zeitungen im Siedlungsgebiet der deponierten Krimtataren veröffentlichten damals diesen Erlass. Der Weg zum Kompromiss schien mit der jüngsten TASS-Erklärung geebnet. Denn erstmals war auch die Rede von einer Kommission, die unter dem Vorsitz von Staatschef Gromyko eigens für die Belange der Krimtataren eingesetzt wurde. Damit sollten die Demonstranten nicht als Gesetzesbrecher abgedrängt, sondern als legitime Gesprächspartner gewonnen werden. Selbst so prominente Fürsprecher wie die Schriftsteller Bulat Okudshawa und Jewgenij Jewtuschenko, die eine „Wiederherstellung der Rechte" für die Krimtataren gefordert hatten, wurden in der sowjetischen Presse zitiert. Bei den bisher erhobenen Ansprüchen an die eigene sozialistische Hausordnung kommt es fast einem Sündenbekenntnis gleich, wenn nun öffentlich eingestanden wird, dass sich die Sowjetunion immer noch mit einem unbewältigten Nationalitätenproblem auseinandersetzen muss.

Dennoch war die TASS-Erklärung zwiespältig und die Krimtataren reagierten empört. Ihr Vorwurf: Man hätte nicht wieder die alten Wunden aufreißen dürfen, die tatarischen Regimenter im Dienst der Faschisten nennen oder gar von Menschenverbrennungen berichten dürfen, die nach Aussagen der Krimtataren in ihrer Heimat niemals vorgekommen sein sollen. „Nach dieser verlogenen TASS-Erklärung", so klagte ein Sprecher in der Gruppe am nächsten Tag, „werden wieder die Menschen mit den Fingern auf uns zeigen. Eine Protestnote gegen die TASS-Erklärung wollten sie in allen Zeitungen veröffentlicht sehen, die auch den Text der amtlichen sowjetischen Agentur abgedruckt hatten. In einem Anflug von Wut verzichteten sie auch auf ein angebotenes Gespräch mit dem stellvertretenden Staatsoberhaupt Demitschew „Zweimal", so erklärten sie aufgebracht, „haben wir ergebnislos mit ihm gesprochen. Für uns zählt nur noch Gorbatschow."

In einem Hinterhof unweit des Zentralkomitees lagerten tags darauf einige hundert Demonstranten und praktizierten stummen Protest. Als ausländische Journalisten sich für die Szenerie interessierten, versuchte die Miliz zum ersten Mal, die Kontakte mit der Presse zu unterbinden. Die Krimtataren reagierten für die Milizionäre daraufhin unerwartet: „Glasnost, Demokratie, Gorbatschow", skandierten sie, gingen dabei blitzartig in die Hocke und bildeten einen engen Schutzwall um die Journalisten.

Die verblüfften Vertreter der Sicherheit mussten sich erfolglos zurückziehen, um später zu erfahren, dass die Protestler einen weiteren Erfolg verbuchen konnten. Während sich die sowjetischen Massenmedien allmählich auf einen Schlagabtausch mit der „kleinen Gruppe von Krimtataren" und ihren „extremistischen Aktionen" einstimmten, erklärte sich Staatschef Andrej Gromyko selbst bereit, mit einer Delegation der Dauerdemonstranten zu sprechen.

Eine neuerliche TASS-Meldung griff allerdings den Ton auf, der auch unter Passanten der Moskauer Innenstadt zu vernehmen war: „Geht doch wieder in die Wüste", war noch einer der harmlosesten Sätze, die erregt gegen die dunkelhäutigen Protestler vorgebracht wurden. Die Stimmung schien aufgebracht, ein Handgemenge unweit des Roten Platzes verleitete schließlich eine westliche Agentur zu der falschen Annahme, nun endlich habe die Miliz fast einhundert demonstrierende Krimtataren festgenommen. Doch die Anweisungen von oben waren strikt. Die Miliz hielt sich weiter zurück. Staatschef Gromyko wollte jetzt jeden einzelnen der zwanzig Abgesandten ausführlich anhören. „Er war freundlich und ließ uns ausreden", bescheinigte im Anschluss an das Treffen Fabrie Seutowa, eine Journalistin unter den Demonstranten, die mit minutiösem Detailwissen über die Geschichte der Krimtataren ihre Gesprächspartner zu verblüffen verstand - eine blitzgescheite Frau von erdrückender Rigorosität. „Ein Kompromiss kommt für uns nicht in Frage", bescheinigte sie dem Staatsoberhaupt ebenso wie der Presse. „Wir begnügen uns nicht mit einem autonomen Gebiet, wir bestehen auf einer autonomen Republik in unserer alten Heimat. Solange wird auch unsere einzige Zeitung in Taschkent nicht mehr erscheinen."

Einwürfe, die zu bedenken gaben, dass seit Kriegsende auf der Krim eine völlig neue Bevölkerung angesiedelt und nachgewachsen ist, lässt die streitbare Tatarin nicht gelten. Mit Hochrechnungen über eine durchaus vertretbare Besiedlungsdichte nach der Rückkehr von etwa dreihunderttausend Krimtataren und mit historischen Forderungen bestritt sie ihr Argumentationsfeuer. Der Weg zum Kompromiss scheint nun durch Maximalforderungen solcher Krimtataren verbaut, obwohl die hochrangig besetzte Kommission - neben Gromyko gehören von sieben weiteren Mitgliedern noch vier zum Politbüro - lediglich Vorschläge für eine Lösung erarbeiten möchte, ohne den Krimtataren eine Lösung aufzuzwingen. Plötzlich erhalten Nebensächlichkeiten ein neues Gewicht. Während der provisorischen Pressekonferenz der Protestler in einer Moskauer Wohnung fiel eine alte Postkarte mit dem Bild von Zar Nikolaus II. am Buchregal auf, daneben die Forderung „Für ein freies Russland". Die hilfreichen Hände, die sich den Krimtataren in Moskau anbieten, deuten auf eine andere Bewegung, deren Mitglieder sich selbst als „russische Nationalisten" bezeichnen.

Die Forderungen, die nach der ersten Woche des geduldig beharrlichen Protestes nun auftauchen, klingen resoluter. Hungerstreik wird in Erwägung gezogen, möglichst viele Krimtataren wollen zu weiteren Aktionen nach Moskau kommen, und die Delegierten des kleinen Volkes haben teilweise schon ihre Arbeit niedergelegt, um so lange in der sowjetischen Hauptstadt auszuharren, bis ihre nationale Frage gelöst ist. „Nur einer kann uns vor der Radikalisierung bewahren", meinte ein eher schweigsamer Demonstrant. „Und das ist Gorbatschow. Er muss mit uns sprechen", sagte er fast flehentlich. Selbst die engagierte Sprecherin schien bei der Nennung Gorbatschows zu einem Kompromiss bereit. „Wir vertrauen ihm, wir glauben ihm", wiederholte sie nachdrücklich und zog damit ihre so ausgiebig demonstrierte Rigorosität selbst in Zweifel.

EIN VOLK ERHEBT SICH
Der Vorbildcharakter der Unruhen in Armenien[95]

Eine alte Dame, weit über sechzig Jahre alt, streckt ihre Hand zum Siegeszeichen empor. Dann reiht sie sich ein in eine schier endlose Menschenmenge und skandiert zusammen mit den anderen das Wort „Karabach". Hunderttausende von Armeniern aller Altersstufen belagerten tagelang den zentralen Opernplatz in Eriwan. Sie lauschten nationalen Liedern und applaudierten den Parolen, die „eine Nation in einer Republik" forderten. Plakate mit russischen und armenischen Aufschriften versprachen „Karabach - die Armenier sind mit euch". Andere Losungen setzten auf die Politik Gorbatschows: „Karabach ist ein Prüfstein für die Perestrojka", hieß es oder „Selbstbestimmung ist kein Extremismus".

Der Protest der Armenier hätte jeder staatlich verordneten Demonstration zur Ehre gereicht; er verlief diszipliniert, ohne Ausschreitungen oder Zusammenstöße mit der Polizei. Dennoch konnten die sowjetischen Medien in dieser Bewegung nichts Vorbildliches für ihr Land erblicken. Die spärlichen, aber authentischen Eindrücke aus Eriwan stammen von einem Videofilm, der teilweise mit versteckter Kamera vor Ort gedreht und dann dem Moskauer Büro der amerikanischen Fernsehgesellschaft ABC zugespielt wurde. Über den sowjetischen Bildschirm flimmerten hingegen Aufnahmen aus armenischen Betrieben, wo arbeitsame Sowjetbürger die Worte Gorbatschows von bürgerlicher Reife, Freundschaft zwischen den Völkern und notwendiger Disziplin würdigten. Die Ansprache selbst, die Gorbatschow im

---

[95] Ganz Armenien schien auf den Beinen, um gegen die Benachteiligung ihrer Landsleute in einer Enklave der Nachbarrepublik Aserbaidschan zu demonstrieren. Dies Demonstrationen dienten bald als Vorbild für andere Nationen innerhalb der Sowjetunion, ihre nationalen Rechte einzufordern? Erstveröffentlichung: Die Minderheiten melden sich zu Wort. Unruhen in Armenien: Löst Gorbatschows Perestrojka im Vielvölkerstaat Sowjetunion eine Kettenreaktion aus? In: DIE ZEIT, Nr. 10, 4. März 1988.

armenisch-aserbaidschanischen Krisengebiet in Funk und Fernsehen hatte verlesen lassen, blieb den meisten Sowjetbürgern jedoch unbekannt. Trotz mangelnder Glasnost in diesem Fall hat sich der Umgang mit den nationalen Problemen im Land erheblich verändert:

- Vor fast fünf Jahren versammelten sich auf dem Roten Platz zwei Dutzend Menschen, Sowjetdeutsche, die für ihre Ausreise demonstrieren wollten. Ihre Plakate konnten sie nur wenige Sekunden in die Höhe halten, dann wurden sie unter harten Schlägen der Miliz abgeführt.

- Vor gut einem halben Jahr demonstrierten am Roten Platz fünfhundert Krim-Tataren für die Rückkehr in ihre alte Heimat, aus der sie von Stalin vertrieben worden waren. Die Miliz schirmte die Demonstranten ab, griff aber tagelang nicht ein. Stattdessen wurden die Vertreter der Krimtataren zur Diskussion in das Zentralkomitee der Partei gebeten. Seither ermittelt eine Kommission, wie historisches Unrecht wiedergutzumachen ist.

Die unterschiedliche Behandlung signalisiert den Wandel im politischen Programm. Auch die Armenier hoffen, davon zu profitieren. Der schwierige und zuweilen qualvolle Prozess der Perestrojka soll nicht an den schwelenden nationalen Problemen in der Sowjetunion vorbeisteuern. Gorbatschow hat bereits zweimal deutlich gemacht, dass Veränderungen notwendig sind:

Erstens hatten die erlaubten Demonstrationen der Krim-Tataren am Roten Platz neue Maßstäbe gesetzt. Sie durften ungestraft die stalinistischen Verbrechen an kleinen Nationen einklagen. Zweitens rollte Gorbatschow die nationale Frage auf, als er jüngst ankündigte, das Zentralkomitee solle der Nationalitätenpolitik ein eigenes Plenum widmen. Damit wurde ein Dogma der vergangenen Jahrzehnte außer Kraft gesetzt, wonach in der Sowjetunion die nationale Frage bereits vorbildlich gelöst war.

Die Vorfälle im armenisch-aserbaidschanischen Grenzgebiet sind die Fortsetzung dessen, was anderswo begonnen hatte. Die Ablösung des kasachischen Parteichefs Kunajew im Dezember 1986 hatte noch zu blutigen Straßenkämpfen geführt. Denn die Absetzung des korrupten Parteichefs war verbunden mit der Ernennung des russischen Nachfolgers Kolbin. Danach folgte die politisch weitsichtigere, bislang aber folgenlose Reaktion auf die Krimtataren. In der Zwischenzeit hatten sich auch die Sowjetdeutschen zu Wort gemeldet. Sie hatten, ebenso wie die Krim-Tataren, trotz staatlicher Rehabilitierung nicht mehr in ihr angestammtes Siedlungsgebiet an der Wolga zurückkehren dürfen, aus dem sie 1942 deportiert worden waren. Unter Gorbatschow blieben die zahlreichen Petitionen der fast zwei Millionen Sowjetdeutschen nicht mehr ohne Resonanz. Einer Delegation sagte das Zentralkomitee kulturelle Einrichtungen an einem zentralen Ort zu.

Die Redaktion der deutschsprachigen Tageszeitung „Freundschaft" wurde daraufhin im vergangenen Jahr nach Alma Ata in Kasachstan verlegt, wo der größte Teil der Sowjetdeutschen wohnt. Wenige Monate später folgte ein weiterer Schritt. Eine Verordnung des Präsidiums des Obersten Sowjets von Kasachstan legte fest, dass der muttersprachliche Unterricht der Deutschen entscheidend zu verbessern sei; noch bis zur Mitte der sechziger Jahre war er ganz verboten. Doch im Gegensatz zu vielen anderen Völkern können die Deutschen bis heute noch keine Schule in eigener Sprache betreiben. Der heikelste Punkt berührt aber die Frage ihrer nationalen Autonomie. Offensichtlich nicht ohne politische Rückendeckung hat der Chefredakteur der deutschsprachigen Wochenzeitung Neues Leben diesen Aspekt öffentlich zur Diskussion gestellt.

Anders gelagert sind die Probleme in den baltischen Republiken. Eine Protestnote des sowjetischen Außenministeriums an die US-Botschaft in Moskau zeigt die Grenzen bei der Frage um die nationale Debatte. Moskau beschwert sich über eine Einmischung von außen durch den Regierungssender „Voice of America", der zu den Nationalfeiertagen der Republiken Estland, Lettland und Litauen zu Demonstrationen aufruft. Wenn TASS in den letzten Wochen zugeben musste, dass es „Rowdys" gelungen sei, in den litauischen Städten Wilnius und Kaunas nach dem Kirchgang „antisowjetische Demonstrationen" zu organisieren, so liegt die Vermutung nahe, dass auch nationale Unzufriedenheit bei solchen Manifestationen mitschwingt. Die amerikanischen Parolen aus dem Äther machen, sehr zum Ärger der offiziellen Sowjetführung, deutlich, dass die USA das Baltikum staatsrechtlich immer noch nicht als Teil der Sowjetunion anerkennen. Daher darf auch der US-Botschafter in Moskau diese Region nicht bereisen. Eine fast kuriose Folge: Die Bundesrepublik als Verbündete fällt unter dasselbe Edikt, und der derzeitige bundesdeutsche Botschafter, Andreas Meyer-Landrut gebürtig aus Tallin, früher Reval, darf daher seine eigene Heimatstadt nicht besuchen.

Neue Verordnungen sollen dem ausgeprägten Nationalgefühl in den baltischen Gebieten Rechnung tragen. Russen, die in wichtige Führungsfunktionen von Staat, Wirtschaft und Partei aufsteigen, werden angehalten, die jeweilige Nationalsprache zu erlernen.

Umgekehrt gilt als landesweite Praxis, dass ein Sowjetbürger ohne ausbaufähige Russischkenntnisse ebenfalls keine Karrieremöglichkeiten hat. Noch 1984 hatte die Partei ein ehrgeiziges Reformprojekt verabschiedet, wonach alle Schulabgänger die russische Sprache beherrschen müssen. Während des letzten ZK-Plenums kritisierte Politbüromitglied Ligatschow jene Reform als undemokratisch und sprach von der Notwendigkeit einer „national-russischen Zweisprachigkeit" bei der Schulerziehung. Die zwangsläufige Russifizierung, die oft mehr wirtschaftlich als ethnisch bedingt ist, hat bereits zu gravierenden Veränderungen geführt. So gibt es in Weißrussland kaum noch muttersprachliche Schulen. In der Ukraine studiert man auf Russisch. Der Unterricht in kasachischen oder armenischen Schulen richtet sich nach den zentralisierten Lehrplänen Moskauer Ministerien und wird den nationalen Belangen oft nicht gerecht. Gegen diese Praxis führte eine armenische Schriftstellerin schon vor Jahresfrist in der Parteizeitung *Prawda* heftige Klage und zierte ihre Attacke auf die Russifizierung der Schulen mit den Worten des dagestanischen Dichters Rassul Gamsatow: „Wenn meine Sprache stirbt, sterbe ich mit ihr."

Die Sprache ist das wichtigste nationale Identitätsmerkmal in der Sowjetunion. So kann man sich bei der Festlegung der Nationalität in gemischten Familien für die Volkszugehörigkeit eines der beiden Elternteile entscheiden oder aber aufgrund der Muttersprache seine Nationalität bestimmen. Ein junges Mädchen aus Pawlodar mit einem deutschen Vater und einer polnischen Mutter hat sich allein aufgrund ihrer schulischen Erziehung entschieden und sich mit sechzehn Jahren bei der Aushändigung des Passes als Russin registrieren lassen.

Gleichwohl ist vor wenigen Monaten die Diskussion über den zahlenmäßigen Bestand an Russen aufgebrochen. In fünf Jahrzehnten, so befürchten sowjetische Fachleute, wird bei der jetzigen Geburtenrate die russische Nation halbiert sein, während die asiatischen Nationen und die Kaukasusvölker überproportional weiter anwachsen. So gilt es bereits jetzt zu bedenken, welche Auswirkungen der nationale Proporz in der Partei, aber auch in Wirtschaft und Militär haben könnte, in Bereichen also, die in den Führungspositionen überwiegend von Russen verantwortet werden.

Dies mag ein wichtiger Faktor für Gorbatschow bei seinen Bemühungen um eine Diskussion der nationalen Frage sein. Es ist deshalb auch verständlich, wenn Gorbatschow sich gegenüber Abgesandten der armenischen Demonstranten beklagt hat, dass man ihm mit den Unruhen im Kaukasus in den Rücken gefallen sei und die Perestrojka gefährde. Erstens nämlich ist Armenien die Republik mit der größten Fluktuation in beide Richtungen und gleichzeitig die Republik mit der größten nationalen Geschlossenheit. Allein über zweihundertfünfzigtausend Auslandsarmenier sind seit den zwanziger Jahren in ihre alte Heimat zurückgekehrt, weil eben das zerstreute Volk mit seiner schreckensvollen Geschichte keinen anderen gesicherten Platz in der Welt hat. Zweitens wurde mit den Ereignissen in Nagornyj Karabach eine von Gorbatschow neu propagierte Losung „Alle Macht den Sowjets" verwirklicht, die ihm jetzt Schwierigkeiten bereitet. Denn die überwältigende Mehrheit eines Sowjets (= Rates) traf die Entscheidung, die nun soviel Unruhe hervorgerufen hat. Hundertzehn Abgeordnete stimmten in Nagornyj Karabach für den Anschluss an Armenien, dreizehn stimmten dagegen und siebzehn enthielten sich der Stimme. Das Wahlergebnis bringt Gorbatschow in Verlegenheit, weil es Kräfte freisetzte, die sich auch gegen die Zentralmacht richten. Die Gefahr einer Kettenreaktion ist noch nicht gebannt. Die Unruhen in der Stadt Sumgait in Aserbaidschan konterkarieren den Beginn einer Atempause, die zwischen der Moskauer Zentrale und den demonstrierenden Armeniern bis zum 26. März 1988 vereinbart wurde. Wie aber kann der von Gorbatschow erstrebte gerechte Lösungsversuch aussehen in einem Land, in dem zwar fünfzig der über hundert Nationen in Republiken und autonomen Gebieten eine bedingte Selbständigkeit haben, in dem aber laut *Prawda* mit der nationalen Frage „nicht alles zum Besten" bestellt ist? Bei einer ehrlichen Lösung kann die Frage der nationalen Identität auch nach siebzig Jahren Sowjetmacht nicht von der Frage der Glaubenszugehörigkeit getrennt werden. Die Religion spielt zwischen den christlich geprägten Armeniern und den moslemisch orientierten Aserbaidschanern ebenso eine Rolle, wie bei dem Regionalismus-Denken der zentralasiatischen Republiken, die seit geraumer Zeit wegen ungeheuerlicher Rückstände - in Usbekistan verbrannten sich im Laufe der letzten zwei Jahre 270 Frauen selbst aus Verzweiflung über ihr Schicksal als versklavte Schwiegertöchter - öffentlich kritisiert werden. Nationalitätenpolitik in der Sowjetunion ist eben mehr als nur ein gerechter territorialer Ausgleich zwischen den Völkern.

GLASNOST IN KLEINEN DOSEN
Kreml und Partei räumen Fehler
bei Unruhen im Kaukasus ein[96]

Ein Jungakademiker ließ seinem Unmut freien Lauf: „Lange, viel zu lange haben wir hochnäsig behauptet, dass eine nationale Frage in der Sowjetunion nicht existiert." Seine Empörung ist nicht ungewöhnlich, sie wird von vielen Sowjetbürgern geteilt. Doch in diesem Fall sorgte das publizistische Umfeld für die Brisanz einer solchen Äußerung. Denn in selbstkritischer Absicht druckte die Regierungszeitung *Iswestija* den Brief eines gewissen A. Garibow nach, der aus Erfahrung spricht. Garibow ist ein aserbaidschanischer Russischlehrer, der zurzeit seinen Wehrdienst in Turkmenistan absolviert. Offen klagt er an, was von der satirischen Literatur bis zum Unterhaltungsfilm in der Sowjetunion gepflegt wird, nämlich das Negativ-Image des vermeintlich typischen Südländers, des Kaukasiers, der als Schwarzhändler und Schieber, als Schwindler und Betrüger das Land verunsichere. Nach dem Motto, dass nicht sein kann, was nicht sein darf, so die vehemente Klage, habe man die Probleme zwischen den Nationalitäten mit schönen, aber leeren Worten von der Völkerfreundschaft bemäntelt.

Wochen nach den tragischen Zusammenstößen zwischen Armeniern und Aserbaidschanern suchen die sowjetischen Medien krampfhaft nach einem Weg, wie man die Ereignisse öffentlich behandeln kann, ohne die bestehenden Tabus zu verletzen. Denn Schilderungen von Mord und Totschlag wurden bislang ebenso von der Zensur verhindert wie eine mögliche Aufrechnung, welche Nation in dem jüngsten Streit mit wie vielen Opfern am meisten gelitten hat. Aber auch die schlichte Wahrheit

---

[96] Noch hatte Moskau nicht verlernt, die Wahrheit zu verschweigen und Informationen über die blutigen Zusammenstöße im Kaukasus zu manipulieren. Doch Glasnost begann, sich auch hier durchzusetzen. Erstveröffentlichung: Glasnost in kleinen Dosen. Unruhen in Aserbaidschan und Armenien. Kreml-Führung und Parteipresse räumen Fehler und Versäumnisse. In: DIE ZEIT, Nr. 14, 1. April 1988.

über den hunderttausendfachen Protest der Armenier und deren Begehren wurde wegen des verordneten Informationsvakuums durch wuchernde Gerüchte ersetzt.

Unter sowjetischen Fernsehzuschauern machte sich Sarkasmus breit: „Das einzig Zuverlässige, was wir aus Armenien erfahren", so eine Stimme, „ist die Wetterprognose am Ende der Nachrichtensendung." Korrespondenten fühlten sich in die Zeit vor Glasnost zurückversetzt und bemühten sich verzweifelt, aus Informationen aus zweiter und dritter Hand herauszufiltern, was geschehen sein könnte. Die wenigen authentischen Fernsehbilder wurden mangels anderer Informationen zum Ursprung farbiger Reportagen, die weltweite Verbreitung fanden. Drei Bürgerrechtler dienten fast der gesamten westlichen Presse, allen voran den führenden Nachrichtenagenturen, als Gewährsmänner.

Die staatlichen Restriktionen leisteten den inoffiziellen Nachrichten Vorschub. Die Lage wurde undurchschaubar, als weitere Streikdaten genannt, aber nicht eingehalten wurden. Die Quellen aus Armenien versiegten durch einen beliebten Kunstgriff der Staatsmacht.

Telefonate mit Mitgliedern des Komitees Karabach in Eriwan dauerten nur noch Sekunden, bis ein kurzes Klicken die Leitung unterbrach. Umso mehr war die sowjetische Öffentlichkeit auf ein Datum fixiert, das als „armenisches Ultimatum" sogar von den staatlichen Massenmedien registriert worden war. Vier Wochen nach einer Begegnung von Parteichef Gorbatschow mit armenischen Schriftstellern erwarteten die Demonstranten einen positiven Bescheid über ihre Forderung, Nagornyj-Karabach an Armenien anzuschließen. Andernfalls sollte ein dreitägiger Generalstreik die Republik lähmen. Das Politbüro lehnte eine Grenzverschiebung ab, erkannte jedoch die missliche Lage der Armenier in der Enklave mit einer Reihe von sozialen, kulturellen und wirtschaftlichen Verbesserungen an. Für die kommenden sieben Jahre werden umgerechnet 1,1 Milliarden Mark für den Bau von Schulen, Krankenhäusern, Wohnungen und Straßen in Nagornyj-Karabach investiert. Eine Fernsehstation soll den Armeniern in Karabach endlich die Programme aus Eriwan in der Muttersprache vermitteln. Der muttersprachliche Unterricht in den Schulen bis hin zum Druck neuer Bücher soll verbessert werden. Mit diesen Maßnahmen wollte das Politbüro den Anschlussforderungen seine Schärfe nehmen. In einer konzertierten Aktion schaltete sich just zum Ultimatum die Presse ein. Eine Gruppe sowjetischer Korrespondenten wurde mit Sonderauftrag in die Krisengebiete entsandt und teilte den Lesern dreierlei mit:

Erstens längst überfällige Informationen über Beginn und Ablauf der Unruhen und zweitens die Erkenntnis, dass die politische Inkompetenz der verantwortlichen Kader in Armenien und Aserbaidschan nicht zufällig zustande gekommen ist. Drittens schloss sich die Warnung an, dass eine Häufung solcher Probleme der Perestrojka schaden muss. Als Kronzeugen dafür dienen Armenier wie der Vizedirektor Karabekow aus Eriwan, der sich nach anfänglicher Sympathie von der protestierenden Massenbewegung losgesagt hat. „Es kam der Moment", so schildert er den Gesinnungswandel, „wo wir uns fragen mussten, auf welcher Seite wir stehen - auf der Seite der Perestrojka oder auf der Seite derjenigen Kräfte, die Entwicklung bremsen."

Inzwischen entdeckten die sowjetischen Medien, dass es sogar den Wissenschaftlern in beiden Republiken „an selbstkritischer Fähigkeit zur Analyse" mangele. Der inzwischen abgelöste Parteichef von Sumgait, dem Ort des brutalsten Terrors, soll als Verhinderer der Perestrojka schon zuvor von seinem Posten als erster Komsomolsekretär abgelöst worden sein. Immerhin sprach dieser Parteichef im nach hinein „von der gezielten Vorbereitung zum Pogrom" und die Regierungszeitung *Iswestija*, die als erste den Unruhen publizistisch nachging, scheute sich nicht länger, diesen Begriff zu verbreiten.

In einer ersten Aufwallung von Staatsräson hatte die *Prawda* mit konservativer Drohgebärde versucht, die armenische Protestbewegung als ferngesteuerte Attacke gegen die Einheit der Sowjetmacht zu verunglimpfen. „Was ist", so sorgte sich das Parteiblatt, „wenn auf Kosten unserer Völker nun die übrigen Regionen beginnen, ihre eigenen Interessen zu befriedigen? Was bleibt dann von der Union der Bruderländer übrig?" Gleichzeitig aber räumte die *Prawda* ein, dass die Gesetze für autonome Gebiete wie Nagornyj-Karabach, die vor zehn Jahren erlassen wurden, „nicht in vollem Umfang wirken und von manchen übergeordneten Republiken ignoriert werden".

Nicht alle Blätter waren zu solcher Ehrlichkeit fähig oder bereit. Eine Zeitung vermutete dreist, der amerikanische Geheimdienst CIA lasse über Agenten den Aufstand in Eriwan vorbereiten. Dagegen versuchte die Regierungszeitung *Iswestija* eine Erklärung, warum es überhaupt im Sowjetreich zu solchen Unruhen kommen konnte. Sie wies auf „Fehlentwicklungen in der nationalen Frage" hin, bei denen auch die mangelnde Sensibilität der Russen gegenüber anderen Sowjetvölkern eine Rolle gespielt habe.

Die Regierungszeitung mahnt bei den Russen eine „psychologische Perestrojka" an, da die Russen ihre frühere „Rolle des Helfers" inzwischen mit der eines gleichberechtigten Partners anderer Sowjetvölker getauscht hätten. Die *Iswestija* lässt keine Ausreden zu, sondern fordert: „Jetzt müssen wir offen zur Diskussion unserer nationalen Probleme bereit sein." Doch vor dieser Debatte wird die Staatsanwaltschaft die Bilanz von Nagornyj-Karabach und Sumgait ziehen. Danach sind 34 Menschen getötet und 197 Menschen verletzt worden. Die zwölf registrierten Vergewaltigungen kommen bei dem kaukasischen Ehrenkodex einer Schändung der ganzen Nation gleich. Der Sachschaden mit 26 zerstörten öffentlichen Gebäuden und über zwanzig demolierten Autos verliert dagegen an Bedeutung. Obwohl 42 Täter verhaftet und 400 Personen bereits zu Ordnungsstrafen verurteilt wurden, konnten nicht alle Schuldigen gefasst werden.

Die sowjetischen Medien stellen nun die neuen Helden der Katastrophe heraus. Nicht den Funktionären von Partei und Komsomol gebührt solches Lob. Es sind vielmehr die „informellen Lideri" (*Iswestija*), jene entschlossenen Bürger, die in einer Notlage, instinktiv richtig handelnd, Schlimmes vermeiden halfen. Es passt aber auch in das Wunschbild einer schockierten Leserschaft, wenn zwischen den streitbaren Nationen eine Frau auftritt, die ihr Kopftuch als Symbol der Mutterwürde vor die tobende Masse wirft und nach einem alten Ritual zur Verhinderung der Blutrache fordert: „Erst mordet mich und zertrampelt mein Tuch, ehe ihr miteinander kämpft." Die neue Heldin heißt Churanan Chanum und soll bereits die ersten Kämpfe zwischen Armeniern und Aserbaidschanern in den Bergregionen vor mehr als einem Monat auf diese mutige Weise verhindert haben.

Doch den Ausbruch der Feindseligkeiten - so die Schlussfolgerung - hätten nur die Parteikader verhindern können. Sie aber konnten es nicht. Denn wenn man den Schilderungen eines Vertreters der sowjetischen Nachrichtenagentur Nowosti folgt, war der Konflikt über Jahrzehnte hin programmiert. Nach seinem Besuch in dem Ort Stepanakerk schildert Karen Chatschaturow, stellvertretender Chef der Agentur: „Die autonomen Rechte sind geschmälert, und manchmal bestehen sie überhaupt nur zum Schein.

Sogar die Anstellung eines Arztes oder Lehrers muss vom aserbaidschanischen Republikministerium genehmigt werden. Zwischen Nagornyj-Karabach und Armenien ließ man einen schier undurchdringlichen Vorhang herunter, so dass von dort nicht einmal mehr Lehrbücher in der Muttersprache bezogen werden konnten. Selbst in den Lehrplänen der geisteswissenschaftlichen Fakultät des pädagogischen Instituts Stepanakerk, der einzigen Hochschule im autonomen Gebiet, fehlt der Lehrgang der Geschichte und Geographie Armeniens." In Stepanakerk ist nun auch das Vertrauen in Glasnost verschwunden. „Presse und Fernsehen entstellen die Ereignisse in Nagornyj-Karabach, sie verbreiten im Land einen falschen Eindruck", war häufig die Antwort, mit der den angereisten sowjetischen Korrespondenten ein Gespräch verweigert wurde. Journalisten sind nach dem Urteil der *Iswestija* in Stepanakerk zurzeit schlecht angesehen. Der Grund, den die *Iswestija* dafür nennt, kommt einer öffentlichen Abbitte gleich: „Zweifellos sind wir selbst schuld daran, nämlich durch die verstümmelten Mitteilungen in der ersten Zeit."

„MIT DER GANZEN MACHT DES STAATES"
Streit um die armenische Enklave Nagornyj-Karabach[97]

Der schmächtige Facharbeiter Manuel Oganessjan aus Stepanakert starrte auf einen kleinen Metallgegenstand, der vor ihm auf dem Tisch lag. Zu seiner Rechten thronten zwei greise Verwandte, mit Kriegsorden geschmückt. An der Kopfseite des Tisches wartete ein Ermittler der Staatsanwaltschaft auf das Geständnis. „Ja", meinte der Armenier vor der laufenden Kamera eines Reporters, „ich habe diese Waffe selbst angefertigt. Meine beiden Onkel haben mich überzeugt, dass ich mich stellen muss."

Dann folgt im Bild füllenden Format die Primitivausführung einer Kleinkaliberpistole, die der Beschuldigte an seinem Arbeitsplatz angefertigt hatte, als der Streik bereits das öffentliche Leben in Nagornyj-Karabach zu lähmen begann. Nach den Ausschreitungen im aserbaidschanischen Sumgait habe man als Armenier nicht gewusst, was einem drohe. Trotz des verbotenen Waffenbesitzes war Oganessjan der positive Held in einem Mediendrama, das tagelang von immer neuen Waffenfunden unter den demonstrierenden und streikenden Armeniern berichtete. Berge von Brot- und Fleischmessern, selbstgebaute Granaten und Handfeuerwaffen sollten die drohende Kriminalisierung des Widerstandes im Kaukasus belegen.

Der zweite Akt des Dramas spielte tausend Kilometer nördlich von Armenien. Der Brigadier S.G.Pawlow klagte vor der Kamera, es gäbe keinen Lohn mehr, man schäme sich bereits, ohne Geld nach Hause zu gehen. Wegen der Streiks in den armenischen Zulieferbetrieben fehlten in seinem Betrieb in Tscherboksary elftausend Elektromotoren. Der Schaden übertrage weit über vierhunderttausend Rubel. Die Selbstfinanzie-

---

[97] Die Enklave in Aserbaidschan war inzwischen Gegenstand blutiger Auseinandersetzungen, anhaltender Demonstrationen und Kernpunkt eines ersten nationalen Konfliktes im Kaukasus. Erstveröffentlichung: Streit um Nagornyj-Karabach. „Mit der ganzen Macht des Staates". In: DIE ZEIT, Nr. 30, 22. Juli 1988.

rung, eine Errungenschaft der Perestrojka, lasse jeden Arbeiter diese Verluste schmerzhaft spüren. Die *Prawda* beklagte, wegen der armenischen Streiks habe es im ganzen Land Einbußen in Höhe von Hunderten von Millionen Rubel gegeben. Als dann noch Soldaten berichteten, wie sie in den Strudel der Auseinandersetzung am Flughafen von Eriwan gezogen worden seien, und als das Fernsehen zerstörte Mannschaftswagen, zerstochene Reifen und verletzte Soldaten zeigte, fiel es vielen schwer, sich noch mit den streikenden Armeniern zu solidarisieren. Allerdings konterkarierte solche Bilder eine Aussage der armenischen Parteizeitung Kommunist, die von dem Schwesterblatt *Prawda* weiterverbreitet wurde. Der sowjetische Soldat sei stets ein willkommener Gast in jeder armenischen Familie, hieß es dort. „Armenier haben mich verfolgt, Armenier haben mich wieder gerettet", berichtete ein Soldat, der die widersprüchliche Situation am eigenen Leib erfahren hatte. Ein zorniger Offizier ging hingegen mit den Demonstranten scharf ins Gericht: „Warum", so klagte er, „wird in Eriwan nicht berichtet, dass wir schon in Sumgait Menschenleben geschützt haben?"

Spätestens mit dieser Medienkampagne schlug die Stimmung in der Sowjetunion um. Die öffentliche Meinung wäre empört gewesen, wenn das Präsidium des Obersten Sowjets dem Anschluss von Nagornyj-Karabach an Armenien zugestimmt hätte. Der Kompromiss, der jetzt als Resolution formuliert wurde, lässt aber noch Veränderungsmöglichkeiten offen. Vize-Staatspräsident Demitschew sah durchaus die Möglichkeit, dass über die konstitutionelle Grundlage von Nagornyj-Karabach noch verhandelt werden könne. Ausgangspunkt dafür wäre der Vorschlag von Jewgenij Primakow, dem Akademiedirektor des Instituts für Weltwirtschaft und Internationale Beziehungen, der für die umstrittene Region den Status einer autonomen Republik in den Grenzen der Sowjetrepublik Aserbaidschan anvisierte. Dies würde mehr Unabhängigkeit trotz territorialer Integrität Aserbaidschans bedeuten. Nicht alle 32 Redner, die sich in der hitzigen Debatte des Parlamentspräsidiums in Moskau zum Thema Nagornyj-Karach äußerten, bemühten sich um solche konstruktiven Lösungsversuche. In einer langen Fernsehnacht konnten sich die Sowjetbürger selbst von den Argumenten der streitbaren Redner überzeugen.

„Die wirkliche Macht in Nagornyj-Karabach liegt jetzt in den Händen staatsfeindlicher Elemente", klagte der aserbaidschanische Parlamentspräsident Tatlijew und forderte den Schutz für seine Republik. Der Parteichef des umstrittenen Gebietes, Pogosja, konterte: „Wir können uns nicht mit dem im Frühjahr beschlossenen Programm zur Verbesserung der nationalen Lage zufriedengeben." Mit dem fast unverhüllten Ruf nach hartem Vorgehen reagierte der Moskauer Stadtparteichef Saikow: „Die Rechtsschutzorgane müssen beauftragt werden, Klarheit über die unansehnliche Rolle der korrupten Clans zu schaffen, welche die Situation um Nagornyj-Karabach zuspitzen. Mit der ganzen Macht des Staates, mit allen wirtschaftlichen, politischen und propagandistischen Mitteln, über die wir verfügen, müssen wir dieser Situation ein Ende setzen."

Mäßigung mahnte dagegen ein Vertreter eines anderen kleinen Volkes an, der estnische Parlamentspräsident Arnold Rüütel: „Wir müssen die Emotionen zügeln und Weisheit und Ausdauer an den Tag legen. Die Reaktionen auf diesen Konflikt kommen insgesamt zu spät und sind nicht angemessen." Eine Kommission aus Abgeordneten der Nationalitätenkammer im Obersten Sowjet soll die Lage noch einmal analysieren. Vertreter des sowjetischen Parlamentspräsidiums sollen zusammen mit armenischen und aserbaidschanischen Repräsentanten den Prozess der Befriedung in Nagorny-Karabach überwachen. Doch wie dieser Prozess ablaufen soll, darüber sagt auch nach dem Aufwall von Emotionen und Meinungsstreitereien die jüngste Resolution aus Moskau nichts.

„GEFÄNGNIS DER VÖLKER“
Die litauische Volksfront gegen die Sowjetmacht wächst[98]

Aufgeregt debattieren Passanten im Hauseingang am Lenin-
prospekt Nr. 1 in Vilnius die jüngste Resolution der litauischen
Freiheitsliga, die im Bestand der Sowjetunion keine Zukunft für
die Litauische Republik sieht. Ein junges Mädchen fordert in
flammenden Worten die Abschaffung des Einparteiensystems
und geißelt die Perestrojka als „Augenwischerei“. In dem Haus
selbst hat eine andere Gruppierung, die gemäßigtere Volksfront-
bewegung Sajudis, ihren Sitz. Sie fordert nur mehr Unabhängigkeit Litauens innerhalb der Sowjetunion. Artikel 72 der sowjetischen Verfassung schreibt das Recht auf Austritt aus der Sowjetunion fest.

Für Professor Vytautas Landsbergis von der Volksfront ist
dieser Artikel gewissermaßen der Garant für die Souveränität
nach innen. Als Vertreter der Volksfront formulierte er auch im
Obersten Sowjet Litauens die Vorbehalte gegen Moskaus Verfassungsreform, die den Zusammenhalt der Sowjetrepubliken neu
definieren soll. Doch die litauischen Abgeordneten wählten einen vorsichtigen Weg. Sie wollten nicht provozieren und vertag-
ten die Debatte über ein mögliches Vetorecht gegen Moskauer
Entscheidungen.

Die Konkurrenz zwischen der Volksfront Sajudis und der litauischen Freiheitsliga tritt am zentralen Gediminas-Platz offen
zutage. Zur Mittagszeit versammeln sich Tausende von Litauern,
die einem Aufruf der Sajudis gefolgt sind. Sie strecken ihre Hände empor und stimmen für eine Deklaration über die Souveränität der Republik; eine symbolische Abstimmung, die ihnen das
Parlament verwehrt hat. Eigentlich sollten bei diesem Anlass die
litauischen Abgeordneten des Obersten Sowjet in Moskau gewis-

---

[98] Die spätere Abtrennung der baltischen Staaten aus der Sowjetunion hatte
ihre Wurzeln in der Gründung der Volksfrontbewegungen, die zunächst auf
innere Souveränität und später auf staatliche Selbständigkeit drängten.
Erstveröffentlichung: „Gefängnis der Völker“. In: DIE ZEIT, Nr. 49, 2.
Dezember 1988.

218

sermaßen unter Kontrolle der Bevölkerung auf eine Ablehnung des Moskauer Verfassungsprojektes eingeschworen werden. Doch nur zwei Abgeordnete sind erschienen, von denen sich nur einer gegen die Verfassungsreform ausspricht. Voller Begeisterung skandieren die Demonstranten immer wieder den Namen Estlands, der Republik, die den Verfassungskonflikt mit Moskau nicht gescheut hat. Am Nachmittag dann versammelt die Freiheitsliga mit radikaleren Parolen ihre Anhänger. Die Aufschriften auf den Plakaten schwanken zwischen Forderungen nach mehr Perestrojka bis hin zu der Anklage: „Die Sowjetunion ist ein Gefängnis der Völker". Ein Plakat zeigt vier Polizisten von hinten in Kampfanzügen und Helmen. In ihren Händen halten sie Schlagstöcke.

Die Angst einflößende Geste wird überschrieben mit der Aufforderung, gegen Moskaus Verfassungsreform zu stimmen; 1,8 Millionen Unterschriften sind in Litauen dagegen gesammelt worden. Als ein Sprecher von Sajudis diese Zahl auf der Massenkundgebung nennt, brandet Jubel auf. Im Hintergrund, auf dem Turm des oberen Bergschlosses von Vilnius, weht die Fahne mit den Nationalfarben gelb, grün und rot. Hammer und Sichel haben hier ausgedient. Sogar die Abgeordneten des Obersten Sowjets von Vilnius haben Hymne, Nationalfahne und die Staatssprache Litauisch anerkannt. Im Republikfernsehen wird vorgeführt, was gleichberechtigte Zweisprachigkeit bedeutet. Der Reporter wendet sich an einen Gesprächspartner auf Russisch und erhält die Antwort auf Litauisch. Sowjetische Generäle litauischer Nationalität stellen sich einer Diskussion, in der ernsthaft erörtert wird, unter welchen Bedingungen in der sowjetischen Armee wieder eine national-litauische Division aufgebaut werden könnte.

Ehemalige Häftlinge und Deportierte ergreifen im Fernsehen das Wort. Eine Million Litauer sollen nach dem gewaltsamen Anschluss an die Sowjetunion im Jahr 1940 deportiert worden sein. Wie in der Nachbarrepublik Lettland kehren jetzt auch nach Litauen Menschen zurück, denen der Aufenthalt auch nach Ablauf einer Verbannungsstrafe in ihrer Heimat bislang verboten war. „Als die deutschen Okkupanten kamen", schildert ein Betroffener vor der Kamera sein Schicksal, „habe ich ein Schild hochgehalten: Litauen den Litauern. Ich wurde zum Tode verurteilt und konnte fliehen. Als dann die sowjetischen Truppen kamen, habe ich wieder das Schild hochgehalten. Man war mit mir gnädig und schickte mich nur für zehn Jahre nach Sibirien.“

UNRUHEN IN GEORGIEN
Herausforderung für Eduard Schewardnadse[99]

Der georgische Parteichef Dschumber Patiaschwili demonstrierte Fassungslosigkeit: „Der Schmerz, den uns dieser Vorfall zugefügt hat, wird für immer bleiben." Die blutigen Zusammenstöße von Tiflis sind nach seinen Worten „unser gemeinsames Leid, für das wir verantwortlich sind".

Vor den Arbeitern der Dmitrow-Fabrik in der georgischen Hauptstadt sprach er die Toten von Tiflis vom Vorwurf extremistischer Aktivitäten frei: „Ich kann hier offen sagen, dass leider unschuldige Menschen ums Leben gekommen sind, die nicht zu den aktivsten Teilnehmern an diesem Treffen gehörten." Die Moskauer Zentrale wehrte sich heftig gegen Unterstellungen der westlichen Presse: Nicht mehrere Dutzend oder gar hundert, sondern nur achtzehn Opfer haben die Zusammenstöße zwischen Demonstranten und Sicherheitskräften gefordert, überwiegend Frauen. Jetzt soll mit Untersuchungskommissionen und Straffverfahren rechtsstaatliche Ordnung praktiziert werden, ehe eine klare Schuldzuweisung ausgesprochen werden kann. Bislang hat die sowjetische Presse ihre Leser nur unzureichend darüber aufgeklärt, dass nicht ein plötzlicher Aufwall von politischem Radikalismus, sondern lang schwelender nationaler Zorn der Anlass für die jüngste Tragödie war.

Es gab versteckte Hinweise, wonach bereits Ende März in der kleinen Autonomen Sowjetrepublik Abchasien auf dem Territorium Georgiens die neue Welle des Widerstandes gegen vermeintliche Bevormundung durch größere Völker aufgebrochen war. Der dortige Parteichef musste seinen Posten räumen, nachdem er sich mit der Forderung solidarisiert hatte, Abchasien aus Georgien herauszulösen. Die Reaktion darauf glich den Ereignis-

---

[99] Der Kaukasus brannte weiter und der sowjetische Außenminister Schewardnadse übernahm eine beruhigende Rolle in seinem Heimatland, das er später als Präsident in die Unabhängigkeit führen sollte. Erstveröffentlichung: „Gemeinsames Leid". Schewardnadse soll das Feuer in Georgien löschen. In: DIE ZEIT, Nr. 16, 14. April 1989.

sen vom März 1981. Auch damals entwickelte sich aus ähnlichem Anlass zwischen den Georgiern, die einer der ältesten christlichen Nationalkirchen angehören, und den Abchasiern, die mehrheitlich sunnitische Moslems sind, ein Schlagabtausch. Auch damals mündete der Protest in Parolen, die einen Austritt Georgiens aus der Sowjetunion forderten.

Doch zwei erstaunliche Unterschiede kennzeichnen den jüngsten Konflikt: Erstens scheuten sich die sowjetischen Medien diesmal nicht mehr, die Parolen zur Abschaffung der Sowjetmacht und zur Bildung einer provisorischen Übergangsregierung weiterzugeben, wenn auch mit dem Etikett „antisowjetisch“. Zweitens bemühte man sich - wenn auch erfolglos - die aufgebrachte Menge in Tiflis mit Hilfe des georgischen Kirchenoberhauptes zu beruhigen und die Gefahr einer Schießerei beim Einsatz von Armee und Polizei abzuwenden.

Die Taktik beim Vorgehen gegen die Demonstranten wurde aber nicht mehr von den Politikern bestimmt. Parteichef Patiaschwili bezeugte selber, wie das Einsatzkommando der Sicherheitskräfte argumentierte: „Wie man uns vor Beginn der Operation jedenfalls erklärt hat, sollte es keine Todesfälle geben. Es ist dennoch passiert.“ Schließlich setzten die Verantwortlichen auf Außenminister Schewardnadse. Als ehemaliger georgischer Parteichef war es ihm einst gelungen, eine der größten Massendemonstrationen zu kanalisieren. 1978 sollte durch eine Verfassungsordnung Georgisch als Staatssprache abgeschafft werden. Schewardnadse setzte sich an die Spitze der Kritiker. Er konnte Moskau zur Rücknahme des Projektes bewegen und gleichzeitig sein Volk ruhigstellen. Zunächst als bedrückter und ernster Zuhörer, dann als Gesprächspartner im teilweisen scharfen Straßendialog ist Schewardnadse jetzt in seiner Heimat politisch stärker herausgefordert worden als bisher in seinem Moskauer Ministerium.

NATIONALE SPRENGKRAFT
Der Vielvölkerstaat driftet auseinander[100]

Die Welle der Unabhängigkeitserklärungen, die das Ende der bisherigen sowjetischen Staatsform beschleunigte, erinnert an einen nahezu identischen Prozess, in dessen Verlauf die Ukraine und Georgien (1917) sowie Litauen, Estland, Aserbaidschan, Armenien und Lettland (1918) ihre staatliche Unabhängigkeit verkündeten. Tataren, Kosaken, Baschkiren beanspruchten im gleichen Zeitraum ihr Selbstbestimmungsrecht in eigenen verfassungsgebenden Versammlungen. In der Sowjetunion führten ab 1988 nationale Massendemonstrationen in Estland, Lettland, Litauen und in Armenien zur Bildung von Unabhängigkeitsbewegungen. Die Möglichkeit einer Abspaltung peripherer Gebiete von der Sowjetunion rückte mit der Souveränitätserklärung von Estland am 16. November 1988 in greifbare Nähe. Die vorschnelle Unabhängigkeitserklärung von Litauen am 11. März 1990 und die Wahl des antikommunistischen Präsidenten Vytautas Landsbergis an die Spitze der Republik führten dann zu jenem Verfassungsstreit, der letztlich mit der Auflösung der bestehenden sowjetischen Verfassungsgewalt endete.

Der sowjetische Staatspräsident Michail Gorbatschow glaubte damals noch, er könne mit Wirtschaftssanktionen die abtrünnigen Litauer gefügig machen. Doch dann reagierten auch Estland und Lettland mit Unabhängigkeitserklärungen, die über den Anspruch der Souveränität hinaus die Eigenstaatlichkeit der baltischen Republiken bedeuten sollte. Am 14. Mai 1990 verfügte der Präsident der UdSSR in einem persönlichen Dekret, dass die Unabhängigkeitserklärung Estlands vom März 1990 „als gesetz-

---

[100] Die wirkliche Herausforderung für die Sowjetunion war die Illusion vom „freiwilligen Zusammenschluss" der Völker. Die nationale Frage war alles andere als gelöst. Der Zerfallsprozess war nicht mehr aufzuhalten und hatte Auswirkungen auf den Gesamtbestand der Sowjetunion. Erstveröffentlichung: Der zweite Zerfall des Imperiums. Die nationale Frage aber auch innerhalb in der Sowjetunion, Russlands. In: Die Presse, Wien 7./8. September 1991.

widrig zu betrachten" sei. Mit ähnlichen Präsidialdekreten bekämpfte Gorbatschow die Unabhängigkeitsbewegungen auch in den übrigen baltischen Republiken. Im Gegensatz zu Gorbatschow erkannte der damalige russische Parlamentspräsident und heutige direkt gewählte russische Präsident Boris Jelzin das Selbstbestimmungsrecht der baltischen Republiken sofort an. Er unterlief die Wirtschaftssanktionen Gorbatschows und bot den baltischen Republiken Kooperationsverträge an.

Damit sicherte sich Jelzin seine erste politische Basis außerhalb der Russischen Föderation. In ähnlicher Weise bereitete Jelzin auch weitere „horizontale Beziehungen" zwischen Russland und den übrigen Republiken vor, um mit diesem flächendeckenden Netzwerk von Beziehungen einen strukturpolitischen Kontrapunkt zur Moskauer Zentralmacht zu setzen. Diese Taktik hat sich bei seinem Kampf gegen das Zentrum letztlich ausgezahlt. Mit dem Zerfall und der Neuordnung der Sowjetunion stellt sich für Jelzin aber nun die Frage, was man unter Russland eigentlich zu verstehen hat. Hier eröffnet sich eine Perspektive von enormer politischer Sprengkraft. Denn die Identität Russlands ist mit einer doppelten Abgrenzung verknüpft, die sich nach außen wie nach innen richtet. „Die Russen sterben aus!" Das war der Schlachtruf einer russisch-patriotischen Bewegung, die in den letzten Jahren mit dramatischer Geste auf den Geburtenrückgang bei den Russen hinweisen wollte. Bis zur Jahrtausendhälfte werde sich die Zahl der Russen halbieren, verkündeten die Anhänger einer These Anfang der achtziger Jahre. Sie fürchteten den überproportionalen Zuwachs der asiatischen Völker in der Sowjetunion.
Der Bevölkerungsanteil der Russen an der Gesamtbevölkerung der Sowjetunion ist tatsächlich gefallen und lag zuletzt bei nur noch 50 Prozent. Durch die Abtrennung nicht-russischer Republiken werden sich die Proportionen wieder zugunsten der Russen verschieben. Doch auch die Tatsache, dass die Russen bereits im zaristischen Vielvölkerstaat in der Minderheit waren, hat deren führende Rolle gewissermaßen als Staatsvolk nicht in Frage gestellt.

Bei einer Volkszählung vor fast genau hundert Jahren herrschte der Zar in Russland über 56 Prozent Nicht-Russen in seinem Reich. Das Spannungsverhältnis der Nationen im Vielvölkerstaat hat besonders in der Zeit der Sowjetunion das Ringen um die russische Identität geprägt. Russland gehe in der Sowjetunion auf, befürchteten die Patrioten, die nun in einer Welle des Enthusiasmus den Russlandbegriff einem Unionsgedanken überordnen. Die Umkehrung dessen bemängelten die nicht-russischen Völker, nämlich: Die Sowjetunion gehe in Russland auf. Zwischen Russen und den nicht-russischen Völkern herrschen kulturhistorisch bedingte Unterschiede in den nationalen Beziehungen, die sich nun wieder politisch äußern: Der Jubel um einen Vertrag, der jetzt die Ukraine und Russland in einem neuen Staatenbund vereinen soll, stärkt auch jene russisch-nationalen Kräfte, die in der Ukraine Kleinrussland sehen, aus dem das spätere Großrussische Reich hervorgegangen ist.

Denn in der heutigen Ukraine liegt die Stammheimat der einstigen Kiewer Rus' und des späteren Russischen Reiches. Der Fürst von Kiew Wladimir (ukrainisch: Wolodimir; belorussisch: Ulazdimir) übernahm 988 das Christentum als Staatsreligion und legte damit den Grundstein für die orthodoxe Kirche, deren Patriarch ab 1325 in Moskau residierte. Mit dem Erstarken der Moskauer Fürsten sank die Bedeutung von Kiew, der Hauptstadt der heutigen Ukraine. Allerdings sind diese Beziehungen nicht frei von Spannungen. Zahlreiche Ukrainer, darunter vor allem die mit Rom unierten Gläubigen der Westukraine, ziehen einen scharfen Trennungsstrich zwischen der national-ukrainischen und der russischen Geschichte.

Eine zweite Abgrenzung der Russen gegen eine andere slawische Nation hat auch erst in den letzten Jahren an Schärfe gewonnen. Gemeint ist das Verhältnis von Russen zu Weißrussen. Weißrussland war eine Provinz des Zaren, der ähnlich wie in der Ukraine auch den Weißrussen die Benutzung ihrer eigenen Sprache verbot. Der Zar akzeptierte auch keine weißrussische Nation. Obwohl die Sowjetunion diese Völker mit eigenen Republiken anerkannte, hat Stalins Russifizierungspolitik versucht, die nationale Identität dieser Völker weitgehend zu zerschlagen, um

sie dem künstlichen Gebilde eines so genannten sowjetischen
Volkes unterzuordnen. In einem Pendelschlag zurück vom Zentralismus wird jetzt nicht nur bei den Russen, sondern bei allen
Völkern der bisherigen Sowjetunion der Nationalgedanke bis hin
zu nationalistischen und chauvinistischen Attitüden neu belebt.
Jelzin wird sich auf der Woge des patriotischen Enthusiasmus
kaum Forderungen entziehen können, die eine Zuständigkeit
Russlands für die 25 Millionen Russen verlangen, die zwar innerhalb der bisherigen Sowjetunion, aber außerhalb der Russischen
Föderation leben. So liegt in der Republik Kasachstan mit 16,6
Millionen Einwohnern der Anteil der Russen bei 41 Prozent.
Selbst in der zentralasiatischen Republik Kirgisien an der Grenze
zu China sind von 4,3 Millionen Einwohner 26 Prozent Russen.
Auch die Ukraine, die nach der Unabhängigkeit der zweitgrößte
Staat Europas sein wird, beherbergt unter 51,7 Millionen Einwohner 21 Prozent Russen. Dagegen ist der russische Siedlungseinfluss im Transkaukasus und im Baltikum mit Ausnahme Lettlands (33 Prozent Russen) relativ gering geblieben.

Innerhalb der RSFSR mit 148 Millionen Einwohnern stellen
die Russen mit 80 Prozent der Bevölkerung den beherrschenden
Anteil. Gleichzeitig liegen innerhalb Russlands 16 Autonome
Republiken, fünf Autonome Gebiete sowie zehn Autonome
(Nationale) Kreise. Trotz dieser Vielfalt und der scheinbaren
Rücksichtnahme auf nationale Minderheiten decken sich die
administrativen und die ethnischen Grenzen nicht miteinander.
Deshalb war die Russische Föderation bereits seit Jahren mit den
Forderungen eines erwachenden Nationalgefühls anderer Völker
auf ihrem Territorium konfrontiert. Diese Entwicklung führte in
der Zeit der Perestrojka zu vorsichtigen Veränderungen. Im
Herbst 1989 waren in Sibirien wieder tatarische Schulen eingerichtet worden für jene Muttersprachler, die außerhalb der Tatarischen Autonomen Republik leben. Denn von den sechseinhalb
Millionen Tataren wohnen nur ein Sechstel in der bis dahin Tatarischen Autonomen Republik, während der Rest weit verstreut in
der Russischen Föderation siedelt. Im Zuge dieser Entwicklung
wurde für die islamisch geprägten Tataren im sibirischen Tjumen
wieder eine Moschee errichtet. Nur wenig später, im Dezember

1989, meldeten sich die Dolganen, Nenzen, Ngasanen und Enzen, also die arktischen Völker der Russischen Föderation, zu Wort. Von der Öffentlichkeit weitgehend vergessen, litten sie unter der industriellen Entwicklung und der Ausbeutung der Bodenschätze, wodurch ihre Existenzgrundlage für Rentierzucht und Fischfang gefährdet war. Ethnologen befürchten sogar das baldige Aussterben von Sprache und Kultur dieser Völker. Im April 1990 schlossen sich die kleinen Völker des russischen Nordens in einer Assoziation zusammen. Im selben Jahr begannen einzelne Völker innerhalb der Russischen Föderation bereits ihre Souveränitätsansprüche zu formulieren. Sie wollten einer Neuordnung der Sowjetunion unter russischem Einfluss zuvorkommen.

Im Frühjahr 1990 brach der Nationalitätenkonflikt in der Autonomen Republik der Tschetschenen und Inguschen aus, die im Nordkaukasus liegt und ebenfalls zur Russischen Föderation gehört. Die Inguschen forderten eine eigene Autonomie als Wiedergutmachung für die Stalinzeit, während der sie zwischenzeitlich deportiert worden waren. Nach ihrer Rückkehr 1957 waren jedoch zahlreiche Dörfer der Inguschen der Nordossetischen Autonomen Republik zugeordnet. Die Südosseten hingegen, deren Region der Georgischen Republik untersteht, wollen die Vereinigung mit den Nordosseten und somit eine administrative Angliederung an die Russische Föderation. Deutlich antirussische Tendenzen wies ein Konflikt im August 1990 innerhalb der Russischen Föderation auf, der im Ausland jedoch fast überhaupt nicht beachtet wurde. In der Autonomen Republik Tuwa in Südwestsibirien an der Grenze zur Mongolei mussten Tausende von Russen die Flucht ergreifen, weil sich die Titularnation der Tuwinen, die in buddhistisch-lamaistischer Tradition stehen, in Pogromstimmung gegen die angesiedelten Russen erhoben hatten.

Nur wenige Tage nach diesen Unruhen beanspruchte Karelien als erste Autonome Republik innerhalb der Russischen Föderation den Status eines „souveränen, demokratischen Rechststaates". Die Autonome Republik Komi im Einzugsgebiet des Westural ging entschieden weiter. Die Republik strich den Begriff „Autonom" mit der Begründung, dieser Zusatz „schränkt die Rechte des auf ihrem Territorium lebenden Volkes ein und versetzt es - im Vergleich zu anderen Staatsgebilden - in eine nicht gleichberechtigte Lage". Bei der Welle von Souveränitätserklärungen, die bereits 1990 die Sowjetunion überrollte, verlangten die Unionsrepubliken wie Estland oder die Ukraine den Vorrang ihrer Gesetze vor denen der Sowjetunion. Innerhalb Russlands aber wurde es noch komplizierter, weil nun die nichtrussischen Völker Gesetzesvorrang sowohl vor den Gesetzen der Russischen Föderation als auch vor den Gesetzen der gesamten Sowjetunion beanspruchten. Die Tatarische Autonome Republik ging sogar in ihrer Erklärung noch einen Schritt weiter. Im August 1990 trennte sie sich nominell von der Russischen Föderation, um bei künftigen Verhandlungen mit den übrigen Sowjetrepubliken staatsrechtlich auf einer Stufe zu stehen.

Die nationale Vielfalt der größten und zentralsten Republik, der Russischen Föderation, - mit 17 Millionen Quadratkilometern im Ausmaß von Südamerika - illustrierte mit den Souveränitätsansprüchen der kleineren Völker die besondere Herausforderung Russlands für eine Neuordnung der Sowjetunion. Hierin liegt auch der Grund, weshalb Boris Jelzin entgegen seiner politischen Überzeugung dem bereits angeschlagenen sowjetischen Präsidenten Gorbatschow im November 1990 eine „Koalitionsregierung der nationalen Einheit" angeboten hatte. Damals hätte Gorbatschow eine Chance ergreifen können, um die Perestrojka ebenso wie die Sowjetunion zu erhalten. Stattdessen schwenkte Gorbatschow in das Lager der konservativen Kräfte in der KPdSU über und legte den Grundstein für den späteren Putsch mit seinen unerwarteten Folgen. Noch einmal im April 1991 hatte Jelzin einen Kompromiss mit Gorbatschow gesucht, um einen Unionsvertrag zu realisieren. Denn der russische Präsident war an einer Befriedung der nationalen Lage ebenso interessiert wie Gorbatschow, um die Russische Föderation vor inneren Auseinandersetzungen zu bewahren.

Es ist bemerkenswert, dass Konflikte der nicht-russischen Völker untereinander im Ausland mehr Aufsehen erregten als der Protest nicht-russischer Völker gegen die Russen. Die Ursache dafür mag in der historischen Entwicklung des Vielvölkerstaates liegen. Die Russen als historisch expansive und kolonisatorische Kraft leiden bis heute unter dem unionsweiten Klischee der Fremdherrscher. Die Russifizierungspolitik der Stalinzeit verstärkte die Ablehnung der nicht-russischen Völker. Eine antirussische Haltung im Kampf um die nationale Identität galt daher zwangsläufig als legitim. Dabei wurde aber übersehen, dass auch die Russen in der Sowjetunion ihren Weg aus der Sowjetisierung heraus zu einem neuen nationalen Selbstwertgefühl suchen.

Diese Entwicklung verläuft nicht ohne nationalistische Extreme wie die Herausbildung der Pamjat-Bewegung, die den Antisemitismus und die Fremdenfeindlichkeit wiederbelebte. Auch Panslawisten orthodoxer Prägung und Monarchisten werben für ihre Sichtweise einer nationalen Wiedergeburt. Für sie alle gilt der Satz, Russland sei in der Sowjetunion aufgegangen. Im Überschwang patriotischer Gefühle bekennen sich aber auch immer größere Teile der jungen Generation zu dieser nationalen Wiedergeburt. Noch problematischer kann die Auseinandersetzung in den bisherigen zentralasiatischen Republiken der Sowjetunion werden. Denn die Grenzziehungen entsprechen hier dem kolonialen Interesse der Stalinzeit, in der versucht wurde, mögliche pantürkische Bewegungen durch Zergliederung kulturhistorisch gewachsener Regionen zu verhindern. So wurde das alte Khanat Chiwa 1920 zunächst in die Volksrepublik Choresm umgewandelt, blieb jedoch in seinem Bestand weitgehend erhalten. Vier Jahre später wurde Choresm zerschlagen und auf die Republiken Usbekistan, Turkmenien sowie die Autonome Republik Karakalpakien aufgeteilt.

Inzwischen lässt sich auf dem Territorium der früheren Khanate und Emirate Zentralasiens eine Renaissance alter Zugehörigkeitsgefühle beobachten, die bald in politische Aktion umschlagen können. Auch die Propagierung der Wiedereinführung der arabischen Schrift, die von der Sowjetmacht erst durch die lateinische (1926) und dann durch die kyrillische Schrift (1937) abgelöst worden war, ist ein Signal für die Suche nach der alten Identität. Von radikaler Abgrenzung scheint die augenblickliche

Politik Georgiens bestimmt zu sein. Die Demokratisierung hat zu einem national-autoritären Umgang mit der Macht verführt, die zurzeit kaum noch mit einem neu geformten Staatenbund in Einklang zu bringen ist. Problematisch erscheint auch die Lage der - nach Armenien - zweitkleinsten Republik, Moldawien. Die Rückbesinnung auf das rumänische Erbe, die Übernahme der rumänischen Staatsfahne und die Anschlussforderungen des ehemaligen Bessarabien an Rumänien missachten andere Minderheiten wie die Gagausen.

Das christianisierte Turkvolk der Gagausen, deren Schriftsprache erst seit dreieinhalb Jahrzehnten systematisch entwickelt wurde, will sich nicht der moldawischen Titularnation unterordnen. Bei der künftigen Neuordnung der bisherigen Sowjetunion wird daher ein altes, bisher ungelöstes Problem erneut belebt: die Frage nach dem Verhältnis zwischen den so genannten nationalen Minderheiten und den Titularnationen der neuen Einzelstaaten. „Bestimmt die Größe eines Volkes das Ausmaß seiner Rechte?" lautete eine Frage, die in den letzten Jahren theoretisch vom Kongress der Volksdeputierten der Sowjetunion erörtert wurde. Jetzt muss die Praxis beweisen, dass das Selbstbestimmungsrecht unteilbar ist. Sonst würde nach dem zweiten Zerfall des Imperiums wieder der Zugriff des Stärkeren auf den Schwächeren drohen.

SIGNALE NACH AUSSEN

DAS ENDE EINES TABUS
Die deutsche Nation wird als Einheit anerkannt[101]

In einem umfangreichen Artikel hat die *Literaturnaja Gasjeta* im Juli 1988 in Abrede gestellt, dass sich in der DDR und in der Bundesrepublik jeweils eine selbständige deutsche Nation entwickelt habe. Unter dem Titel „Die Deutschen und wir" spürt der Verfasser, Leonid Potschiwalow, zunächst den historischen Gemeinsamkeiten beider Völker, der Russen und der Deutschen, nach, ehe er die klare Schlussfolgerung trifft, dass in der DDR, der Bundesrepublik und Westberlin keine jeweils eigenen Nationalitäten lebten. „Es gibt ja nur Deutsche", meint der Autor, der auch für die Entwicklung eines staatenspezifischen Nationalitätenbegriffes wegen der kurzen historischen Frist seit der Teilung Deutschlands keinen Raum sieht. Dann wird in dem Beitrag die Forderung erhoben, nicht vor der Benutzung des Begriffes „deutsch" zurückzuschrecken, nur weil man mit diesem „vereinigenden Wort" glaube, irgendwelchen Revanchisten entgegenzukommen, die von einem einheitlichen Deutschland träumten.

Der Autor kritisiert den Konservativismus auf eigener Seite, der „uns fesselt und daran hindert, die Welt mit offenen Augen zu sehen". Schließlich seien die Deutschen gleicher Herkunft, hätten eine Jahrhunderte lange Vergangenheit und auch eine gemeinsame Verantwortung für den letzten Krieg. Die Existenz von zwei deutschen Staaten mit einer unterschiedlichen sozialpolitischen Ordnung ist für den Verfasser eine Tatsache, welche die

---

[101] Dies war offiziell eine Minderheitenstimme, die eine künftige Einheit Deutschlands offenließ. Immer wieder wurde ich in Diskussionen verwickelt u. a. von Vertreten des Außenministeriums und Deutschlandexperten des KGB, die mich „mahnten", als Deutscher niemals das Ziel der Deutschen Einheit aufzugeben! Erstveröffentlichung: Ein Sowjetkommentator über die deutsche Nation. Anerkennung der Einheit. In: Neue Zürcher Zeitung, Nr. 175, 30. Juli 1988.

Stabilität des „gemeinsamen europäischen Hauses" gewährleistet.

Gleichzeitig aber mahnt er, dass „ohne das Ansehen der Bundesrepublik und ohne Verbesserung der Beziehungen zwischen der Bundesrepublik und der Sowjetunion der Frieden in Europa undenkbar" sei. Aus diesem Grund fordert er seine Landsleute auf, „alles Deutsche zu berücksichtigen", Vergangenheit und Gegenwart wie auch die spezifisch deutsche Psychologie, „zum Beispiel das krankhafte Verantwortungsgefühl und die bittere Erinnerung an die verloren gegangene Einheit der Territorien, die Jahrhunderte lang als deutsch gegolten haben". Diese Aspekte bezeichnet der Autor selbst als „delikat". Schon Monate vor diesem Beitrag hatte eine andere Wochenzeitung, die sich stärker an das Ausland richtet, die Moskowskije Nowosti, einen ausführlichen Beitrag über das deutsche Kulturerbe in Kaliningrad, dem früheren Königsberg, veröffentlicht. Ferner hatten Deutschland-Experten in ihren Kommentaren vermehrt darauf hingewiesen, dass die Frage nach der deutschen Nation und deren äußerer Form erst von der Geschichte endgültig beantwortet werden könne.

POLITIK DER NADELSTICHE
Diplomatenkrieg Moskau und Washington[102]

Die Sowjetregierung hat im west-östlichen Diplomatenkrieg den Nerv des Gegners getroffen. Durch den erzwungenen Abzug von über zweihundert sowjetischen Mitarbeitern aus amerikanischen Diplomatenfamilien ist nicht nur die Arbeit der US-Vertretung in Moskau in arge Bedrängnis geraten. Auch „The American way of life" der westlichen Diplomaten in der sowjetischen Hauptstadt ist in Gefahr. Denn mit Hilfe von Sowjetbürgern war es den meisten amerikanischen Botschaftsfamilien gelungen, sich in insularer Abschottung den Widrigkeiten des Moskauer Alltags zu entziehen.

So ist nun das stadtweite amerikanische Dienstleistungsnetz zusammengebrochen, die „General Service Organisation". Mit Hilfe von GSO ließen sich durchschmorte Stromkabel, hinfällige Kühlschränke oder marode Autos reparieren. Die dienstbaren Russen, die solches mit flinker Hand bewerkstelligten, sind nun entschwunden.

So amüsant auf den ersten Blick natürlich das Bild der Besen schwingenden Diplomatengattin auch sein mag, die tragikomische Seite dieses Diplomatenkrieges spielt sich in den häuslichen Wänden der betroffenen Familien ab. Die wenigen Kontakte zu Sowjetbürgern, die zum Beispiel als viel begehrte Kindermädchen zu den Amerikanern ins Haus kamen, sind abgerissen.

Damit wird es für viele Amerikaner wieder leichter werden, mitten in der Sowjetunion die Russen schlechthin für bedrohliche Wesen zu halten.

Traurig machen auch die angstvollen Klagen derjenigen Diplomatengattinnen, die sich zum ersten Mal gezwungen sehen, sowjetische Milch zu trinken und sowjetische Eier zu braten.

---

[102] Der Diplomatenkrieg, dem auch noch eine britisch-sowjetische Variante folgt, wurde als Störmanöver des „Apparates" verstanden, um die Glaubwürdigkeit des Neuen Denkens in der Außenpolitik zu diskreditieren. Erstveröffentlichung: Ohne helfenden Hände. In: DIE ZEIT, Nr. 45, 31. Oktober 1986.

Bislang nämlich wurden die Botschaftsangehörigen über Eisenbahncontainer mit frischer Ware aus Finnland versorgt. Und für Abwicklung, Transport und Verteilung dieser Aufträge waren ebenfalls die entlassenen Russen zuständig.

„DER REAGAN IST DOCH GEKAUFT"
Enttäuschung der Russen
über das Gipfeltreffen in Reykjavik[103]

Mit verhaltenem Zorn empörte sich in der Moskauer Innenstadt eine etwa fünfzigjährige Frau. Bis tief in die Nacht hat sie die Live-Übertragung der Pressekonferenz von Parteichef Gorbatschow aus Reykjavik verfolgt: „Der erste Eindruck zeigte doch schon", meinte sie mit fast bebender Stimme, „wie aufgeregt Gorbatschow war, dass er sich kaum beruhigen konnte, wie Reagan mit ihm umgesprungen ist. Wir waren doch alle überzeugt, die würden wenigstens einen Vertrag schließen. Aber schauen Sie selbst, wie die andere Seite mit Gorbatschow umgeht." Ein alter Mann hörte angespannt zu, dann platzt er heraus: „Ich glaube, dass der Reagan völlig gekauft ist. Der arbeitet doch nur noch für die Monopole und will uns nicht hochkommen lassen. Solange der nicht von der Bühne abtritt, gibt es keine Verbesserungen."

Auch sowjetische Jugendliche zeigten sich engagiert. Ein Neunzehnjähriger mit dem Anflug einer Punkerfrisur und einem goldenen Ring im linken Ohr gibt sich entschieden: „Jetzt hat Reagan überzogen."

Die Menschen auf der Straße gingen nach dem gescheiterten Gipfel noch einen Schritt weiter, als es die Sprachregelung in den sowjetischen Medien vorsah. Für das offizielle Moskau sind die militärindustriellen Kreise der USA das entscheidende Hindernis auf dem Weg zu einem Abrüstungsabkommen großen Stils; persönlichen Attacken auf Präsident Reagan wurde kein Vorschub geleistet. Deshalb nahm sich auch die Volksstimmung, die

---

103 Die Gipfelpolitik zwischen Moskau und Washington wurde zunächst von Enttäuschung begleitet, bis es zu einer „politischen Freundschaft" zwischen Reagan und Gorbatschow kam, die in einer nachhaltigen Unterstützung der USA für den sowjetischen Reformkurs mündete. Erstveröffentlichung: „Reagan ist doch gekauft" Wie die Menschen in der Sowjetunion auf Reykjavik reagierten. In: DIE ZEIT, Nr. 43, 17. Oktober 1987.

vom sowjetischen Fernsehen verbreitet wurde, deutlich gemäßigter aus, als es die Leute im Gespräch mit dem Ausländer waren.

Obwohl die Sowjetunion bereits vor dem Treffen von Reykjavik im eigenen Land keine allzu großen Hoffnungen schüren wollte, war klar, dass es um mehr als nur um Abrüstungsabkommen ging. Wie ein roter Faden zog sich durch die Vorweg- und Begleitkommentare das Argument, Moskau brauche einen Rüstungsstopp, um dringend benötigte Gelder für die ehrgeizigen Pläne einer wirtschaftlichen Neugestaltung freizusetzen. Natürlich ist der Wunsch der Sowjetmenschen nach einem friedlichen Zusammenleben so groß, wie die Propaganda behauptet. Diese Hoffnungen sind vorerst zerstoben.

Dass selbst von offizieller Seite nicht ein Scheitern der Gespräche erwartet worden war, zeigten die sowjetischen Zeitungen am Tag nach dem Island-Gipfel. Zum Abschluss der Gespräche hatten alle überregionalen Blätter die Anweisung, das Bild der beiden freundlich lächelnden Gesprächspartner auf den Titelseiten zu veröffentlichen. Der frühe Redaktionsschluss ließ keine Korrektur mehr zu. Nach dem abrupten Ende der vierten Gesprächsrunde gelang es nur noch dem Parteiblatt *Prawda* das Hoffnung verheißende Bild wieder aus dem Druck herauszunehmen, um in dürren Worten die Beendigung der Gespräche zu melden.

Die allgemeine Sprachlosigkeit der sowjetischen Kommentatoren nach Reykjavik wurde von den Medien dann auf wirkungsvolle Weise überwunden. Sie wiederholten schlicht die diplomatisch geschickte Pressekonferenz von Gorbatschow in Funk und Fernsehen und die Zeitungen druckten sie nach.

DIE ASIATISCHE KARTE
Gorbatschows symbolischer Besuch in Wladiwostok[104]

Der sowjetische Parteichef Gorbatschow hat einen Besuch in Wladiwostok, der fernöstlichen Hafenstadt der Sowjetunion, zum Anlass genommen, um neue Initiativen in der sowjetischen Asienpolitik zu ergreifen. Dabei geht es ihm kurzfristig um eine Verbesserung der bilateralen Beziehungen vor allem zu China.

Langfristig strebt die Sowjetunion, so ist aus Gorbatschows Rede in Wladiwostok zu schließen, eine Konferenz der Anrainerstaaten des Stillen Ozeans an, die, ähnlich der KSZE-Konferenz von Helsinki, den regionalen Fragen der Sicherheit und Zusammenarbeit gewidmet sein soll. Als möglichen Tagungsort schlug Gorbatschow die japanische Stadt Hiroshima vor. Als eindeutige Geste gegenüber China, einem der schärfsten Kritiker der sowjetischen Afghanistanpolitik unter den kommunistischen Ländern, ist das Angebot für einen Teilabzug sowjetischer Truppen aus Afghanistan zu sehen. Insgesamt sechs Regimenter - ein Panzerregiment, zwei Schützenpanzer- und drei Luftabwehrregimenter - sollen bis Jahresende den Kriegsschauplatz verlassen und in ihre ursprünglichen Stationierungsorte innerhalb der Sowjetunion zurückverlegt werden.

Gleichzeitig will Gorbatschow, wie er weiter ausführte, mit dieser Maßnahme eine politische Lösung der Afghanistanfrage beschleunigen. Nach traditioneller Moskauer Lesart würde eine solche Idee eine Nichteinmischungsgarantie durch mehrere Signatarmächte, darunter die USA, sowie die internationale Aner-

---

[104] Gorbatschow bereitete die Stadt und die Region des Fernen Osten, aber auch die internationale Öffentlichkeit auf die Öffnung der bislang „verbotenen" Stadt Wladiwostok vor. Dabei wirbt für eine politische Offensive Richtung China. Jahre später - nämlich 1989 - mündete diese Politik in der ersten Chinareise eines sowjetischen Staats- und Parteichefs seit dem Bruch zwischen Moskau und Peking unter Chruschtschow. Erstveröffentlichung: Sowjetische Avancen gegenüber China. Gorbatschew für Pazifik-Anrainer-Konferenz Teilabzug aus Afghanistan angekündigt. In: Neue Zürcher Zeitung, Fernausgabe Nr. 173, 30. Juli 1986.

kennung des bestehenden politischen Regimes in Kabul bedeuten. Sobald eine politische Lösung erarbeitet worden sei, könne, so sagte Gorbatschow, „die Rückführung aller sowjetischen Truppen aus Afghanistan entsprechend beschleunigt werden". Ferner erklärte der Generalsekretär, mit der afghanischen Seite seien bereits „Termine für eine schrittweise Rückführung der Truppen vereinbart" worden. Gleichzeitig warnte Gorbatschow jedoch die Weltöffentlichkeit vor den Folgen „fortdauernder Intervention".

Die Sowjetunion werde ihren Nachbarn nicht im Stich lassen. Für das Verhältnis zur Volksrepublik China sind jedoch noch weitere Einzelheiten aus der Rede in Wladiwostok von besonderer Wichtigkeit: So signalisierte Gorbatschow auch Verhandlungen mit der zwischen den beiden Ländern liegenden Mongolei über die „Frage des Abzugs eines bedeutenden Teils" der dort stationierten sowjetischen Truppen. Die Präsenz dieser Kontingente war von Peking stets als Bedrohung der eigenen Sicherheit bezeichnet worden. Hinsichtlich des dritten Punktes ständig wiederholter Kritik Chinas an der sowjetischen Außenpolitik - nämlich des vietnamesischen Engagements in Kambodscha mit finanzieller und militärischer Unterstützung Moskaus - verwies Gorbatschow lediglich darauf, dass China und Vietnam ihre Konfliktpunkte im Rahmen bilateraler Beziehungen regeln müssten.

Gorbatschow bot der Volksrepublik China außerdem verstärkte Zusammenarbeit im wirtschaftlichen und wissenschaftlich-technischen Bereich an. Er nannte dabei die Weltraumforschung und die Bildung. Derzeit werde, so sagt der Parteichef, an einem Abkommen über die gemeinsame Nutzung des Amur gearbeitet.

Die Grenzziehung auf diesem Fluss war wiederholt Anlass für heftige Auseinandersetzungen zwischen den beiden Ländern. Ferner sprach Gorbatschow vom Bau einer Eisenbahnverbindung zwischen den Grenzregionen der Sowjetunion und Chinas. Die Grenze, die beiden Länder laut Gorbatschow trennt, solle in Zukunft zum Gürtel der Freundschaft werden. Neben eindeutigen Avancen gegenüber dem kommunistischen Nachbarland legte Gorbatschow ein Fünf-Punkte-Programm vor, das seiner Meinung nach der Sicherheit im asiatisch-pazifischen Raum dienlich sein könne. Dazu zählt der Generalsekretär zunächst einmal die Lösung von Problemen in der Beziehung zwischen den ASEAN-Staaten und Indochina.

Zweitens plädiert er für ein Verbot von Atomwaffen in dieser Region. Drittens befürwortet er Verhandlungen über den Abbau von Flottenverbänden, insbesondere von Schiffen mit Atomwaffen. Viertens plädiert Gorbatschow auch im asiatischen Raum parallel zu den Vorschlägen für Europa für eine radikale Reduzierung der Bestände an konventionellen Waffen, und fünftens schlägt er eine Regionalkonferenz vor, die „sicherheitsbildende Maßnahmen für die Seewege im Pazifik" sowie die „Unterbindung des internationalen Terrorismus" zum Gegenstand haben soll. Im Zusammenhang mit diesem Vorschlag für eine begrenzte Regionalkonferenz machte Gorbatschow die von seinen Zuhörern in Wladiwostok am meisten beklatschte Äußerung.
Da nach seiner Ansicht eine solche Regionalkonferenz in einer sowjetischen Küstenstadt abgehalten werden könne, sei im Laufe der Zeit auch die Frage der Freigabe von Wladiwostok für den Besuch durch Ausländer zu lösen. Bisher ist diese Hafenstadt für fremde Besucher geschlossen. Beinahe symbolisch für die neuen Asien-Initiativen des Generalsekretärs ist es daher zu verstehen, wenn er sagt, er möchte Wladiwostok „als unser zum Osten weit geöffnetes Fenster" sehen.
Nur am Rande bezog Gorbatschow Stellung zum sowjetisch-amerikanischen Verhältnis. Er sparte nicht mit Angriffen auf „den Imperialismus". Während seines Aufenthaltes in Wladiwostok war Gorbatschow mit dem Inhalt des jüngsten Briefes von Präsident Reagan vertraut gemacht worden. Er sagte eine Prüfung „mit Verantwortung und Aufmerksamkeit" zu. Eine Antwort machte Gorbatschow jedoch davon abhängig, wieweit die USA mit ihren jüngsten Vorschlägen dem „Prinzip der gleichen Sicherheit" entsprächen und gemeinsame Lösungen zuließen für die „Einstellung des Wettrüstens und die Verhinderung seiner Ausdehnung auf den Weltraum". Erneut sprach sich der Generalsekretär dabei für ein weiteres Gipfeltreffen mit dem amerika-

nischen Präsidenten aus. Er sagte, ein solches Treffen müsse dazu dienen, „auf eine Gesundung der internationalen Lage hinzuarbeiten" sowie den „Verlauf der Verhandlungen über die Reduzierung der Rüstung zu beschleunigen".

AFGHANISTAN
Wann ziehen die Sowjets ab?[105]

In der Steinbrücken-Moschee von Kabul unterwirft sich der starke Mann Afghanistans, Nadschibullah, vor den Augen der Öffentlichkeit den Gesetzen der Religion. Es ist Freitagnachmittag, der Muezzin hat zum Gebet gerufen. In einem gepanzerten Mercedes ist Nadschibullah dem Ruf Allahs gefolgt. Mit Hilfe - und auf Druck - Moskaus muss Nadschibullah zunächst noch einen Zweifrontenkampf führen, um dem Land und seiner Partei wenigstens eine Überlebenschance zu verschaffen. In der ersten Reihe der Gläubigen beugt er seinen massigen Körper demütig auf den Boden hinunter, erhebt die Hände zum Gebet, korrespondiert im Wechselgesang mit dem Imam und empfiehlt sich so Tausenden von Zeugen als wahrer, nämlich gläubiger Afghane.

Politisch wirbt Nadschibullah dagegen um nationale Aussöhnung, um Kompromisse und Koalitionen. Er beschwört die Unabhängigkeit und das Ansehen der islamischen Geistlichkeit, beginnt seine Reden stets im Namen des allmächtigen Gottes. Er weiß wohl, dass es für einen Kompromiss mit den Regimegegnern fast schon zu spät ist. Wie sein Vorbild Gorbatschow übernimmt Nadschibullah nicht nur dessen Forderung nach einem neuen politischen Denken. Ähnlich dem Prozess der Perestrojka hat er den verzweifelten Versuch einer totalen Wende unternommen, um im Lager der unzufriedenen, kriegsmüden und sozialismusfeindlichen Afghanen neue Verbündete zu finden. Eine Volksversammlung, die Loya Jirga, deren repräsentativer Charakter für Außenstehende kaum zu durchschauen ist, hat eine neue Verfassung verabschiedet, mit der die Volksdemokraten Nadschibullahs ihre Alleinherrschaft aufgeben und sich von allen

---

[105] Die ersten Anzeichen für eine bevorstehende Entscheidung zum Abzug aus Afghanistan lösten große Hoffnungen aus, nachdem der Krieg jahrelang das soziale Gefüge des Landes und seine außenpolitischen Beziehungen schwer belastet hat. Erstveröffentlichung: Afghanistan: Wann ziehen die Sowjets ab? Neue Ankündigungen des neuen Präsidenten. In: DIE ZEIT, Nr. 50, 4. Dezember 1987.

Symbolen trennen, die mit der April-Revolution 1978 als Zeichen eines „afghanischen Sozialismus" geschaffen wurden: Das Einparteien-System ist wieder abgeschafft, vier neue Parteien, darunter eine islamische, sind gegründet worden. Der Islam wird in Artikel zwei der Verfassung als Grundlage des afghanischen Volkes definiert. Hammer und Sichel wie der rote Stern werden aus dem Staatswappen verbannt. Die bislang „demokratische Republik" erhält den unverfänglicheren Namen „Republik Afghanistan". Privatwirtschaft und Landbesitz der Bauern und anderer Landeigner stehen unter dem besonderen Schutz der Verfassung.

Schließlich erklärte Nadschibullah nach seiner Wahl zum neuen Staatspräsidenten den fast zweitausend Abgeordneten in blumiger Sprache, er verzichte auf die Anrede „Genosse, weil „unser Volk andere Wörter benutzen kann, die der Kultur und unserem Land eigen sind". Nadschibullah wird mit seiner volksdemokratischen Partei die führende Rolle im Land nicht aufgeben. Trotz seines Werbens um die Opposition und einer Generalamnestie als erster Amtshandlung muss sich Nadschibullah erst noch als Präsident „aller Afghanen" bewähren. Doch Moskaus Handschrift wird auch jetzt bereits deutlich. Denn ohne den Auftrag des Kremls hätte Nadschibullah in seiner ersten Rede als Präsident nicht Vorschläge zum sowjetischen Truppenabzug unterbreiten können, die eigentlich beim Gipfel in Washington entschieden werden müssten: Nach einer politischen Einigung sollen die sowjetischen Truppen innerhalb von zwölf Monaten (bisheriger Vorschlag: sechzehn Monate) aus Afghanistan abziehen. Kabul verlängert den Mitte Januar auslaufenden einseitigen Waffenstillstand um weitere sechs Monate. Bei einem sofortigen Waffenstillstand der Mudschaheddin kann der Zeitraum für den sowjetischen Truppenabzug noch einmal verkürzt werden. Die kämpfenden Führer der 17 (von 29) afghanischen Provinzen, in denen sowjetische Truppen stehen, werden „ungeachtet ihrer politischen Zukunftsvorstellungen" zur Teilnahme an der Macht eingeladen. Nadschibullah garantiert den sofortigen Abzug der Truppen aus jenen Provinzen, die den Widerstand einstellen.

TRUPPENABZUG IN ZWÖLF MONATEN
Ein Ende des Afghanistaneinsatzes ist in Sicht[106]

Der sowjetische Außenminister Eduard Schewardnadse leitete mit seinem ersten Auslandsbesuch in diesem Jahr in Kabul eine neue Phase der Beziehungen zwischen beiden Ländern ein. Die militärische Unterstützung der Regierung in Kabul soll durch ein breit angelegtes wirtschaftliches Hilfsprogramm abgelöst werden. Sowjetbürger werden von den Massenmedien darauf vorbereitet, dass man nun Sorge tragen müsse für einige Millionen heimkehrender Flüchtlinge. Ein sowjetischer Kommentator stellte die rhetorische Frage: „Warum sollten wir nicht einem Land unsere helfende Hand reichen, dessen Erde getränkt ist von dem Blut sowjetischer Soldaten?" Nach den jüngsten Vorstellungen Moskaus sollte „1988 das letzte Jahr sein, in dem sich sowjetische Truppen in Afghanistan aufhalten". Nach seinem Besuch in Kabul nannte Außenminister Schewardnadse eine „realistische Analyse der Lage in und um Afghanistan" als Ausgangspunkt der jüngsten Betrachtungen. Beim afghanischen Staatspräsidenten Nadschibullah hat er konkrete Ergebnisse der Politik der nationalen Versöhnung angemahnt. Kabul soll sich erfolgreicher um den Dialog mit den oppositionellen Gruppen bemühen.

Bevor Moskau einen Truppenabzug beginnen kann, muss die jetzige Regierung nicht nur militärisch durch den Aufbau einer eigenen Armee, sondern auch politisch durch eine breitere Unterstützung der Bevölkerung stabilisiert werden. Nach sowjetischer Lesart darf in Zukunft niemand ein Machtmonopol in Afghanistan beanspruchen. Mit dieser Festschreibung wird bereits Vorarbeit geleistet für die Stunde X. Moskau hat erkennen müssen, dass die jetzige Regierung nach einem möglichen Trup-

---

[106] Erstmals wurden konkrete Daten genannt, mit denen sich Moskau auf den Beginn des Abzugs aus Afghanistan festlegte. Erstveröffentlichung: Afghanistan: Sowjetischer Truppenabzug in Sicht. In: DIE ZEIT, Nr. 3, 15. Januar 1988.

penabzug gefährdet ist. Daher will man nun Wege ebnen, die ihre Beteiligung an der Macht nach dem Truppenabzug sicherstellen. Aus diesem Grunde verbreitete Schewardnadse vor der nächsten Verhandlungsrunde in Genf Zweckoptimismus: Er deutete an, dass sich die USA und die Sowjetunion über ihre Rolle als Garantiemächte einig seien, folglich werden die USA eine Einmischung von außen unterbinden. Nach Moskauer Verständnis bedeutet dies: Washington muss seine Waffenlieferungen an die Regimegegner unmittelbar nach Unterzeichnung eines Abkommens beenden. Die Parteizeitung *Prawda* erläuterte bereits einen möglichen Zeitplan: Sollte in Genf am 1. März eine Vereinbarung über Afghanistan zustande kommen, dann beginne sechzig Tage später, also am 1. Mai 1988, der Abzug der sowjetischen Truppen. Als Antwort auf amerikanische Vorbehalte argumentierte die *Prawda*: „Die Schwierigkeit ist also nicht das Datum für einen Truppenabzug, sondern das Datum für den Stopp der amerikanischen Hilfe an die Duschmanen."

Die im Februar in Genf beginnende Runde der indirekten Gespräche zwischen Afghanistan und Pakistan kann nach Ansicht Moskaus die Entscheidung bringen.

Nach Aussage eines hohen Beamten im sowjetischen Außenministerium sind die Dokumente „im wesentlichen fertig". Moskau beharrt allerdings darauf, dass in der sechzigtägigen Frist zwischen Unterschrift und Beginn des Abzuges die militärischen Operationsbasen der Regimegegner in Pakistan beseitigt werden müssen.

Als zeitliches Limit für den Truppenabzug wurden zwölf Monate genannt. Es könnte bei einem dauerhaften Waffenstillstand aber erheblich verkürzt werden. Mit dieser Regelung kann nach Darstellung amtlicher Sprecher „ein Grundmodell zur Beilegung von Konflikten in anderen Regionen" geschaffen werden. Die Tatsache, dass der amerikanische Außenminister Shultz die Einstellung der Militärhilfe erst dann in Aussicht stellte, wenn der Truppenabzug unwiderruflich feststeht, konnte den Optimismus in Moskau nicht dämpfen.

DAS ENDE DES SYSTEMS

ERNEUERER UND ZAUDERER
Das politische Ende von Michail Gorbatschow[107]

Die Bedeutung der Reformpolitik, die Michail Gorbatschow eingeleitet hat, ist nur aus dem Rückblick heraus zu verstehen. Als Breschnew 1982 starb, so zeigen die Analysen, war die Sowjetunion bereits wirtschaftlich und sozial ruiniert. Die Interimsphase unter den Partei- und Staatschefs Jurij Andropow, gestorben 1984, und Konstantin Tschernenko, gestorben 1985, hat noch einmal den Streit zwischen zwei - freilich erfolglosen - Konzeptionen für die weitere Entwicklung der Sowjetunion demonstriert. Andropow sah im Marxismus eine entwicklungsfähige Grundlage zur Veränderung innergesellschaftlicher Verhältnisse und begründete damit seine Forderungen nach einer Reformpolitik. Sein Nachfolger Tschernenko versteifte sich dagegen noch einmal auf den Standpunkt der Breschnew-Zeit, dass die Sowjetunion mit dem Marxismus-Leninismus bereits alle notwendigen Mittel und Methoden zum Aufbau des Sozialismus besitze und sie nur weiter aktivieren müsse. Doch beide Konzepte wurden von den Ereignissen überholt. Michail Gorbatschow definierte zwar als Ausgangspunkt seiner Reformpolitik eine Beschleunigung und Intensivierung der wirtschaftlichen Entwicklung. Aber diese Politik mündete in einer Reform des politischen Systems, die das Ende des kommunistischen Machtmono-

---

[107] Der Putsch gegen Gorbatschow zeigte sich für die konservativen Kreise als konsequente Folge seiner inkonsequenten Politik. Obwohl Gorbatschow noch einmal kurz in sein Amt zurückkehren konnte, wurde er von seinem früheren Parteigänger und späteren politischen Gegner Jelzin verdrängt. Erstveröffentlichung: Erneuerer und Zauderer. Der sowjetische Staatspräsident Gorbatschow macht einen großen Fehler: Er lehnte das Alte ab, ohne das Neue richtig zu wagen. Und er verließ sich zulange auf seinen taktischen Instinkt – der den Putschversuch nicht verhindern konnte. In: Deutsches Allgemeines Sonntagsblatt, Nr. 34, 23. August 1991.

pols herbeiführte. Als Michail Gorbatschow im Dezember 1984, wenige Monate vor seiner Wahl zum Generalsekretär, auf einem Ideologie-Plenum eine Rede hielt, zeigten sich alt gediente Parteikader unangenehm überrascht. Diese Rede enthielt nicht mehr die traditionelle Rhetorik des Klassenkampfes. Er forderte den analytischen Sachverstand der Wirtschaftswissenschaftler und Soziologen an. Damals ahnte die sowjetische Öffentlichkeit bereits, dass sich der künftige Generalsekretär auf Reformkräfte stützen würde, die in Akademgorodok, der sibirischen Zweigstelle der Akademie der Wissenschaften, den Stillstand während der Breschnew-Zeit genutzt hatten, um Konzepte gegen den Niedergang der Sowjetunion zu entwickeln. Den Vorrang pragmatischer Ideen vor der Ideologie des Kommunismus formulierte Gorbatschow bereits im April 1985, einen Monat nachdem er das Amt des Generalsekretärs übernommen hatte: „Die politisch-ideologische Erziehung muss in allen Formen der Hauptaufgabe unserer Tage, der Beschleunigung der sozialökonomischen Entwicklung unseres Landes, untergeordnet sein." Die Ideologie also muss der Gesellschaft untergeordnet werden und nicht umgekehrt. Damit, so argumentierten damals Reformkräfte der Partei, habe sich Gorbatschow angeschickt, Lenin vom Kopf auf die Füße zu stellen. Doch sie prophezeiten gleichzeitig, dass Gorbatschow sich an dem schweren Erbe Lenins verheben werde.

Gorbatschow war von Anfang an bis zu seinem Sturz einer Macht verpflichtet: der Partei. Er bekämpfte innerparteiliche Gegner, er kämpfte aber nicht gegen die Partei. Er bekämpfte den ererbten Machtanspruch der Kommunisten, von dem er glaubte, eine erneuerte Partei könne ihn auf legalem, sprich demokratischem Weg neu erwerben. Gorbatschow wechselte in den folgenden vier Jahren fast 60 Prozent der Parteikader wegen Unfähigkeit aus. Das erregte zwar im Westen Aufmerksamkeit, konnte aber nicht wirklich die ideologischen Grundfesten erschüttern, auf denen die Partei bisher stand.

Den Schritt von der innerparteilichen Evolution zur außerparteilichen Revolution vollzog Gorbatschow 1988 auf der 19. Parteikonferenz. Man habe die Tiefe der Deformation bisher unterschätzt, gestand der Parteichef und zog die vernichtendste Schlussfolgerung, die jemals aus dem Mund eines sowjetischen Generalsekretärs zu hören war: „Das bestehende politische System hat sich in den letzten Jahrzehnten als unfähig erwiesen." Die Trennung von Staat und Partei, die Errichtung einer Präsidialdemokratie, freie und geheime Wahlen wurden nun Bestandteil eines neuen Konzepts. Genau hier setzte aber jene Phase des Machtkampfes ein, die schließlich zum Putsch gegen Gorbatschow führte. Der Parteiapparat musste zusehen, wie in ersten freien Wahlen die Kommunisten verloren, wie Macht und Privilegien entschwanden. Die Militärs mussten sich dem Diktat der Abrüstung beugen.

Der Westen bezog dabei seine Sicht der Dinge vornehmlich aus den Federn der Erneuerer. Hier liegt einer der verhängnisvollen Fehler des Westens. Denn niemand wollte die konservative Basis der Perestrojka-Gegner wahrnehmen, obwohl deren Anhängerschar letztlich auch noch um jenen Teil der Sowjetbürger vergrößert wurde, die nach den gescheiterten Wirtschaftsreformen in Gorbatschow den Verantwortlichen sahen, der ihre wirtschaftliche Basis zerstört hat. So wurde der Reformer am Ende verantwortlich gemacht für die katastrophalen Spätfolgen jener Breschnew-Periode, die er selbst bekämpfen wollte.

Der Parteirebell Boris Jelzin, gnadenlos von Gorbatschow gestürzt, dann als dessen Intimfeind wiederauferstanden, bezog seine Popularität aus eben jener Gegnerschaft zu Gorbatschow. Der reformerische Parteichef dagegen verfolgte einen kurvenreichen, oftmals widersprüchlichen Weg, an dessen Ende oft verhängnisvolle Kompromisse und Koalitionen standen. Praktisch seit mehr als eineinhalb Jahren hat Gorbatschow seinen innenpolitischen Gegnern immer wieder neue und zum Teil waghalsige Zugeständnisse gemacht. Seine Kontrahenten konnten ihn unter Druck setzen - unter anderem deshalb, weil die Wirtschaftsreformen ergebnislos blieben.

Das fatale Bündnis mit den konservativen Parteikadern ging Gorbatschow im Dezember 1990 ein. Zeitgleich trat Außenminister Eduard Schewardnadse zurück. Er warnte vor einer drohenden Diktatur - und er wusste, wovon er sprach. Denn einer der Männer in dem gescheiterten so genannten Notstandskomitee, Oleg Baklanow, gehörte zu den Intimfeinden der Außen- und Abrüstungspolitik, für die Schewardnadse stand. Im Dezember 1990 half Gorbatschow nach einem ersten, erfolglosen Anlauf auch Gennadi Janaew auf den Stuhl des Vizepräsidenten, der während des Putsches die Sondervollmachten von Gorbatschow beanspruchte, die ursprünglich dazu dienen sollten, die Perestrojka zu retten.

Vor zwei Jahren schon, so mahnten kritische Sowjetologen immer wieder an, hätte Gorbatschow durch einen demokratisch legitimierten Präsidenten abgelöst werden sollen. Das weitere Beharren im Amt bedeutete praktisch, dass Gorbatschow entweder auf die Seite der Konservativen hätte überwechseln oder ihnen hätte weichen müssen. Sein zwischenzeitlicher Versuch vom April 1991, sich wieder den Reformern anzuschließen und mit Unterstützung von Boris Jelzin einen Unionsvertrag durchzusetzen, kam zu spät. Gorbatschow war innenpolitisch nicht populär - seine Popularitätsrate lag vor seinem Sturz bei 20 Prozent und ist jetzt wieder auf 53 Prozent gestiegen. Und in der Wirtschaft konnte er keine Erfolge verbuchen. Der Mann, der sich anschickte, den Sozialismus lebensfähig zu machen, hat sich übernommen. Er wollte eine Demokratisierung, aber keine volle Demokratie. Er wollte eine freiere Wirtschaft, aber keine freie Marktwirtschaft. Er wollte die Souveränität der sowjetischen Völker, aber er wollte keine Bildung souveräner Einzelstaaten. Die historisch größte Rolle hat Gorbatschow in der Außenpolitik gespielt. Europa verdankt ihm, dass keine sowjetischen Panzer gegen die Demokratisierung in Osteuropa gerollt sind.

Doch innenpolitisch war Gorbatschow ein Zauderer. Das Bündnis mit den dogmatischen Kräften und der Rücktritt von Außenminister Schewardnadse waren erste Warnzeichen, der Parteiaustritt von Alexander Jakowlew das letzte. Leider hat die demonstrative Geste dieses Chefregisseurs der Perestrojka drei Tage vor dem Putsch nicht für die notwendigen Schlagzeilen im Ausland gesorgt. Niemand nahm die Warnung vor einer Diktatur wirklich ernst, solange es Gorbatschow als vermeintlichen Garanten der Perestroika gab. Der Westen saß damit wieder einmal dem alten historischen Fehler auf, die Sowjetunion, wie früher auch Russland, politisch zu personifizieren. Die Wirkungskräfte des Systems wurden zwar analysiert, aber verdrängt. Gorbatschow ist seiner politischen Biographie nach kein Demokrat, aber er ist auch kein Diktator. Er war bislang ein politischer Zwitter, der das Alte nicht mehr wollte, ohne das Neue, die pluralistische Demokratie, voll zu wagen. Gorbatschow hat sich in den vergangenen sechs Jahren zu sehr auf seinen taktischen Instinkt verlassen und dabei mehrfach die Gesetze der Macht vernachlässigt.

DER GROSSE GEWINNER JELZIN
Boris Jelzin ist die neue Integrationsfigur[108]

Streitbar, von rustikaler Burschikosität, lernfähig und ausgestattet mit einem populistischen Instinkt für die Macht – das sind die unverwechselbaren Eigenschaften des Boris Jelzin. Der Zögling des Parteiapparates, dessen Jugend charakterisiert war von Aufsässigkeit gegen Autoritäten und bravem Mitläufertum in der Partei, hat sich als Gegenspieler von Michail Gorbatschow eine große Popularität verschafft – während der Unionspräsident Gorbatschow beim Volk immer tiefer in Ungnade fiel.

Jelzin vertrat als sibirischer Lokalpolitiker in Swerdlowsk zuweilen hemdsärmelig die Linie der Partei, fiel dabei jedoch nicht durch besondere Progressivität auf. Er selbst gestand in seiner Autobiographie ein, damals habe auch er den berüchtigten autoritär-bürokratischen Stil angewendet. Seine Schlussfolgerung: „Was sollten wir tun? Damals wirkt es." Diese unbekümmerte Haltung kennzeichnete seinen Arbeitsstil, als Jelzin in den europäischen Teil der Sowjetunion und dort in das Herz Russlands, in die Hauptstadt Moskau, überwechselte. Von Gorbatschow war Jelzin auserwählt, um als Parteichef von Moskau den Korruptionssumpf der Stadt trockenzulegen – ein Unterfangen, an dem auch heute noch jeder scheitern muss. Jelzin erkannte bald, dass man den Teufel nicht mit dem Belzebub austreiben konnte, und feuerte deshalb – teilweise in der Manier eines frühkapitalistischen Unternehmers - etablierte Parteikader aus ihren Ämtern. Jelzin präsentierte sich als Populist, stellte sich schon mal in die Menschenschlange am Fleischtresen. Der Direktor des Landes,

---

108 Von Gorbatschow tief gedemütigt und politisch gestürzt, sicherte sich Boris Jelzin als Kritiker der Kommunistischen Partei die Unterstützung der Bevölkerung. Mit deren Hilfe konnte er den Putschisten erfolgreich Widerstand leisten und nach dem gescheiterten Putsch letztlich Gorbatschow zur Abdankung zwingen. Erstveröffentlichung: Der große Gewinner. Während Gorbatschow auf der Krim festsaß, rief Boris Jelzin in Moskau zum Widerstand auf. Der russische Präsident ist die neue Integrationsfigur der Sowjetunion. In: Deutsches Allgemeines Sonntagsblatt, Nr. 34, 23. August 1991.

250

in dem Jelzin – noch unerkannt - mit den üblichen Knochen- und Fettresten abgespeist werden sollte, obwohl gerade Frischfleisch geliefert war, erlebte das, was ihm die Moskauer Konsumenten schon längst wünschten: eine vernichtende Bloßstellung durch den Stadtparteichef persönlich. Moskau jubelte, die normale Bevölkerung jedenfalls. Der Parteiapparat sann auf Rache. Je mehr Jelzin in der Rolle des kommunistischen Nestbeschmutzers agierte, desto beliebter wurde er beim Volk. Auf dem enttäuschenden XXVII. Parteitag 1986 gehörte Jelzin zu den wenigen Delegierten, die selbstkritisch die Privilegien der Nomenklatura anprangerten. Schließlich vergriff er sich an der Macht des Mächtigsten, indem er nicht nur Gorbatschow selbst, sondern auch dessen Frau Raissa, deren aufwendigen Lebensstil und ihre ständigen Versuche der Einflussnahme in der Politik öffentlich kritisierte. Was daraufhin Gorbatschow im November 1987 auf einem Plenum des Zentralkomitees an Selbstanklage von Jelzin abverlangte, erinnerte an die schauerlichen Selbstbekenntnisse einer längst überwunden geglaubten Parteidiktatur: „Ich habe mich schuldig gemacht vor Dir, Michail Sergejewitsch, und vor der Partei", bekannte Jelzin und leitete damit seinen parteiinternen Sturz ein.

Die damalige Demütigung kompensierte Jelzin in seiner drei Jahre später erschienenen Autobiographie mit seinem Urteil über Gorbatschow: „Man sah, dass die Macht von ihm Besitz ergriff und er das Gefühl für Realität verlor." Jelzin, abgeschoben auf den Posten eines Vizebauministers, konnte sich der Fallstricke der KGB-Informationen kaum erwehren. Im Zeichen von „Glasnost" wurden westliche Korrespondenten im „offenen Hintergrundgespräch" nach dem Sturz Jelzins instrumentalisiert, man möge nicht allzu hart – und damit also nicht allzu aufsehenerregend über die Ereignisse um Jelzin urteilen. Infolge schwerer Krankheit sei Jelzin praktisch in nicht weniger als drei Monaten ein toter Mann. Jelzin sollte auf diese Weise totgeschwiegen werden. Schließlich hatte Gorbatschow ihm wörtlich angedroht: Vizebauminister sollte er werden. „Aber denke dran, in die Politik lasse ich dich nicht wieder hinein."

Das denkwürdige Demokratieverständnis von Gorbatschow unterschätzte die Wirkungsweise seiner eigenen Reformen. Jelzin trotze dem Apparat und gewann die Massen. Als unabhängiger Kandidat für den Volkskongress feierte er die wohl spektakulärste politische Wiederauferstehung, die es in der Sowjetunion bisher gab. Am 26. März 1989 gewann er den Moskauer Wahlkreis mit 89,4 Prozent der Stimmen. Doch damit war Jelzin erst in der großen Volksversammlung vertreten, aber noch nicht im eigentlichen Parlament, dem Obersten Sowjet. Denn dieses Parlament wurde vom erst Volkskongress gewählt.

Jelzin und Gorbatschow hielten sich gegenseitig für die Hindernisse der Perestrojka. Nur attackierte Jelzin Gorbatschow öffentlich, während der versuchte, im Hintergrund die Fäden zu ziehen. Jelzins Marsch durch die Institutionen war begleitet von seinen Tiraden auf Gorbatschow, ohne dass er zunächst eine politische Alternative erkennen ließ. Zum politisch verantwortlichen Staatsmann wandelte sich Jelzin mit seinem Einzug in das Parlament, den Obersten Sowjet. Dort setzte er sich an die Spitze einer Art Opposition unter dem Namen „Interregionale Abgeordnetengruppe". Jetzt verlegte er sich aufs Analysieren. Doch sein Bild war auch noch bei seinem ersten Amerikabesuch im gleichen Jahr geprägt von seiner Gegnerschaft zu Gorbatschow. Der Westen, immer noch vernarrt in Gorbatschow, den vermeintlich einzigen Garanten für Stabilität, gestand dem Parteirebellen Jelzin keinen ernsthaften Willen zum Wandel zu. Lächerliche Kampagnen des KGB, Jelzin als Alkoholiker zu diffamieren, taten zwar im Westen ihre Wirkung. Innerhalb der Sowjetunion lösten solche Vorwürfe eher das Gefühl der Verbrüderung aus. Als Jelzin im Mai 1990 zum Parlamentspräsidenten der Russischen Föderation gewählt wurde, hatte er sich gegen die letzten Versuche Gorbatschows durchgesetzt, den weiteren Aufstieg seines Rivalen zu bremsen. Jelzin quittierte die letzten Behinderungsversuche seines Generalsekretärs kurzerhand mit dem Austritt aus der Kommunistischen Partei.

Jelzin war vom Widersacher in die Rolle des Herausforderers gewachsen. Und als er die ersten wirklich freien Wahlen gewann und zum Präsidenten der Russischen Föderation aufstieg, war er

Gorbatschow machtpolitisch ebenbürtig. Jelzin entwickelte Initiativen, mit denen er mehr Stabilität für die Sowjetunion erreichte als der umtriebige, aber sprunghafte Gorbatschow. Er baute auf Kontakte mit den verfemten baltischen Republiken, während Gorbatschow deren Politik verurteilen ließ. Jelzin initiierte Kooperationsverträge zwischen den auseinanderfallenden Republiken, während Gorbatschow immer noch die Zentralmacht bemühte und dazu auch das Militär einsetzte. Der russische Präsident Jelzin setzte auch auf Demokraten außerhalb der Kommunistischen Partei. Nach den Massakern von Vilnius und Riga Anfang 1991 konnte Gorbatschow nur noch mit Hilfe von Jelzin regieren. Der Operettenputsch vom August 1991 verschob die Machtverhältnisse noch weiter zugunsten von Jelzin. Die Massen, die als lebende Barrikaden gegen die Putschisten und deren Panzer in die Moskauer Straßenschlacht zur Retten der Demokratie zogen, skandierten nicht den Namen des gestürzten Gorbatschow, sondern den Namen von Boris Jelzin.

EINE REVOLUTION DES ZERFALLS
Rückblick auf die Ära Gorbatschow[109]

Es war an einem kalten Tag im März 1985. Da stand er nun auf dem Leninmausoleum, der neue starke Mann der Sowjetunion, Michail Gorbatschow. Vor ihm auf dem Roten Platz ruhte der offene Sarg mit seinem verstorbenen Vorgänger Konstantin Tschernenko. Nur mit wenigen Sätzen betrauerte Gorbatschow den Tod von Tschernenko. Was dann folgte, waren massive Verstöße gegen das Protokoll der kommunistischen Rituale, ein Schock für die Nomenklatura. Gorbatschow wetterte in seiner ersten öffentlichen Rede als Generalsekretär plötzlich über die verlogene, heuchlerische Gesellschaft im Land. Er schwang die Peitsche weitreichender Drohungen: Lügner müssen bestraft und Nichtstuer zur Arbeit angehalten werden. Glasnost und Perestrojka deuteten sich an.

So etwas hatte die Welt bei der Beerdigung eines sowjetischen Parteichefs noch nicht zu hören bekommen. Ein Vorgeschmack auf die Ungeduld, mit der Gorbatschow sein Land zu Reformen drängte. Der neue Stil brachte noch eine weitere Überraschung. Gorbatschow verweigerte dem Sarg von Tschernenko die letzte Ehre, wie sie seit Lenins Zeiten üblich war. Nicht mehr die Mitglieder des Politbüros, sondern nur noch Offiziere der Armee trugen den Sarg zur Kremlmauer. Dazwischen lag eine Beobachtung, die man als junger Korrespondent nicht mehr vergisst: Die Ehefrau des toten Tschernenko stürzte sich tränenüberströmt auf den offenen Sarg und schlug mehrfach das Kreuz über den Toten, der bis zuletzt im Namen der Partei den Atheismus zu propagieren hatte. In der Zwischenzeit ergötzte sich ein feixender Gorbatschow im Gespräch mit anderen

---

[109] Der Rückblick auf die Zeit von Michail Gorbatschow zeigte, dass der Vater von Glasnost und Perestrojka zehn Jahre nach Amtsantritt und bereits vier Jahre nach dem Zerfall der Sowjetunion für die Öffentlichkeit zur politischen Unperson geworden war. Erstveröffentlichung: Eine Revolution des Zerfalls. Vor zehn Jahren übernahm Michail Gorbatschow die Führung der Sowjetunion. In: Gehört Gelesen 6, 1995, S. 20-24.

Politgrößen auf der Balustrade des Leninmausoleums. Gorbatschow war für den Westen kein Überraschungskandidat im Amt des Generalsekretärs der KPdSU, wie Peter Bauer 1985 für die ARD-Tagesschau aus Moskau berichtete: „Im Ausland ist Gorbatschow, der gelernter Jurist und Landwirtschaftsfachmann ist, durch eine Reihe von Reisen bekannt geworden. Zuletzt erregte er im Dezember in London Aufsehen durch seine Schlagfertigkeit und gewandten Umgangsformen. Die Engländer zeigten sich entzückt von Gorbatschow, der damals schon als zweiter Mann der Parteihierarchie und Kronprinz des Kremls galt. Wie er seine Außenpolitik gestalten wird, können erst die nächsten Wochen zeigen. Doch an seiner Seite steht weiter der dienstälteste Außenminister der Welt, Andrej Gromyko, selbst Mitglied des Politbüros."

Gorbatschow war nach Lenin der erste Generalsekretär, der ein juristisches Studium abgeschlossen hatte. Bei seiner Wahl war er mit 54 Jahren der Benjamin des Politbüros. und Gorbatschow zeichnete sich durch eine Gabe aus, die ihn von seinen Vorgängern Breschnew, Andropow und Tschernenko wesentlich unterschied. Gorbatschow konnte frei sprechen, ohne jeden Satz von einem Zettel ablesen zu müssen. Dies ermöglichte ihm auch die freie Aussprache mit Politikern aus aller Welt, die zur Beerdigung von Tschernenko nach Moskau gekommen waren, darunter Bundeskanzler Kohl. Im Rückblick wirken die Ergebnisse von Kohls Pressegespräch mit Moskauer Korrespondenten in jenem historischen Jahr des sowjetischen Machtwechsels 1985 fast prophetisch. Endlich, so meinte Kohl, sei er einem Gesprächspartner gegenüber gesessen, der zuhören und auch reagieren könne und der auf das Gesagte einginge. Gorbatschow sei zwar in der Sache hart, aber doch sehr charmant, verbindlich, und er wisse, wovon er rede. Gorbatschow hatte bei seiner ersten Begegnung mit dem deutschen Bundeskanzler keine vorbereiteten Statements abgehalten; der dabeisitzende Außenminister Gromyko hielt sich auffallend zurück. Gorbatschow begnügte sich nur mit einigen kleinen Notizen, um dann sehr sachlich über die wichtigsten Weltprobleme, aber auch über die bundesdeutsch-sowjetischen Beziehungen mit dem Bundeskanzler zu reden.

„Natürlich kann niemand erwarten", so bewertete Kohl damals seine ersten Eindrücke, „dass mit der Zeit von Gorbatschow bereits eine Zäsur sichtbar wird. Doch der Mann ist keine tibetanische Gebetsmühle, und es ist zu hoffen, dass man in Zukunft noch weitere und nützliche Gespräche miteinander führen kann."

Für seine unverkrampfte außenpolitische Orientierung erhielt Gorbatschow viel Zustimmung. Er signalisierte das Gegenteil der Breschnew-Doktrin, die ehedem den sozialistischen Bruderstaaten nur begrenzte Souveränität zugestand. Unter Gorbatschow suchten die Nachbarstaaten in Mittel- und Osteuropa immer stärker ihre eigenen Wege. Das eigene Land, die Sowjetunion, befreite Gorbatschow vom Trauma des Afghanistan-Krieges. Die sowjetischen Truppen kehrten zurück. Endlich durfte offen diskutiert werden, worüber lange Zeit geschwiegen worden war: Über die Opfer des Krieges. Bis zum Ende des Afghanistan-Krieges hatten sowjetische Soldaten-Eltern auf dem Grabstein ihrer Söhne nicht schreiben dürfen, dass ihr Junge in Afghanistan gefallen war. In einer solchen Situation wirkte das Ende des Krieges wie ein innerer Befreiungsschlag für die sowjetische Gesellschaft.

Doch die sozialistischen Strukturen waren trotz Glasnost und Perestrojka kaum aufzubrechen. Man muss nur einmal daran erinnern, dass bis zur Gorbatschow-Zeit eine staatliche Bäckerei Tausende Kilometer weit weg von Moskau nicht einmal ein Tortenrezept verwenden durfte, ohne dass es von der zentralen Planungsbehörde genehmigt worden war. Ganz zu schweigen von den Belastungen für Wirtschaft und Verwaltung, die vom Misstrauen des KGB durchsetzt war. So war bis zur Gorbatschow-Zeit der private Besitz und Betrieb von Fotokopierern und Computer-Druckern bei Strafe verboten. Kein Wunder also, dass Gorbatschow immer und immer wieder für die selbstverständlichen Reformen, für einen neuen Eigentumsbegriff die Werbetrommel rühren musste, zunächst in der Hoffnung, dass dadurch der Sozialismus reformiert werden könnte. Vor seinen Parteigenossen plädierte der Kremlchef:

„Das Leben hat überzeugend gezeigt, dass die Wirtschaftsreform ohne eine radikale Erneuerung der Verhältnisse zum sozialistischen Eigentum einfach unmöglich ist. Wir sind für die Schaffung von flexiblen und effektiven Verhältnissen zur Nutzung des gesellschaftlichen Gemeingutes, damit jede Form des Eigentums in einem gerechten Wettbewerb ihre Lebensform, ihre Recht auf Existenz behauptet. Als einzige Bedingung gilt: Keine Ausbeutung und auch keine Entfremdung des Arbeitenden von den Produktionsmitteln zuzulassen. Mit der Eigentumsfrage ist untrennbar eine andere entscheidende Richtung der Wirtschaftsreform verbunden und zwar die Bildung eines lebendigen, sozialistischen Marktes. Natürlich ist der Markt nicht allmächtig. Aber die Menschheit hat keinen demokratischeren und effektiveren Mechanismus der wirtschaftlichen Tätigkeit ausgearbeitet."

Ein Tabu war gebrochen. Eigentum und Markt waren nun im Sozialismus keine Schimpfwörter mehr. Bald zeigte sich, dass eine Reform des sozialistischen Systems ohne freie Meinungsbildung unmöglich ist. Doch das bedeutete: freie Wahlen. Gorbatschow suchte einen Mittelweg voller Kompromisse. Er wollte die alten Eliten nicht zu schroff vor den Kopf stoßen und gleichzeitig neue Reformkräfte gewinnen. Mit einem Wort: Gorbatschow suchte die Vereinigung von Feuer und Wasser. Sein radikalster Anhänger, Boris Jelzin, wurde deswegen zu Gorbatschows radikalstem Gegner. Jelzin kritisierte die Halbherzigkeit des Generalsekretärs vor dem Zentralkomitee und wurde zur Strafe degradiert. Damit begann Jelzins Kampf für eine radikale Veränderung des gesamten Systems, beginnend mit der Forderung nach echten freien Wahlen, die Jelzin - nun bereits in Gegnerschaft zum kommunistischen Parteiapparat - vorbrachte: „Das existierende Wahlgesetz ist nicht demokratisch genug. Im Zusammenhang damit muss man grundsätzliche Änderungen am Wahlsystem vornehmen. Man muss sich von den erfundenen Wahlen durch die so genannten gesellschaftlichen Organisationen abwenden. Man muss allgemeine, direkte, gleiche und geheime Wahlen von unten bis oben mit alternativen Kandidaten bis hin zu den Wahlen des Vorsitzenden des Obersten Sowjets einführen." Auch wenn die ersten Wahlen zum neu gegründeten Volkskongress nicht ganz frei waren und zahlreiche Nomenklatura-Vertreter ihre politischen Erbhöfe durch Entsendung in das Parlament verteidigen konnten, entbrannte die politische Debatte in einem bis dahin unbekannten Ausmaß. Der frühere Dissident Andrej Sacharow, von Gorbatschow nach siebenjähriger Verbannung befreit, begleitete als Deputierter im Volkskongress den Reformweg mit kritischer Distanz. Auch Sacharow plädierte dafür, dass bei Wahlen mehrere Kandidaten antreten sollten, weil er damit Gorbatschows Führungsanspruch demokratisch legitimieren wollte. Andrej Sacharow 1989 im Volkskongress der Sowjetunion: „Ich habe mehrmals in meinen Auftritten meine Unterstützung für die Kandidatur von Michail Sergejewitsch Gorbatschow zum Ausdruck gebracht, weil ich keinen anderen Menschen sehe, der unser Land leiten könnte. Einen solchen Menschen sehe ich im gegebenen Augenblick nicht. Meine Unterstützung ist an eine Bedingung gebunden. Ich halte eine Aussprache für notwendig und wir müssen bei allen Wahlen Alternativkandidaten im Auge haben. Das betrifft auch die Wahlen zum Obersten Sowjet und die Wahl des Präsidenten."

Schließlich kam es am Tag vor Sacharows Tod zu einem Zerwürfnis mit Gorbatschow, weil Sacharow dem Parteichef und künftigen Präsidenten der Sowjetunion eine zu große Machtfülle vorwarf. An der Seite von Sacharow stritt ein Mann, der im Westen wenig bekannt ist, der aber außerordentlich viel zum inneren Zusammenbruch des morschen Systems beigetragen hat, der Historiker Jurij Afanasjew. Er nutzte Glasnost, um der Vergangenheitsbewältigung eine Zukunft zu verschaffen. Für Afanasjew war bereits unter Gorbatschow der Sozialismus zu Ende gegangen, als der Historiker im Sommer 1989 formulierte: „Ich glaube, die Perestrojka, so wie sie im April 1985 geplant wurde, wird heute beendet - oder sie ist schon zu Ende. Das heißt, dass die Perestrojka als eine Generalüberholung des Gebäudes, welches wir im Laufe von 72 Jahren errichtet haben, unter Beibehaltung alter Fundamente zu Ende ist. Die viereinhalb Jahre haben gezeigt, dass diese Aufgabe nicht realisierbar ist. Der Typ des Sozialismus, den wir im Endeffekt aufgebaut haben, ist irreparabel.

Eine neue Grundsteinlegung für unsere Lebensordnung steht bevor. Die Aufgabe ist komplizierter, als man es sich in jenem Frühjahr 1985 vorgestellt hat. Wir dachten, es wird schwierig sein, eine Generalüberholung des Gebäudes durchzuführen, ohne die Einwohner umzusiedeln. Jetzt, wo wir uns vergewissert haben, dass sogar das Fundament auszuwechseln ist, scheint die Aufgabe noch viel komplizierter zu sein. Was wird darunter verstanden? Was meine ich mit diesem Fundament? Der Typ des Sozialismus, welcher bei uns in der Sowjetunion entstanden ist - und nicht nur bei uns - alle Sozialismen haben alle einen gemeinsamen Urtypus, und zwar einen Urtypus, der den Sozialismus zur weiteren Entwicklung unfähig macht."

Das Verhältnis zwischen der Bundesrepublik Deutschland und Gorbatschow war stets widersprüchlich. Trotz Begeisterung über den Reformer herrschte Skepsis in Fragen der Deutschlandpolitik und West-Berlins. Gorbatschow schien lange Zeit alte Standpunkte zu verteidigen, als er noch vier Jahre nach Beginn seiner Amtszeit in einer politischen Grundsatzrede erklärte: „Es wäre unfair von mir, die Frage West-Berlins unerwähnt zu lassen. Es ist so, dass wir ab und zu Stimmen aus der Bundesrepublik Deutschland hören, diese Frage sei beinahe ein Prüfstein in unseren Beziehungen. Sollte die UdSSR hierbei nicht nachgeben, so soll auch die Entwicklung sowjetisch-westdeutscher Beziehungen mindestens gebremst werden. Eine solche Fragestellung - wie immer sie verpackt sei - steht nicht nur im Widerspruch zum vierseitigen Abkommen von 1971, sie ist auch mit dem Wesen des Helsinki-Prozesses unvereinbar. Wir sind nicht gegen die Teilnahme West-Berlins am europäischen oder internationalen Verkehr, und wir sind bereit, spezifische Interessen in der Wirtschaft und im Kulturleben zu berücksichtigen - aber so verstanden, dass der besondere Status der Stadt unerschüttert bleibt. Über die so genannte deutsche Frage habe ich in der letzten Zeit mehrmals gesprochen. Die heutige Situation ist das Ergebnis der Geschichte. Die Versuche, das von ihr Geschaffene umzustürzen oder die Lage durch eine unrealistische Politik anzuheizen, stellt eine unkalkulierbare oder sogar gefährliche Beschäftigung dar." Der erstaunlichste Wandel liegt darin, dass Gorbatschow letztlich doch der deutschen Wiedervereinigung zugestimmt hat. Ein weiteres Verdienst ist die Tatsache, dass Gorbatschow sich dem Zusammenbruch des Kommunismus im eigenen Land nach dem August-Putsch 1991 wie schon zuvor im übrigen Ostblock, nicht entgegengestellt hat, weder politisch noch militärisch. Dagegen fällt die innenpolitische Resonanz auf die Gorbatschow-Jahre eher bescheiden aus. Über das Urteil der Russen heute urteilt der Moskauer Autor Werner Tzschoppe, der den Aufstieg und Fall von Gorbatschow miterlebt hat:

„Michail Gorbatschow wird heute in seinem eigenen Land nicht mehr ernst genommen und von vielen seiner ehemaligen Anhänger belächelt. Für die Kommunisten und die nationalistische Rechte ist Gorbatschow der verachtenswerteste Verräter, den man sich denken kann. Gerade ihm lastet man die Hauptverantwortung für den Zusammenbruch der Sowjetunion an. Gorbatschow hat als Initiator der Perestrojka beispiellosen Mut und Findigkeit bewiesen sowie eine Meisterleistung an Taktik vollbracht - in bolschewistischer Tradition aber auch gepaart mit Lüge, Treuebruch und Verrat gegenüber seinen Parteigenossen. Gorbatschow stellte mit seiner Brillanz alle Generalsekretäre der KPdSU in den Schatten. Aber er war und blieb ein Kind der unreformierbaren Partei. Bis zu seiner Abdankung als Präsident kämpfte Gorbatschow für einen besseren Sozialismus. Selbst nach dem Zusammenbruch des Sozialismus ist Gorbatschow ein bekennender Kommunist geblieben: ‚Ich schäme mich nirgends, vor keinem Auditorium, zu sagen, dass ich Kommunist bin und an der sozialistischen Idee festhalte. Damit werde ich, wie man so sagt, bis an mein seliges Ende leben. Ich werde mich nicht ändern. Meine Wahl ist endgültig', schreibt Gorbatschow in seinen Erinnerungen an den August-Putsch 1991, der das Ende des kommunistischen Regimes einleitete. Gorbatschow musste scheitern, weil er selbst nicht erkannt hat, welche historischen Veränderungen er - gewissermaßen als ein Werkzeug der Geschichte - eingeleitet hat. Er konnte jeweils nur wenige Schritte seines Handelns voraussehen, selbst ein bescheidener historischer Weitblick blieb ihm stets versagt. Das gilt leider bis zum heutigen Tag. Hätte Gorbatschow sich mit seinem historischen

Werk zufrieden gegeben, nämlich einer letztlich nicht rückgängig zu machenden Entwicklung weg vom Totalitarismus und hin zur Demokratie, dann würden ihm Ehrerbietung und Hochachtung in Russland ungeschmälert erhalten geblieben sein. Doch Gorbatschow versucht unablässig, in der aktiven Politik mitzumischen und auf die politische Bühne zurückzukehren. Immer wieder spielt er sich als Oberlehrer oder gar als Richter gegenüber Präsident Jelzin auf. Gorbatschows entsprechende Reden und Artikel sind durchwegs flach, zu wortreich und meist nichtssagend. Das gilt auch für Gorbatschows Bücher. Von welchem Realitätssinn kann bei Gorbatschow die Rede sein, wenn er immer wieder darauf anspielt, er würde sich unter Umständen für das Amt des russischen Präsidenten zur Verfügung stellen? Jelzin wird häufig für das kleinere Übel gehalten. Viele Menschen sind aber der Meinung, auch Jelzin sei ausgezehrt und seine Zeit gehe politisch zu Ende. Im Zusammenhang mit der schweren wirtschaftlichen und politischen Lage in Russland und besonders seit dem Krieg in Tschetschenien, forderte Gorbatschow die sofortige Ablösung der russischen Führung. Doch Neuwahlen, die Hals über Kopf angesetzt worden wären, hätten das gegenwärtige Chaos in Russland nur noch vergrößert. Aller Wahrscheinlichkeit nach wären dabei die extremen Verfechter einer aggressiven Großmachtpolitik und die Anhänger eines antiwestlichen Isolationismus an die Macht gekommen, die überdies keine Sachkenntnis in der Führung eines Staates haben. Solche Folgen seiner politischen Forderungen scheint Gorbatschow überhaupt nicht zu bedenken. Die große Zahl seiner Kritiker sieht darin eine politische Inkompetenz, die umso stärker ins Gewicht fällt als Gorbatschow immer wieder eine schier unstillbare Gier nach dem höchsten politischen Amt im Staat zeigt. Dies ist es vor allem, was ihn unter der heutigen Generation in Russland vollständig um seinen Ruf bringen kann.“

Das Jahrzehnt seit dem Amtsantritt und dem Sturz von Gorbatschow hat die Welt verändert. Seine Revolution von Glasnost und Perestrojka hat zum Zerfall des Systems geführt, das er verändern wollte. Gorbatschow selbst ist dabei das prominenteste Opfer seiner eigenen Reformen geworden.

NEUORIENTIERUNG
Konsequenzen aus dem Zerfall der Sowjetunion[110]

Die Sowjetunion war in Osteuropa kein stabilisierendes, sondern ein repressives Instrument zur Aufrechterhaltung einer autoritären Ordnung. Gegenüber den Staaten des zerfallenen Ostblocks handhabte die Sowjetunion ihren Führungsanspruch in nahezu derselben Machtausübung wie nach innen. Zentrale Befehlsgewalt galt in politischen, wirtschaftlichen und militärischen Frage. Die Befehlsgewalt beruhte auf einer ideologisch begründeten Gleichschaltung von Partei- und Staatsapparat.

Der Westen fand sich zu einem modus vivendi im Umgang mit der Sowjetunion bereit. Der Westen akzeptierte in der Praxis, dass Moskau als politisches Zentrum nicht nur den Vielvölkerstaat Sowjetunion mit dem Beutegut aus Bürgerkrieg (praktisch alle Republiken außerhalb Russlands) und Hitler-Stalin-Pakt (Baltikum, polnische Ostgebiete, Nordbukowina, Bessarabien), sondern auch die umgebenden Staaten in Ost- und Südosteuropa dominierte.

Am Ende der sowjetischen Epoche waren, fast in historischer Parallelität zum Zerfall des Zarenreiches, Geheimdienst und Armee als Instrumente der inneren Stabilität, nicht mehr in der Lage, den nationalen Aufbruch, den politischen Umbruch und den wirtschaftlichen Zusammenbruch zu verhindern. Reformversuche unter Gorbatschow kamen zu spät, waren halbherzig und offenbarten Widersprüche, statt sie zu beseitigen. Bürokratische Unfähigkeit und die Beharrungskraft der Nomenklatura

---

[110] In den Zwischenbilanzen nach dem Zusammenbruch des sowjetischen Systems werden die Auswirken analysiert, die zunächst als katastrophal und später als chaotisch befürchtet wurden, andererseits jedoch erhebliche Chancen für die Entwicklung nicht nur innerhalb Russlands und seiner früheren benachbarten Sowjetrepubliken, sondern auch in ganz Ost- und Südosteuropa beinhalteten. Erstveröffentlichung: Chaos oder Chance? Der Zusammenbruch der Sowjetunion und die Auswirkungen auf Osteuropa. In: Ende der Sowjetunion - Impulse für Europa. Hrsg. von B. Ränsch-Trill und E. Wagner. Wissenschaft Transparent 4, Hildesheim 1994, 210-223.

sind - neben der ungelösten nationalen Frage - zwei wesentliche Komponenten, die - ideologiefern - mehr zum Scheitern der Reformen unter Gorbatschow beigetragen haben als gezielter politischer Widerstand konservativ-kommunistischer Parteizirkel.

Das Ende der Sowjetunion hat nur für eine Übergangsphase die Gemeinschaft Unabhängiger Staaten GUS hervorgebracht. Denn die GUS ist mit dem Dilemma behaftet, zugleich Erbe als auch Testamentsvollstrecker der Sowjetunion zu sein. Konflikte bei der Aufteilung der Sowjetunion waren unvermeidlich. Beispiele sind der immer wieder verzögerte Rückzug der russischen Truppen aus den baltischen Republiken, die sich der GUS gar nicht erst angeschlossen haben, die Streitereien zwischen der Ukraine und Russland um die Krim sowie der blutige Konflikt um die Dnjestr-Region in Moldawien. Andere Konflikte wie der Kampf zwischen Armenien und Aserbaidschan um Berg-Karabach - und daran später anschließend um Nachitschewan - sind dagegen nicht das Ergebnis, sondern nur Begleiterscheinungen des Zerfallsprozesses.

In der ersten Euphorie des Wandels wurden im Osten und im Westen dem Etikettenwechsel politischer Begriffe bereits inhaltliche Wirkung zugeschrieben: Demokratie, Marktwirtschaft, freie Wahlen.

Doch Russland hat es auch nach dem Schock des missglückten August-Putsches 1991 zunächst nicht fertiggebracht, eine funktionierende Demokratie aufzubauen. Parteienpluralismus, frei gewählte Parlamente und marktwirtschaftliche Mechanismen blieben auch weiterhin Zielvorstellung und nicht realisierte Politik. Das Experiment der Demokratie wurde begleitet von dem beinahe totalen wirtschaftlichen Zusammenbruch. Dieser wirtschaftliche Niedergang wurde durch den Zerfall des RGW (Rat für gegenseitige Wirtschaftshilfe) beschleunigt. Die osteuropäischen Blockpartner beeilten sich gewachsene, oftmals freilich auch vergewaltigende Strukturen gegen einen Wettlauf freier Wirtschaftskräfte Richtung Westeuropa einzutauschen. Eine alte Grenzziehung wurde neu belebt: Jene zwischen Mittelost - und Osteuropa. Ungarn, Polen, die Tschechoslowakei, bald auch Rumänien und Bulgarien begaben sich überraschend schnell auf den Weg einer Assoziierung mit der Europäischen Gemeinschaft, während Weißrussland, die Ukraine, Russland, Moldawien, die Kaukasusrepubliken Armenien, Georgien, Aserbaidschan sowie die mittelasiatischen Republiken Turkmenistan, Kyrgystan, Usbekistan, Tadschikistan und Kasachstan durch einen neu belebten Regionalismus in einen komplizierten Prozess der politischen Selbstfindung verwickelt wurden.

Das Ringen um neue Identitäten begann. Ethnische und religiöse Merkmale wurden wiederbelebt, aus denen sich derzeit neue Regionalstrukturen zu entwickeln beginnen. Daraus erwächst als Zukunftsprognose, dass die Welt vor allem im südlichen und südöstlichen Teil der früheren Sowjetunion neu aufgeteilt wird: Die Türkei übt wachsenden Einfluss als neue Regionalmacht aus. Diese Rolle ergibt sich zunächst aus der Tatsache, dass neben Aserbaidschan im Kaukasus die angrenzenden mittelasiatischen Republiken mit Ausnahme von Tadschikistan Turkvölker beherbergen. Aserbaidschan hat nach dem Zerfall der Sowjetunion bereits die Türkei zu seiner Schutzmacht erklärt. Turkmenistan, Usbekistan, Kasachstan und Kyrgystan werden sich ebenfalls in enger Anlehnung an die Türkei weiterentwickeln. Dabei haben praktische Erwägungen erheblichen Einfluss auf dieses Verhalten. Mit der Türkei verbinden diese Republiken eine weitgehend gleiche Sprache und dieselbe islamisch-sunnitische Glaubensrichtung. Nur die Aseris in Aserbaidschan als engste Verwandte der Türken gehören zur islamisch-schiitischen Glaubensrichtung. Deshalb wurde am Beispiel von Aserbaidschan auch die erwachende Konkurrenz zwischen der Türkei und Persien besonders deutlich. Denn auch Persien bemüht sich um die südlichen Staaten der ehemaligen Sowjetunion mit dem Ziel, eine Bastion islamischer Staaten zu errichten. Allerdings ist die Entwicklung relativ rasch zugunsten der Türkei verlaufen. Der Iran konnte trotz seines diplomatischen Engagements im Konflikt um Berg-Karabach seine schiitischen Glaubensbrüder in Aserbaidschan nicht politisch vereinnahmen. Nächster Anknüpfungspunkt wäre Tadschikistan gewesen. Denn die Tadschiken gehören zur persischen Sprachfamilie. Doch in Tadschikistan scheinen altkommunistische Machtstrukturen zunächst noch die weitere Entwicklung zu bestimmen. Die zunehmende Bedeutung der Türkei als regionale Führungsmacht sollte den Blick auf die letzte Volkszählung der Sowjetunion lenken. Danach waren 25 Turkvölker in der Sowjetunion registriert mit einer Gesamtbevölkerung von mehr als 47 Millionen Menschen. Für die meisten dieser Völker, deren Angehörige teilweise auch in Russland leben, ist die Türkei zu einem neuen Hoffnungsträger geworden.

Die Türkei wiederum orientiert sich nicht ausschließlich nach Osten und Südosten, sondern auch nach Westen und Nordwesten. Im Einzugsgebiet des Schwarzen Meeres sucht die Türkei nach einer wirtschaftlichen Handelsbasis bei den Anrainer-Staaten Bulgarien, Rumänien, Ukraine und Russland. Überdies hatte die Türkei mit der zügigen Anerkennung von Bosnien-Herzegowina und dem Abschluss von Militärabkommen mit Albanien nach dem Machtwechsel seine Interessen an den „Glaubensbrüdern" auf dem Balkan signalisiert. Nicht zuletzt leben in Bulgarien fast zwei Millionen Türken, darüber hinaus noch Pomaken (islamisierte Bulgaren), die ebenfalls in der Türkei eine neue Orientierungskraft angesichts widersprüchlicher Reformen im eigenen Land sehen. Russland dagegen wird es nach dem Zerfall der Sowjetunion nicht schaffen, politische und ethnische Gruppen außerhalb Russlands an sich zu binden. Mindestens zwei Faktoren sprechen gegen die Rolle einer regionalen Ordnungsmacht Russland: Erstens hat die geschichtliche Erfahrung gezeigt, dass Russland für angrenzende Staaten keine Ordnungsmacht war, sondern sich diese Staaten untergeordnet hat. Zweitens bietet der wirtschaftliche Niedergang Russlands erneut das erschütternde Bild eines Kolosses auf tönernen Beinen. Die Zahlungsunfähigkeit Russlands ist trotz der enormen Erdöl- und Goldvorräte der beste Beweis für diesen Niedergang.

Überdies entwickelt sich ein Spannungsverhältnis zwischen den slawischen Brüdern Russland und Ukraine. Alexander Solschenizyn hatte in seiner Streitschrift „Russlands Weg aus der Krise" (deutsch 1990 im Piper-Verlag, München) als einen Zusammenschluss der slawischen Völker gesehen. Der Panslawist Solschenizyn schwelgte in der Idee, man könne nicht nur die

Ukraine (bei ihm „Kleinrussland"!) und Weißrussland, sondern auch die russisch besiedelten Gebiete Kasachstans für das neue Russland vereinnahmen. Während also unter den Turkvölkern der ehemaligen Sowjetunion Tendenzen zur Neuorientierung um ein neues Zentrum entstehen, demonstrieren die slawischen Völker der alten Sowjetunion jedoch das Gegenteil. Überdies wird Präsident Jelzin innerhalb Russlands nun strukturell mit den gleichen Problemen der nationalen Frage konfrontiert wie seinerzeit Gorbatschow auf dem Territorium der ganzen Sowjetunion. Denn Russland sieht sich Forderungen eines erwachenden Nationalismus anderer Völker auf seinem Territorium gegenüber: Von den sechseinhalb Millionen Tataren wohnt nur ein Sechstel in der bisherigen Tatarischen Autonomen Republik, während der Rest verstreut in Russland siedelt. Die Tataren fordern den staatlichen Zusammenschluss ihres Volkes.

Auch Dolganen, Nenzen, Nganasanen und Enzen, also die arktischen Völker des früheren Autonomen Kreises Timyr meldeten sich zu Wort. In der Öffentlichkeit weitgehend vergessen, litten sie unter der industriellen Entwicklung und der Ausbeutung der Bodenschätze in ihrem Siedlungsgebiet, wodurch ihre Existenzgrundlage für Rentierzucht und Fischfang gefährdet wurde. Ethnologen befürchten das baldige Aussterben von Sprache und Kultur dieser Völker, die sich inzwischen organisierten, um den Aufbruch in der nationalen Frage für ihre Interessen zu nutzen. In der Republik der Tschetschenen und Inguschen im Nordkaukasus, also ebenfalls noch zu Russland gehörend, brachen Nationalitätenkonflikte aus. Die Inguschen forderten ihre eigene Autonomie als Wiedergutmachung für die Verbrechen der Stalinzeit. Ihre territoriale Selbständigkeit, nach der Revolution 1919 geschaffen, ging 1943 in einer gemeinsamen Autonomen Republik mit den Tschetschenen auf. Während des Zweiten Weltkrieges wurden sie nach Kasachstan und Zentralasien deportiert. Nach ihrer Rehabilitierung und Rückkehr waren jedoch zahlreiche Siedlungsgebiete der Inguschen bereits der Nordossetischen Autonomen Republik zugeschlagen worden. Die Südosseten wiederum, deren Region administrativ zu Georgien gehört, kämpfen mit Waffengewalt für eine Vereinigung mit Nord-

Ossetien unter der Administration von Russland. Deutlich anti-russische Tendenzen zeigte erstmals ein anderer Konflikt, als im August 1990 Tausende von Russen in der Republik Tuwa, die ebenfalls innerhalb Russlands liegt, die Flucht ergreifen mussten. Vor ihrer Eingliederung in die Russische Föderation war die Republik Tuwa im sowjetisch-mongolischen Grenzgebiet von 1926 bis 1944 als Volksrepublik ein Satellit der Sowjetunion. Die Ausschreitungen gegen die Russen haben damals international keine Schlagzeilen gemacht, obwohl der russischen Bevölkerung die Häuser angezündet wurden und Flugblätter zum Mord an den Russen aufriefen.

Es ist bemerkenswert, dass Konflikte der nicht-russischen Völker untereinander zunächst mehr Aufsehen erregt haben als der Protest nicht-russischer Völker gegen Russen. Die Ursachen dafür mögen in der Entwicklung des Vielvölkerstaates liegen. Die Russen als historisch expansive und kolonisatorische Kraft leiden bis heute unter dem Klischee der Fremdherrscher. Die Russifizierungspolitik der Stalin-Zeit verstärkte diese Ablehnung durch die nicht-russischen Völker. Eine antirussische Haltung im Kampf um die nationale Identität galt daher zwangsläufig als legitim, ohne zu berücksichtigen, dass auch die Russen in der zerfallenden Sowjetunion ihren Weg aus der Sowjetisierung her-aus zu einem neuen nationalen Selbstwertgefühl suchten. Diese Entwicklung verlief nicht ohne nationalistische Begleiterschei-nungen wie der Bildung der russischen Pamjat-Bewegung, die den Antisemitismus wiederbelebte. Auch Panslawisten orthodo-xer Prägung und Monarchisten warben ungehindert für ihre Sichtweise der Wiedergeburt Russlands.

Der auch von Solschenizyn geforderte slawische Bund zwi-schen Russland, der Ukraine und Weißrussland war in der Tat vordergründig eine Neubelebung der slawischen Allianz, die inhaltlich jedoch an Streitfragen der jeweils nationalen Kompe-tenzen in Sachen Wirtschaft, Armee und Grenzziehungen zer-brach. Noch im Dezember 1984, also kurz vor seinem Amtsan-tritt als Generalsekretär der KPdSU, hatte Michail Gorbatschow den Sowjetpatriotismus als „eine der größten Errungenschaften unserer Gesellschaft" gepriesen. Nur fünf Jahre später waren zunächst diese gemeinsame Klammer der sowjetischen Identität und schon kurz danach die Klammer gemeinsamer Problemstellungen im Reformprozess verloren gegangen. In einer rückblickenden Bilanz sind mindestens vier Bereiche ursächlich an diesem Zerfallsprozess beteiligt, der dem zweiten Versuch einer Revolution unter dem Namen Perestrojka folgte: Der planwirtschaftliche Zentralismus hatte sich nicht bewährt. Experimente mit größerer wirtschaftlicher Selbständigkeit einzelner Republiken - in begrenztem Umfang bereits seit 1983 unter Andropow begonnen - mussten misslingen, weil die Republiken weiterhin von der zentralen Rohstoff- und Ersatzteillieferung und dem zentral gesteuerten Markt abhängig waren. Der Schritt zur vollen wirtschaftlichen Unabhängigkeit mit Besitzrecht an den Naturschätzen sowie an Grund und Boden, von Estland einseitig 1988 eingeleitet, stieß auf energischen Widerstand von Michail Gorbatschow, weil seiner Meinung nach Grund und Boden, die Bodenschätze, die Gewässer und Wälder Allgemeingut des sowjetischen Volkes und ausschließliches Eigentum des Staates seien. Trotz der Vorbehalte Gorbatschows taten die Russische Föderation und alle übrigen Republiken denselben Schritt wie Estland. Das von Gorbatschow bemühte „sowjetische Volk" erwies sich als eine Fiktion. Als „besonders besorgniserregend" bezeichnete es Gorbatschow im November 1988 bei seinem Angriff auf die Esten, dass auch Privateigentum an Grund und Boden sowie an Produktionsmitteln zugelassen werden sollte. Nichts konnte deutlicher die Diskrepanz zwischen der Notwendigkeit einer Wirtschaftsreform und den ideologischen Hemmnissen illustrieren, denen Gorbatschow selbst unterlag.

Der Zerfall des planwirtschaftlichen Zentralismus war flankiert von dem Unvermögen einer gemeinsamen Wirtschaftsreform, als deren Folge der innersowjetische Verbraucher- und Industriemarkt zerfiel. Die Reformansätze mussten scheitern, weil sie den Republiken nur begrenzte Freiheiten ließen. Bedeutende Industriezweige unterstanden jedoch weiterhin den Fachministerien der Zentralregierung in Moskau, die in die wirtschaftliche Struktur der Republiken entscheidend und Reform verhindernd eingreifen konnten. Die Sondervollmachten von Präsident

Gorbatschow, mit denen er im September 1990 die Aufrechterhaltung der zentralen Wirtschaftsbeziehungen per Dekret anordnete, erschienen angesichts dieses Zerfalls bereits als anachronistisch. Die einzelnen Republiken konterkarierten das vergebliche Bemühen der Zentralregierung, indem Wirtschafts- und Preisbildungsgesetze Moskaus von den Republiken nicht anerkannt wurden.

Die nationalen Konflikte innerhalb der Armee waren jahrelang verschwiegen worden. Dem Übergewicht der Russen im Offizierskorps stand die zunehmende Zahl von Rekruten aus den geburtenstarken zentralasiatischen Republiken gegenüber. Die nationale Abgrenzung einzelner Republiken gegenüber Moskau, hier wiederum ausgehend vom Baltikum, hatte zur Folge, dass die Idee nationaler Streitkräfte wiederbelebt wurde. Mit Unterstützung der national orientierten Volksfronten verweigerten Jugendliche den Dienst außerhalb ihrer Heimatrepublik.

Im Mai 1990 beklagte der stellvertretende Generalstabschef der Sowjetunion, Generaloberst Bronislaw Omelitschew „koordinierte Boykottversuche gegen die Einberufung" junger Rekruten namentlich in den drei baltischen Republiken sowie in der Ukraine, in Moldawien und in den drei transkaukasischen Republiken. Gerade im Transkaukasus bildeten sich unter den Bürgerkrieg ähnlichen Verhältnissen nationale Verteidigungsgruppen, die sich teilweise durch Überläufer, teilweise durch Überfälle auf reguläre Truppen Waffen besorgten. Ein Präsidialerlass von Michail Gorbatschow im Juli 1990, der die Gründung bewaffneter Gruppierungen verbot und die Auflösung bisheriger bewaffneter Formationen verlangte, wurde nicht befolgt. Gorbatschow musste sein ultimatives Dekret verlängern und politische Zugeständnisse signalisieren, ehe sich bewaffnete Nationalverbände in Armenien zur Aufgabe bereit erklärten.

Die Truppen des Innenministeriums, die landesweit zur Befriedung an den zahlreichen Konfliktherden eingesetzt wurden, erhielten selten die notwendige Unterstützung der örtlichen Bevölkerung. Aus dieser Erfahrung heraus schlug der zwischenzeitlich entmachtete, Reform orientierte Innenminister Wadim Bakatin im Oktober 1990 vor, für den lokalen Gebrauch den Republiken das Recht auf eigene Truppeneinheiten einzuräumen. Damit hätte die Entscheidung einzelner Republiken berücksichtigt werden können, die in eigenen Gesetzen die Ableistung des Militärdienstes auf die Heimatrepublik beschränkten. In einem Dekret im November 1990 wandte sich Gorbatschow gegen solche Beschlüsse, „die praktisch Wehrdienstverweigerung und Fahnenflucht aus den Streitkräften der UdSSR, den Grenztruppen, den Truppen des Innenministeriums und anderen von der Gesetzgebung der UdSSR vorgesehenen bewaffneten Gruppierungen fördern". Gleichzeitig verfügte Gorbatschow die strafrechtliche Verfolgung von „Amtsträgern und Bürgern", die sich der Unionsgesetzgebung in den Fragen der Verteidigung nicht unterwerfen. Im Klartext stellte Gorbatschow mit diesem Dekret den beginnenden Zerfall der sowjetischen Streitkräfte fest. Die von ihm verfügte Strafverfolgung richtete sich nicht nur gegen Rekruten, sondern auch gegen Abgeordnete der Parlamente in den Republiken, die solche von Gorbatschow kritisierten Gesetze verabschiedet haben.

Dieses Dekret wurde in den betroffenen Republiken nicht beachtet. Der Prestigeverlust von Gorbatschow bedeutete für ihn Machtverlust. Als Reaktion griff das Militär selbst ein. Verteidigungsminister Jasow erließ eine Reihe von Befehlen, aus denen der Überdruss der Bevölkerung gegenüber der eigenen Armee und der Autoritätszerfall besonders deutlich wurde. Unter anderem hieß es in der Erklärung des Verteidigungsministers vom 27. November 1990: „Bei rechtwidrigen Handlungen gegen Kasernen und Soldatensiedlungen (Abstellen von elektrischem Strom, Wasser usw.) erhielten die Befehlshaber der Truppen der Militärbezirke und der Flotte den Auftrag, die Objekte und Systeme zur Lebensversorgung unter die Bewachung und den Schutz der Militäreinheiten zu stellen. Die Befehlshaber der Truppen der Militärbezirke und der Flotte erhielten Befehl, Akte von Vandalismus gegenüber Denkmälern und Gräbern von sowjetischen Soldaten nicht zuzulassen sowie entschieden der Errichtung von Denkmälern und anderen Formen der Verherrlichung von Faschisten und ihren Söldlingen entgegenzuwirken und bereits vorhandene derartige Symbole zu liquidieren."

270

Mit diesen Befehlen war ein von Ausland kaum bemerkter Einschnitt im politischen Leben der Sowjetunion erfolgt. Die militärische Führung stellte die Machtlosigkeit der politischen Führung bloß. Der spektakuläre Rücktritt von Außenminister Schewardnadse im Dezember 1990 und seine Warnungen vor der Errichtung einer Diktatur hingen mit dieser Entwicklung unmittelbar zusammen. Fast eine Million Sowjetbürger waren bis zum Ende 1990 aus der Kommunistischen Partei ausgetreten. Gorbatschow selbst hatte mit seiner Reform des politischen Systems versucht, das Ansehen der parlamentarischen Vertretungen auf Kosten des Parteiapparates zu stärken. Deshalb wurde er später von seinen konservativen Gegnern für den Prestigeverlust der Kommunistischen Partei verantwortlich gemacht. In der Tat haben Politbüro und Zentralkomitee gegenüber den gewählten Parlamenten und dem Präsidentenamt ihre Vormachtstellung verloren. Gorbatschow, der seine Reformen aus gesamtsowjetischer Sicht begonnen hatte, unterschätzte jedoch die Folgen dieses Schrittes. Denn auch in den Republiken verloren die Kommunisten an Prestige. Die regionalen Parteiverbände standen in Konkurrenz zu nationalen Unabhängigkeitsbewegungen oder sie kamen unter deren direkten Einfluss. Deutlichstes Beispiel sind auch hierbei die baltischen Republiken gewesen, deren kommunistische Parteien sich als erste von der KPdSU abgespalten haben, um als selbständige Parteien für eine größere Unabhängigkeit der Republiken einzutreten. Der Zerfall der zentralen Parteiorganisation beschleunigte den Zerfall der Zentralmacht. Über das Beispiel Litauen war die KPdSU besonders empört, weil ein Parteiengesetz anderen Staatsbürgern außerhalb Litauens aktive Parteipolitik verbot. Dieses Verbot richtete sich praktisch gegen alle Mitglieder der alten KPdSU, die von Moskau nach Litauen entsandt worden waren, um dort zeitweilige Kaderarbeit im Sinne des kommunistischen Parteienzentralismus zu betreiben. Mit dem Putsch vom August 1991 versetzte sich der Parteiapparat dann selbst den Todesstoß. Ende Mai 1990 wurde die Zahl der internen Flüchtlinge in der Sowjetunion auf mehr als eine halbe Million geschätzt. Diese Zahl ist ständig weitergewachsen. Genaue Statistiken für die nachfolgende Zeit fehlen.

Ganze Völkergruppen sind aus ihren Siedlungsgebieten aufgebrochen, weil sie sich nicht mehr sicher fühlten, weil wirtschaftliche und soziale Strukturen für ihre Existenz zusammenbrachen. Diese Entwicklung illustrierte den Zerfall der Staatsordnung am bedrückendsten. Eine weitere Flüchtlings- und Emigrationswelle wird über die Landesgrenzen hinweg das Ausland erreichen, sobald Millionen von ehemaligen Sowjetbürgern die im Westen übliche Reisefreiheit erhalten. Schon jetzt ist die Emigration für zwei Völker der erstrebenswerte Weg, die zerfallende Sowjetunion zu überwinden: Von den zwei Millionen Deutschen und den verbliebenen 1,8 Millionen Juden stellen jährlich Hunderttausende einen Ausreiseantrag. Wenn diese Emigrationswelle anhält, dann werden in einigen Jahren wahrscheinlich nur noch jeweils ein Fünftel der Deutschen und der Juden auf dem Territorium der alten Sowjetunion zurückbleiben. Wichtiges Argument für die Auswanderung der Deutschen ist die Tatsache, dass sie ein halbes Jahrhundert nach Zerschlagung ihrer Republik immer noch nicht mit der Wiederherstellung ihrer Autonomie rechnen können. Die Juden, denen eine entlegene Region in Fernost als Autonomes Gebiet zugewiesen wurde, obwohl sie zu 95 Prozent im europäischen Teil der Sowjetunion siedelten, werden durch einen zunehmend aggressiven Antisemitismus außer Landes getrieben. Doch das erstaunlichste am Zerfall der Sowjetunion ist die Tatsache, dass in der Folge nur lokal begrenzte Kriege entflammt sind. Weder das Militär, das in Russland ohnehin nie eine direkte politische Rolle gespielt hat, noch der Parteiapparat und auch nicht die explosive nationale Frage haben den Zerfall in einen Steppenbrand verwandelt. Die lokalen Kriege entstanden und entstehen weiter an den Schnittpunkten jener Peripherie, die nicht mehr von einer Zentralmacht integriert werden, die aber auch noch nicht neuen Machtzentren zugerechnet werden.

Eines der bedrückenden Beispiele dafür ist Moldawien und die Dnjestr-Region. Der Konflikt belegt exemplarisch, dass nach dem Zerfall der Sowjetunion die gesamte Westgrenze des ehemaligen UdSSR zur Disposition steht. Denn durch die russische und später durch die sowjetische Expansion nach Westen wurden Staatsgrenzen ungeachtet der ethnischen Siedlungsgrenzen gezogen. Dies galt zuletzt für den Hitler-Stalin-Pakt, mit dem die beiden Diktatoren 1940 Europa aufgeteilt haben. Das Baltikum, Ostpolen und die östlichen Gebiete Rumäniens waren davon betroffen. Insofern ist der Moldawienkonflikt ein Erbe des Hitler-Stalin-Paktes. Bessarabien und die Nordbukowina als östliche Teile Rumäniens fielen an die Sowjetunion. Deren nördliche und südliche Gebiete wurden wiederum der Ukraine zugeschlagen. Aus dem Rest entstand die damalige sozialistische Moldawische Sowjetrepublik. Verwirrend an der territorialen Gliederung ist die Tatsache, dass Moskau schon zuvor eine moldawische autonome Republik innerhalb der Ukraine geschaffen hatte, um den Anspruch auf Bessarabien begründen zu können. Der Großteil dieser ersten autonomen Republik fiel wieder an die Ukraine zurück. Ein kleiner Landstreifen jenseits des Dnjestr verblieb in der neuen Moldawischen Sowjetrepublik. Es ist jenes Gebiet, in dem nun Russen in der selbst ausgerufenen Dnjestr-Republik zu den Waffen greifen, weil sie fürchten, Opfer einer moldawischen Eigenstaatlichkeit oder gar Opfer einer Wiedervereinigung mit Rumänien zu werden.

Neben den Russen und den Moldawiern, von denen sich letztere inzwischen teilweise wieder als Rumänen betrachten, werden noch zwei weitere Nationen in diesen Konflikt mit hineingezogen. Die Ukrainer und die Gagausen: Rumänien, das sich auf einen nationalen Wiedervereinigungstaumel zu bewegt, will nicht nur den Zusammenschluss mit Moldawien, sondern fordert von der Ukraine auch jene Gebiete der Nordbukowina und Bessarabiens zurück, die von Stalin der Ukraine zugeschlagen wurden.

Die Gagausen wiederum sind ein christianisiertes Turkvolk, das erst in der Sowjetzeit seine Identität zu definieren begann und ebenso wie die Russen in Moldawien eine eigene Republik ausgerufen hat. Überlagert wird dieser Konflikt von kirchlichen Auseinandersetzungen, die zusätzlich emotionale Unberechenbarkeiten in sich bergen. Moskau hatte historisch eine Schutzmachtrolle gegenüber den anderen orthodoxen Nationen beansprucht. Auch der frühere Zugriff auf das Donau-Delta und auf Bessarabien unter den Zaren wurde mit diesem Argument gerechtfertigt. Stalin setzte trotz seiner scharfen Atheismuskampagnen dieselbe Linie fort und erzwang, dass die Ukraine, aber auch Moldawien dem Moskauer Patriarchat der russisch-orthodoxen Kirche unterstellt wurden.

Damit beging Stalin einen zweifachen Fehler, der sich in der Gegenwart bitter rächt: Erstens verbot Stalin die jeweils mit Rom unierten Kirchen im byzantinischen Ritus und zwang deren Geistlichen zur Orthodoxie russischer Prägung. Zweitens missachtete Stalin die nationalkirchliche autokephale Identität der Ukrainer, aber auch Moldawier, die wiederum sich zur rumänisch-orthodoxen Kirche bekannten. Allerdings konnte man Jahrzehnte nach der Zwangsvereinigung in den Kirchen der moldawischen Hauptstadt Chişinău (Kischinjow) dennoch rumänische Psalter auf dem Altar entdecken.

Jetzt kommt der Pendelschlag zurück. Das heißt: nicht nur nationale, sondern auch nationalkirchliche Selbständigkeit richtet sich mit emotionaler Wucht gegen alles Russische. Das gilt für die Ukraine ebenso wie für Moldawien. Für die nicht-rumänischen Völker in Moldawien ist diese Entwicklung gewissermaßen der Aufruf zu einem Selbstbehauptungskampf, der wiederum nur die gegenwärtigen Strukturen, nicht aber die historische Entwicklung dieser Region berücksichtigt.

In dieser Lage erscheint es nahezu ausgeschlossen, die widerstreitenden Nationen davon zu überzeugen, dass nationale Selbstbestimmung und staatliche Souveränität in einem vereinten Europa keine Konkurrenten sein müssen. Doch der Zerfall der Sowjetunion hat nicht nur neues zwischenstaatliches Konfliktpotential freigesetzt. Auch innerstaatlich lässt sich eine Revitalisierung verdrängter Konflikte beobachten. Das gilt für den Dissens zwischen der Tschechei und der Slowakei oder für den Aufbruch ethnischer und religiöser Minderheiten wie die Türken und Pomaken in Bulgarien.

Russland ist durch den Zerfall der alten Zentralmacht dermaßen geschwächt, dass Moskau auch nicht mehr historische Beziehungen nutzen kann, um seinen Einfluss auf andere Krisenherde in Ost- und Südosteuropa geltend zu machen. Dies zeigte sich in bedrückender Weise im Jugoslawien-Krieg, der letztlich auch eine Folge des Zusammenbruchs der sozialistischen Staatenwelt ist. Mit dem Kriegsverlauf im zerfallenen Jugoslawien leben in den Köpfen der Menschen auf dem Balkan regionale Grenzziehungen wieder auf, die mit den heutigen Staatsgrenzen nicht übereinstimmen. Deshalb musste der Zerfall Jugoslawiens eine Vielzahl von Begehrlichkeiten innerhalb der neu gegründeten Nachfolgestaaten ebenso wie bei den Nachbarn wecken mit dem Ziel, bei einer Neuordnung möglichst viele nationalpolitische Interessen durchzusetzen. Dadurch wurde eine Vielzahl von Regionalproblemen wiederbelebt, die man glaubte, durch politische Disziplinierung innerhalb der sozialistischen Länder zumindest verdrängt zu haben. Politiker müssen sich nun Begriffe neu aneignen, die bereits den Geschichtsbüchern zugedacht waren.

Die Muslime im Sandschak, einem Gebiet zwischen Serbien und Montenegro, wollen sich keinem serbisch dominierten Rumpf-Jugoslawien unterwerfen.

Die Albaner im Kosovo drängen auf Eigenstaatlichkeit. Nationalistische Zirkel in Griechenland deklarieren Südalbanien zum „besetzen Gebiet Nordepirus".

Die Dreiteilung Makedoniens in Agäis-Makedonien (Griechenland), Vardar-Makedonien (die bisherige jugoslawische Teilrepublik) und Pirin-Makedonien (Bulgarien) wird von jedem der betroffenen Staaten zum Ausgangspunkt politischer Forderungen an die übrigen Nachbarn genommen.

Die Dobrudscha, zwischen Bulgarien und Rumänien geteilt, gewinnt für Nationalisten auf beiden Seiten plötzlich wieder an Bedeutung.

Die Nordbukowina und Südbessarabien, heute zur Ukraine gehörig, wird von Rumänien als genuines rumänisches Land ebenso zurückgefordert wie Moldawien.

Selbst in Weißrussland haben sich Stimmen erhoben, die einen Teil Litauens zurückfordern.

Ungelöst ist die Rolle vom Oblast Kaliningrad, dem alten östlichen Ostpreußen, das administrativ nun zu Russland gehört, von diesem jedoch durch Litauen abgetrennt ist.

Noch komplizierter sind die Verhältnisse im Kaukasus, wo Völker administrativ ebenso geteilt wurden wie im ehemaligen Sowjet-Zentralasien. Ein kompliziertes Beispiel aus Zentralasien:

Die alte Oase Choresm ist zwischen Turkmenistan, Karakalpakien und Usbekistan aufgegliedert. Es entsteht jedoch bei seinen Bewohnern über die drei Republikgrenzen hinweg das alte Zusammengehörigkeitsgefühl. Eine solche Bestandsaufnahme nährt den Eindruck, der Zerfall der Sowjetunion habe nur Chaos hinterlassen, ohne den Völkern eine echte Chance auf Selbstbestimmung in wirtschaftlicher Unabhängigkeit einzuräumen. Man kann die verspielten Rechte dieser Völker nicht mehr beim Hauptschuldigen, der Sowjetunion, einklagen. Die Sowjetunion existiert nicht mehr. Aber es existieren noch die Völker und ihre Regionen. Sie werden sich regionalpolitisch neu orientieren und auf Jahrzehnte hinaus Kostgänger westlicher Wirtschaftshilfe bleiben. Weitere Kriege sind wahrscheinlich angesichts der Auseinandersetzungen um alte und neue Grenzziehungen. Nur die westliche Peripherie des riesigen Imperiums, die mittelosteuropäischen Staaten, hat eine ehrliche Chance zur schnellen Assoziierung an Europa mit der Konsequenz eines freien Waren- und Personenverkehrs. Für alle anderen Gebiete der zerfallenen Staatenwelt des Sozialismus sind die politischen Optionen noch nicht definiert.

ZEITTAFEL

1984

Staats- und Parteichef Jurij Andropow, politischer Ziehvater von Michail Gorbatschow, stirbt (9. Februar).

Nachfolger als Parteichef wird Konstantin Tschernenko. Unter dessen schwacher Führung werden begonnene Reformen vom Parteiapparat abgeblockt.

1985

Nach dem Tod von Konstantin Tschernenko (10. März) wird Michail Gorbatschow Generalsekretär des Zentralkomitees der KPdSU (11. März). Er kündigte einen radikalen Umbau (Perestrojka) von Wirtschaft und Gesellschaft an und fordert mehr Transparenz (Glasnost) im Umgang mit Vergangenheit und Gegenwart.

Gesetz zur Bekämpfung des Alkoholmissbrauchs beschlossen (16. Mai), in dessen Folge die Alkoholproduktion gedrosselt, die Preise drastisch erhöht und hohe Strafen für Alkoholmissbrauch bei der Arbeit eingeführt werden.

Gipfeltreffen zwischen Michail Gorbatschow und US-Präsident Ronald Reagan in Genf. (19. November)

1986

XXVII. Parteitag (26. Februar bis 6. März), Einleitung der Wirtschaftsreform, Fortsetzung der personellen Veränderungen. Aus dem Parteiprogramm wird die Zielsetzung gestrichen, dass „die heutige Generation im Kommunismus leben" werde.

Kernkraftkatastrophe in Tschernobyl (26. April).

Nationale Unruhen in Kasachstan, Parteichef Dinmuhamed Kunajew wird abgelöst, bleibt jedoch noch im Politbüro (Dezember).

Gorbatschow ruft den Bürgrechtler Andrej Sacharow in der Verbannung an und infromiert ihn über seine Befreiung (16. Dezember).

Sacharow kehrt aus siebenjähriger Verbannung nach Moskau zurück (23. Dezember).

Gorbatschow schlägt auf dem ZK-Plenum eine neue Wahlordnung für Parteifunktionäre vor: Zulassung von mehreren Kandidaten, geheime Abstimmung (27. Januar).

Kunajew muss das Politbüro verlassen (28. Januar)

Entlassung politischer Häftlinge (Februar).

Privatwirtschaftliche Organisationsformen (Kooperativen) werden legalisiert (Gesetz ab 1. Mai).

Der 19-jährige Deutsche Mathias Rust landet nahe dem Roten Platz (28. Mai).

Der Verteidigungsminister Sergej Sokolow und der Chef der Luftabwehrtruppe Alexander Koldunow werden entlassen. Rust wird zu vier Jahren Arbeitslager verurteilt, jedoch vierzehn Monat später nach Deutschland ausgewiesen.

Erstmals geheime Abstimmung und Aufstellung von mehreren Kandidaten bei Teilwahlen auf Kommunalebene (21. Juni).

Gorbatschow verschärft seine Kritik an der Wirtschaftslage („Vorkrisenstadium") auf einem ZK-Plenum (25. Juni) und veröffentlicht seinen Weltbeststeller „Perestrojka", in dem er auf den drohenden Nationalismus in der Sowjetunion hinweist.

Erste ungehinderte Demonstrationen der Krimtataren am Roten Platz (Juli/August)

Sowjetbürger erhalten Beschwerderecht gegen Übergriffe der Behörden (Gesetz 19. Oktober).

Nach heftiger Kritik am schleppnden Verlauf der Perestrojka wird Jelzi als Stadtparteichef von Moskau abgesetzt (11. November) und verliert im Februar 1988 seinen Sitz im Politbüro.

Beim Gipfeltreffen in Washington unterzeichnen Gorbatschow und US-Präsident Reagan den INF-Vertrag über die Vernichtung aller in Europa stationierten nuklearen Mittelstreckenraketen (8. Dezember).

1988

Neues Unternehmensgesetz ermöglicht den Konkurs staatlicher Betriebe (Gesetz ab 1. Januar).

Sowjetunion geht erstmals mit öffentlicher Anleihe (100 Mio CHF) auf internationalen Kapitalmarkt (Januar).

Parteichef von Usbekistan wird wegen Korruption abgesetzt (12. Januar).

In Estland, Litauen, Lettland und in Armenien beginnen nationale Massendemonstrationen, die zur Bildung von Unabhängigkeitsbewegungen führen (ab Februar).

Pogrom gegen Armenier in Sumgait/Aserbaidschan wegen Streit um Berg-Karabach (28. Februar).

Gipfeltreffen zwischen US-Präsident Ronald Reagan und Michail Gorbatschow in Moskau (25. Mai - 2. Juni)

Krimtataren, die unter Stalin nach Zentralasien deportiert wurden, erhalten das Recht auf die Rückkehr in ihre Heimat (1. Juni)

Sowjetische Truppen kontrollieren das Autonome Gebiet Berg-Karabach /Nagornyj-Karabach) in Aserbaidschan (ab 22. Juni).

19. Parteikonferenz leitet die Reform des politischen Systems ein, das sich laut Gorbatschow „als unfähig erwiesen hat". Ziel ist eine Präsidialdemokratie mit einem frei gewählten Parlament (26. Juni bis 1. Juli).

Massendemonstrationen in den baltischen Republiken Estland, Lettland und Litauen für mehr Unabhängigkeit (23. August).

Gorbatschow übernimmt von Andrej Gromyko das Amt des Vorsitzenden des Obersten Sowjets (Staatspräsident) (1. Oktober).

Das Parlament von Estland (Oberster Sowjet) verabschiedet eine Souveränitätserklärung (16. November).

Nationale Demonstrationen greifen auf Georgien über (November).

Gorbatschow kündigt vor der UNO einseitigen Truppenabbau um 500.000 Mann und Teilabzug sowjetischer Waffensysteme aus Osteuropa an (7. Dezember).

Am selben Tag verwüstet ein katastrophales Erdbeben Armenien; mindestens 25.000 Tote, eine Million Obdachlose.

1989

Volkszählung in der Sowjetunion ergibt 285,76 Mio. Einwohner.

Erdbeben in Tadschikistan, 227 Tote (23. Januar).

Die Wochenzeitschrift Argumenty i Fakty veröffentlicht erstmals Zahlenangaben über die Stalin-Opfer: 15 Millionen Tote, neun bis elf Millionen Bauern vertrieben und nach Sibirien verbannt (5. Februar).

Sowjetunion zieht alle Truppen aus Afghanistan ab (15. Februar).

In Weißrussland wird die Bewegung „Wiedergeburt" (Adradschenje) gegründet (21. Februar).

Nach nationalen Demonstrationen wird in Tadschikistan die bisherige Amtssprache Russisch durch Tadschikisch abgelöst (25. Februar).

Nationale Demonstrationen in Moldawien (ab 12. März).

Erste Wahlen zum neu gegründeten Kongress der Volksdeputierten mit unabhängigen Kandidaten. Dabei erhält „Parteirebell" und Gorbatschow-Gegner Boris Jelzin in Moskau 89 Prozent der Stimmen (26. März).

Gründung der „Gesellschaft für die sowjetdeutsche Wiedergeburt" (31. März).

Bei Truppeneinsatz gegen georgische Nationalisten in Tiflis werden 19 Menschen getötet (9. April).

110 ZK-Mitglieder der Breschnew-Zeit werden zwangspensioniert und teilweise durch Reformkräfte ersetzt (25. April).

Das Parlament Litauens (Oberster Sowjet) verabschiedet eine Souveränitätserklärung (18. Mai).

Blutige Unruhen zwischen Usbeken und Mezcheten in Usbekistan. Über 100 Tote, 1.000 Verletzte. 15.000 Mezcheten werden evakuiert (Juni).

Michail Gorbatschow besucht die Bundesrepublik Deutschland (12. -15. Juni).

Nationale Unruhen in Kasachstan, fünf Tote (ab 17. Juni).

Michail Gorbatschow besucht Frankreich (5. Juli).

Streiks in den sibirischen und ukrainischen Kohlerevieren (ab 11. Juli).

Nationale Unruhen zwischen Georgiern und Abchasen, zwanzig Tote (15. Juli).

Gorbatschow spricht als erster Ostblockführer vor dem Europarat (6. Juli).

Im Parlament (Oberster Sowjet) der Sowjetunion schließen sich Radikalreformer zu einer Fraktion zusammen (30. Juli).

Zwei Millionen Balten bilden eine 600 Kilometer lange Menschenkette. Sie fordern, das Geheime Zusatzprotokoll des Hitler-Stalin-Paktes, dessen Existenz von der Sowjetunion jahrzehntelang bestritten wurde, für nichtig zu erklären (23. August).

In Moldawien demonstrieren 300.000 Menschen (27. August) und setzen Moldawisch als Amtssprache durch (31. August).

In Kiew wird die ukrainische Nationalbewegung „Ruch" gegründet (10. September).

Kasachstan (22. September), Kirgisien (23. September) und die Ukraine (28. Oktober) ersetzen Russisch durch nationale Amtssprachen.

Der Oberste Sowjet verkündet die „volle Rehabilitierung der Sowjetdeutschen und anderer deportierter Völker" (14. November).

Michail Gorbatschow wird als erster Staats- und Parteichef der UdSSR in Rom vom Papst empfangen (1. Dezember).

Gipfeltreffen von US-Präsident George Bush und Michail Gorbatschow vor der Insel Malta „Der Kalte Krieg ist zu Ende". (2./3. Dezember).

Andrej Sacharow stirbt in Moskau (15. Dezember).

Litauische Kommunisten trennen sich von der KPdSU (20. Dezember).

Volkskongress verurteilt den Hitler-Stalin (Molotow-Ribbentrop)-Pakt (Annullierung des Geheimes Zusatzprotokolls) und die Invasion der Sowjetunion in Afghanistan (26. Dezember).

1990

Pogrome gegen Armenier in Baku, 22 Tote (13. Januar).

Sowjetarmee geht gegen aserbaidschanische Nationalisten vor (142 Tote) (21. Januar).

Sowjetischer Truppenabzug aus der Tschechoslowakei vereinbart (9. Februar).

Gorbatschow stimmt der deutschen Einheit bei einem Besuch von Bundeskanzler Kohl zu (11./12. Februar).

Sowjetischer Truppenabzug aus Ungarn vereinbart (10. März).

Litauen erklärt seine Unabhängigkeit und wählt einen nicht-kommunistischen Präsidenten (11. März).

Volkskongress streicht das Machtmonopol der Kommunistischen Partei aus der Verfassung (13. März), neue Parteien bilden sich.

Gorbatschow wird in das neu geschaffene, mächtige Amt des Präsidenten gewählt (15. März).

Gorbatschow fordert vor dem neu geschaffenen Präsidialrat einen „kontrollierten Übergang zur Marktwirtschaft". (28. März).

Estland beschließt Unabhängigkeit, jedoch mit Übergangsperiode und Verhandlungen mit Moskau (30. März).

Nach erfolglosem Ultimatum zur Rücknahme der Unabhängigkeitserklärung verhängt Gorbatschow Sanktionen gegen Litauen; Ölversorgung wird eingestellt, Erdgaslieferung um 80 Prozent gedrosselt (17. April).

Protest gegen Gorbatschow bei der Maiparade auf dem Roten Platz (1. Mai)

Lettland beschließt seine Unabhängigkeit nach einer nicht näher bezeichneten Übergangszeit (4. Mai).

Gorbatschow annulliert die Unabhängigkeitserklärungen von Estland und Lettland (14. Mai).

Parteirebell Boris Jelzin wird zum Präsidenten der Russischen Föderation (RSFSR) gewählt (25. Mai).

Bei Zusammenstößen mit der Armee sterben in Eriwan 24 Menschen (27. Mai).

Nationale Unruhen in Kirgisien mit 139 Toten (4. Juni).

Die Russische Föderation verkündet ihre Souveränität und erklärt ihr Recht auf Austritt aus der Sowjetunion (12. Juni).

Der Oberste Sowjet Usbekistans beschließt die Souveränität der Usbekischen Sowjetrepublik (12. Juni).

Mit Moldawien (24. Juni) und Weißrussland (27. Juli) folgen weitere Sowjetrepubliken. Dieser Entwicklung schließen sich immer mehr Sowjetrepubliken an, bis mit Karelien (10. August) erstmals eine Autonome Republik innerhalb der Russischen Föderation sich für souverän erklärt. Ziel dieser Souveränitätserklärungen ist es, Republikrecht über Unionsrecht zu stellen und Anspruch auf die eigenen Bodenschätze zu erheben. Die Bildung eigener Armeen und Währungen ist angestrebt. Damit wird die Umwandlung der Sowjetunion von einem föderativen Staat zu einer Konföderation von souveränen Staaten eingeleitet.

USA-Reise von Michail Gorbatschow. Er vereinbart mit Präsident George Bush eine weitere Reduzierung strategischer Atomwaffen und die Produktionseinstellung für chemische Waffen (31. Juni).

28. Parteitag für Fortsetzung der Reformen (4. Juli)

Boris Jelzin und seine Anhänger in der „Demokratischen Plattform" treten aus der KPdSU aus (12. Juli).

Kaukasus-Treffen von Gorbatschow und Kohl besiegelt deutsche Einheit (14.-16. Juli)

Ein neues Mediengesetz führt die Pressefreiheit ein (1. August).

Gorbatschow rehabilitiert Millionen Opfer der Stalin-Zeit (13. August) und annulliert die Ausbürgerung von Solschenizyn, Brodskij und anderen Dissidenten (14. August).

Massenproteste von geschätzen 200.000 Demonstranten gegen die Regierung und für die Einführung der Marktwirtschaft (16. September).

Alexander Solschenizyn veröffentliche in 20 Millionen Exemplaren sein Manifest, in dem er die Auflösung der Sowjetunion und den Zusammenschluss der slawischen Völker verlangt (18. September).

Angesichts katastrophaler wirtschaftlicher Verhältnisse und politischer Unruhen erteilt das Parlament Gorbatschow befristet bis zum 31. März 1992 Sondervollmachten, um die Reform zu beschleunigen und „die Rechtsordnung zu festigen" (24. September).

Per Gesetz wird allgemeine Religionsfreiheit eingeführt (1. Oktober).

Die Gleichstellung aller Parteien wird beschlossen, die Sonderrolle der KPdSU beendet (9. Oktober).

Michail Gorbatschow erhält den Friedensnobelpreis (15. Oktober).

Oberster Sowjet billigt die Einführung der Marktwirtschaft und erweitert die Befugnisse von Präsident Gorbatschow (19. Oktober).

Außenminister Schewardnadse tritt zurück und warnt vor einem Putsch (20. Dezember).

Ein neuer Unionsvertrag soll die auseinanderstrebenden Republiken wieder zusammenführen (27. Dezember).

1991

Gorbatschow verordnet eine Landreform, klammert jedoch die Frage der Privatisierung aus (5. Januar).

Gorbatschow entsendet Truppen in das Baltikum (8. Januar) und stellt Litauen ein Ultimatum, auf die Unabhängigkeit zu verzichten (10. Januar).

Blutige Zusammenstöße in der litauischen Hauptstadt Vilnius 15 Tote, hunderte Verletzte (13. Januar).

Gorbatschow und Verteidigungsminister Jasow leugnen Verantwortung für das militärische Vorgehen (14. Januar).

Sondertruppen stürmen das lettische Innenministerium in Riga, vier Tote, elf Verletzte. Ein von Moskau gestütztes „Komitees zur nationalen Rettung" erklärt die demokratisch gewählten Regierungen in Litauen und Lettland für abgesetzt (20. Januar).

Massenproteste in Moskau gegen Gorbatschow und die drohende Abkehr vom Reformkurs (20. Januar).

Per Dekret verfügt Gorbatschow eine Währungsreform, um den Schwarzmarkt einzudämmen (22. Januar).

Gorbatschow ermächtigt Armee, Polizei und KGB notfalls gewaltsam gegen die Wirtschaftskriminalität vorzugehen (26. Januar).

Trotz starker Bedenken gegen Gorbatschows Nationalitätenpolitik gewährt die Europäische Gemeinschaft weitere Wirtschaftshilfe für die Sowjetunion (28. Januar).

Gorbatschow erklärt sich öffentlich mit einem „Rechtsruck" einverstanden, um den Zerfall des Staates aufzuhalten (7. Februar).

76 Prozent der Bevölkerung votieren in einem Referendum für den Erhalt der UdSSR (17. März).

Gorbatschow verfügt teilweise drastische Preiserhöhungen (19. März).

Gorbatschow lässt Militärsperren gegen Demonstranten errichten, die in Moskau für Jelzin auf die Straße gehen (29. März).

Wochenlange Streiks in den russischen Bergwerken lähmen die Wirtschaft (ab Anfang April).

Einigung auf einen Unionsvetrag zwischen Gorbatschow und Vertretern der 15 Unionsrepubliken 24. April).

Gorbatschow bietet im Zentralkomitee seinen Rücktritt als Parteichef der KPdSU an (25. April).

Gorbatschow verbietet per Dekret Streiks in Schlüsselbereichen der Wirtschaft und des Energiesektors (16. Mai).

Die „Union Sozialistischer Sowjetrepubliken" wird in die „Union Souveräner Sowjetrepubliken" umbenannt (11. Juni).

Massenarbeitslosigkeit greift um sich.

Der Rat für gegenseitige Wirtschaftshilfe (RGW, COMECON) und der Warschauer Pakt werden aufgelöst (27. Juni und 1. Juli).

Der ehemalige Außenminister Schewardnadse tritt aus der Kommunistischen Partei aus (4. Juni).

Gorbatschow wirbt in London bei den Vertretern der sieben wichtigsten Industriestaaten vergeblich um konkrete Wirtschaftshilfe für die Sowjetunion 17. Juli).

Der sowjetische Präsident Gorbatschow und der amerikanische Präsident Bush unterzeichnen den START-Vertrag (Strategic Arms

Reduction Talks) über den Abbau der strategischen Atomwaffen (31. Juli).

Alexander Jakowlew, einer der „Chefarchitekt" der Perestrojka, tritt aus der Kommunistischen Partei aus (16. August).

Putsch einer kommunistischen Junta gegen Gorbatschow, der in seiner Ferienresidenz gefangen genommen wird (19. August).

Die für den 20. August geplante Unterzeichnung eines neuen konföderalen Staatssystems (ohne Lettland, Litauen, Estland, Georgien, Moldawien und Armenien) entfällt. Die Junta („Notstandskomitee") mit Gennadij Janajew an der Spitze erlässt ein Demonstrations-, Streik- und Presseverbot und beauftragt KGB-Soldaten mit der Verhaftung von Boris Jelzin und der Erstürmung des Parlaments in Moskau. Demonstranten beschützen das Parlament („Weiße Haus"), die Armee verweigert der Junta den Gehorsam. Der Staatsstreich bricht nach drei Tagen zusammen.

Jelzin widersetzt sich den Putschisten und ermöglicht die Rückkehr Gorbatschows nach Moskau (22. August).

Jelzin verbietet innerhalb Russlands jede politische Tätigkeit für die Kommunistische Partei, bis deren Rolle beim Putsch geklärt ist (23. August).

Gorbatschow tritt als Parteichef der KPdSU zurück (24. August), blieb aber bis zum 25. Dezember 1991 Staatspräsident der Sowjetunion.

Am selben Tag (24. August) erklärt die Ukraine ihre Souveränität. Alle anderen Republiken folgen in den kommenden Wochen.

Der Oberste Sowjet verbietet landesweit die Kommunistische Partei und hebt die Sondervollmachten für Präsident Gorbatschow auf (29. August).

Der Kongress der Volksdeputierten beschließt mit 1682 Ja-Stimmen, 43 Nein-Stimmen und 63 Enthaltungen das Ende der Sowjetunion und deren Umwandlung in einen Bund unabhängiger Republiken (5. September).

In der Deklaration von Alma-Ata bestätigen elf der fünfzehn Sowjetrepubliken (außer Estland, Lettland, Litauen und Georgien) die Auflösung der Union der Sozialistischen Sowjetrepubliken (21. Dezember)

Gorbatschow übergibt die Amtsgeschäfte als Staatspräsident an Boris Jelzin, den Präsidenten der Russischen (eigentlich: Russländischen[111]) Föderation (25. Dezember).

Die Ratifikationsurkunden zum Beschluss von Alma-Ata werden hinterlegt (26. Dezember).

Die Sowjetunion hört am 31. Dezember 1991 auf zu existieren. Die Russländische Föderation ist Rechtsnachfolger der UdSSR. Die rote Flagge der Sowjetunion mit Hammer und Sichel wird gegen die weiß-blau-rote Fahne der Russländischen Föderation ausgetauscht.

---

[111] Vgl. die Ausführungen S. 14 zum unterschiedlichen Sprachgebrauch der Bezeichnung auf Russisch und Deutsch.

SCHRIFTEN VON M. S. GORBATSCHOW AUF DEUTSCH[112]

1986

- Aufbruch ins Jahr 2000. Der sowjetische Abrüstungsplan, die inneren Reformen der Sowjetunion und Westeuropa. Pahl-Rugenstein: Köln.

- Ausgewählte Reden und Schriften. (1967-1986) Dietz: Berlin.

- Das Moratorium. Der Generalsekretär des ZK der KPdSU zum Problem der Einstellung der Nukleartest (Januar–September 1986). APN: Moskau.

- Ergebnisse und Lehren von Reykjavik. Gipfeltreffen in der Hauptstadt Islands, 11-12. Oktober 1986. APN: Moskau.

- Neue Dimensionen sowjetischer Politik. 3 Reden. Pahl-Rugenstein: Köln.

- Noch einmal Reykjavik: Die Völker müssen die Wahrheit wissen. Ansprache des Generalsekretärs des ZK der KPdSU im Sowjetischen Fernsehen, 22. Oktober 1987. APN: Moskau.

- Politischer Bericht des Zentralkomitees der KPdSU an den XXVII. Parteitag 1986. Bericht des Generalsekretärs des ZK der KPdSU 25. Februar 1987. APN: Moskau.

1987

- Ausgewählte Reden und Aufsätze. Band 1-3. Dietz: Berlin.
- Ausgewählte Reden und Aufsätze. Progress: Moskau.
- Das neue Europa. Christians: Hamburg.
- Der Schöpfer der Umgestaltung ist das Volk. Ansprachen des Generalsekretärs des ZK der KPdSU bei seinem Aufenthalt in Lettland und Estland. APN: Moskau.

---

[112] Die Liste kann Doppelungen enthalten, weil deutsche Verlage zuweilen deutschsprachige Ausgaben von APN Moskau unter anderem Titel nachgedruckt haben. Außerdem gibt es zahlreiche erweiterte Neuauflagen, die nicht alle erfasst werden konnten.

- Die Jugend als schöpferische Kraft der revolutionären Erneuerung. APN: Moskau.
- Die Rede: „Wir brauchen die Demokratie wie die Luft zum Atmen." Referat vor dem ZK der KPdSU am 27. Januar 1987. Rowohlt: Reinbeck.
- Die Rede zum 70. Jahrestag der Oktoberrevolution. Mit einem Vorwort von Lutz Lehmann. Bastei Lübbe: Bergisch Gladbach.
- Die Umgestaltung ist das ureigenste Anliegen des Volkes. Reden auf dem XVIII. Kongreß der Gewerkschaften der UdSSR. APN: Moskau.
- Frieden durch Abrüstung. Reden, Interviews, Stellungnahmen. Friedensliste: Bonn.
- Für die Unsterblichkeit der menschlichen Zivilisation. Darmstädter Blätter: Darmstadt.
- Für eine kernwaffenfreie Welt. Der Generalsekretär des ZK der KPdSU zu Problemen der nuklearen Abrüstung. Januar 1986 – Januar 1987.
- Grußansprache an die Teilnehmerinnen des Weltfrauenkongresses. Moskau, 23. Juni 1987. APN: Moskau.
- Oktober und Umgestaltung. Die Revolution geht weiter. APN: Moskau
- Perestroika. Die zweite russische Revolution. Eine neue Politik für Europa und die Welt. Droemer Knaur: München.
- Perestrojka. Der revolutionäre Weg der Umgestaltung. Die Rede zum 70. Jahrestag der Oktoberrevolution – mit einem Kommentar von Hans-Peter Riese. Heyne: München.
- Über die Aufgaben der Partei bei der grundlegenden Umgestaltung der Leitung der Wirtschaft. Bericht und Schlußwort des Generalsekretärs des ZK der KPdSU auf dem Plenum des ZK der KPdSU am 25.-26. Juni 1987. APN: Moskau.
- Über die Umgestaltung und die Kaderpolitik der Partei. Bericht und Schlußwort des Generalsekretärs des ZK der KPdSU auf dem Plenum des ZK der KPdSU am 27.-28. Januar 1987. APN: Moskau.
- Umgestaltung und das neue Denken für unser Land und für die ganze Welt. Dietz: Berlin.

- Was ich wirklich will. Antworten auf die Fragen der Welt. Orac: Wien.
- „Zurück dürfen wir nicht. ,perestrojka' und ,glasnost' eine kommentierte Auswahl der wichtigsten Reden von 1984-1987. Hrsg. Von Horst Temmen. Goldmann: München.

1988

- Ausgewählte Reden und Aufsätze Band 4. Dietz: Berlin.
- Die revolutionäre Umgestaltung – eine Ideologie der Erneuerung. Rede des Generalsekretärs des ZK der KPdSU auf dem Plenum des ZK der KPdSU am 18. Februar 1988.
- Durch Demokratisierung zum neuen Antlitz des Sozialismus. Treffen der KPdSU mit den Leitern der Massenmedien, der ideologischen Einrichtungen und der Berufsverbände der Kulturschaffenden, 7. Mai 1988. APN: Moskau.
- Perestroika. Die zweite Etappe hat begonnen. Eine Debatte über die Zukunft der Reformpolitik. Pahl-Rugenstein: Köln.
- Was ich wirklich will. Erweiterte Neuausgabe. Ullstein: Frankfurt/M.
- XIX. Unionskonferenz der KPdSU. Dokumente und Materialien. Bericht des Generalsekretärs des ZK der KPdSU, Michail Gorbatschow. Entschließungen. APN: Moskau.

1989

- Die Uno-Rede vom 7. Dezember 1988 sowie ein Beitrag aus der Prawda vom 27. September 1987. Dreisam: Freiburg im Breisgau.
- Glasnost. Das neue Denken. Mit einem Vorwort an meine deutschen Leser. Ullstein: Berlin.
- Gorbatschow in Bonn. Die Zukunft der deutsch-sowjetischen Beziehungen. Reden und Dokumente. Pahl-Rugenstein: Köln.
- Gorbatschow. Die wichtigsten Reden. (Politik und Zeitgeschichte). Pahl-Rugenstein: Köln.
- Reden und Aufsätze zu Glasnost und Perestroika. Progreß: Moskau.

1990

- Ausgewählte Reden und Aufsätze Band 5. Dietz: Berlin.
- Das gemeinsame Haus Europa und die Zukunft der Deutschen. Erweiterte Neuausgabe. Econ: Düsseldorf.
- Das Volk braucht die ganze Wahrheit. Dietz: Berlin.
- Der außerordentliche III. Kongress der Volksdeputierten der UdSSR. Rede des Präsidenten der UdSSR, Michail Gorbatschow. Moskau, Kreml, 15. März 1990. APN: Moskau.
- Meine Vision. Die Perestrojka in den neunziger Jahren. So geht es weiter. Erweiterte Auflage. Horizonte: Rosenheim.
- Neue Dimensionen sowjetischer Politik. Drei Reden. Pahl-Rugenstein: Köln.
- Perestrojka oder düstere Zeiten für unser Land. Politischer Bericht des ZK der KPdSU an den 28. Parteitag der KPdSU. 2. Juli 1990. Dietz: Berlin.

1991

- Der Staatsstreich. Bertelsmann: München.

1992

- Auf dem Weg zu einer europäischen Architektur. Reden des Deutschlandbesuches vom 4. Bis 11. März 1992. Bertelsmann-Stiftung: Gütersloh.
- Der Zerfall der Sowjetunion. Bertelsmann: München.

1993

- Gipfelgespräche. Geheime Protokolle aus meiner Amtszeit. Rowohlt: Berlin.

1995

- Erinnerungen. Siedler: Berlin.

1998

- Die wichtigsten Reden. Pahl-Rugenstein: Köln
- Unsere Wege treffen sich am Horizont (mit Daisaku Ikeda). Goldmann: München.

1999

- Wie es war. Die deutsche Wiedervereinigung. Ullstein: Berlin.

2000

- Über mein Land. Rußlands Weg ins 21. Jahrhundert. Beck: München.

2003

- Mein Manifest für die Erde. Jetzt handeln für Frieden, globale Gerechtigkeit und ökologische Zukunft. Campus: Frankfurt am Main.

2013

- Alles zu seiner Zeit. Mein Leben. Hoffmann und Campe: Hamburg.

2015

- Das neue Russland. Umbruch und das System Putin. Quadriga: Köln
- Triumpf der moralischen Revolution (mit Daisaku Ikeda). Herder: Freiburg iim Breisgau.

2017

- Kommt endlich zur Vernunft. Nie wieder Krieg (mit Franz Alt). Benevento: Salzburg.

NAMENSREGISTER

Gamsatow, Rassul, 206
Garibow, A., 209
Gorbatschow, Michail S., 10,
    19, 20, 21, 22, 23, 24, 25,
    26, 30, 31, 32, 33, 34, 35,
    37, 38, 42, 43, 44, 45, 46,
    51, 52, 53, 54, 55, 56, 57,
    58, 59, 61, 62, 63, 64, 66,
    67, 68, 69, 72, 75, 77, 78,
    79, 80, 81, 82, 83, 84, 85,
    86, 88, 89, 90, 94, 95, 96,
    97, 98, 99, 100, 101,
    103,104, 105, 108, 109, 110,
    111, 112, 114, 115, 116,
    117, 128, 129, 132, 133,
    138, 139, 140, 141, 145,
    148, 149, 152, 161, 163,
    167, 168, 185, 186, 194,
    198, 200, 202, 203, 204,
    205, 207, 208, 210, 222,
    223, 227, 234, 235, 240,
    245, 246, 247, 248, 249,
    250, 251, 252, 253, 254,
    255, 256, 257, 258, 259,
    260, 261, 262, 263, 266,
    267, 268, 269, 270, 271,
    277, 278, 279, 280, 281,
    282, 283, 284, 285
Gorbatschowa, R.M., 31
Green, Graham, 115
Gromyko, Andrej, 38, 46, 90,
    177, 200, 201, 202, 255, 279
Gumiljow, Nikolaj, 33, 91,
    106, 161, 163

H

Hitler, Adolf, 178, 262, 273,
    280, 281
Honecker, Erich, 178
Houston, Whitney, 157

I

Illin, Igor, 151
Israel, Jurij, 122

J

Jackson, Michael, 157
Jakowlew, Alexander, 53, 55,
    56, 248
Janaew, Gennadi, 248
Jasow, Dmitrij, 57, 270, 283
Jelzin, Boris, 9, 31, 32, 69, 140,
    193, 223, 225, 227, 245,
    247, 248, 250, 251, 252,
    253, 257, 261, 266, 280,
    282, 284, 285
Jewtuschenko, Jewgenij, 139,
    140, 200

K

Karmal, Babrak, 40
Kelly, Petra, 117
Kohl, Helmut, 40, 255, 256,
    281
Kolbin, Gennadij, 204
Koldunow, Alexander, 278
Komarow, Boris, 122
Kondratjew, Wladimir, 168
Konowalow, Stanislaw, 127
Korjagin, Anatol, 115
Krawtschenko, Leonid, 171,
    172
Kunajew, Dinmuhammed, 52,
    53, 58, 141, 204, 277, 278

L

Landsbergis, Vytautas, 217,
    222
le Carré, John, 158

Lenin, Wladimir I., 68, 71, 95,
129, 133, 191, 192, 193,
194, 246, 255
Leonhard, Wolfgang, 33
Ligatschow, Jegor, 69, 70, 140,
156, 193, 206
Ljubimow, Jurij, 164

M

Mandelstam, Nadjeshda, 33
Matwjejew, Jewgenij, 177
Medwedew, Dmitri, 9
Medwedjew, Roy, 188
Meyer-Landrut, A., 206
Moltschanow, Wladimir, 169

N

Nabokow, Wladimir, 162
Nadschibullah, Muhammed,
28, 29, 30, 153, 240, 241,
242
Nikolaus II., Zar, 202
Nikonow, Viktor, 56
Nowgorodzew, Sewa, 94
Nurpeisow, Abdishmail, 122

O

Oganessjan, 214
Oganessjan, Manuel, 214
Ogarkow, Nikolai, 61, 62
Okudshawa, Bulat, 200
Olejnik, Boris, 67
Omelitschew, Bronislaw, 269
Ortega, Daniel, 40

P

Pasternak, Boris, 91, 106, 160,
162, 163

Patiaschwili, Dschumber, 220,
221
Podnijeks, Juris, 93, 102
Popanow, Anatol, 190
Potschiwalow, Leonid, 230
Primakow, Jewgeni, 71, 95
Proschkina, 189
Proschkina, Alexander, 189
Pugatschowa, Alla, 128, 131
Putin, Wladimir, 9, 10

R

Rachmaninow, Sergej, 161
Rasumowskaja, Ludmila, 164
Reagan, Ronald, 234, 277, 278,
279
Reding, Josef, 117
Rinejskaja, Lena, 154

Rüütel, Arnold, 216
Rybakow, Anatoli, 33, 164

S

Sacharow, Andrej, 24, 25, 26,
77, 81, 82, 114, 117, 258,
277, 281
Sajtschenko, Nikolaj, 196
Salygin, Sergej, 51
Samjatin, Jewgenij, 17, 162
Samsonow, Alexander, 92
Schewardnadse, Eduard, 60,
70, 71, 72, 153, 220, 221,
242, 243, 247, 248, 271,
283, 284
Schmeljow, Nikolaj, 87, 100
Schtscharanski, Anatoli, 77
Schtscherbizkij, Wladimir, 141
Seutowa, Fabrie, 201
Shukow, Georgij, 177

Von demselben Autor bei BoD erschienen:

TSCHERNOBYL
Die Katastrophe

Heute wissen wir fast alles über die Katastrophe von Tschernobyl. Doch unmittelbar nach der Katastrophe gab es eine Berichterstattung, die gekennzeichnet war von Nicht-Wissen, von Informationsdefiziten und Informationsunterschlagungen, von Spekulationen, Ängsten und Gerüchten. Von dieser journalistischen Herausforderung in einer Zeit vor Internet, Handy, E-Mail, Facebook und Satelliten-TV handelt dieses Buch, das mit einem Rückblick 30 Jahre nach der Katastrophe endet.

FREMDE NACHBARN
Der Osten und Südosten Europas Ende des 20. Jahrhunderts

Die Nachbarstaaten in Ost- und Südosteuropa blieben bis zur politischen Wende ab 1989 vielen von uns fremd. Das letzte Viertel des 20. Jahrhunderts war geprägt von einer vorsichtigen Annäherung, die den politischen Wandel mit beförderte. Aus dieser Zeit stammen die Beiträge über die „Fremden Nachbarn" östlich unserer Grenzen, die dann mehrheitlich unerwartet schnell Mitglieder der NATO und EU werden sollten.

LENINS ENKEL
Reportagen aus einer vergangenen Welt

„Lenins Enkel" bezeichnet eine Generation von Sowjetbürgern, die nicht mehr an den Kommunismus glaubte und unter den Einschränkungen im täglichen Leben litt. „Der Staat tut so, als würde er uns bezahlen. Dafür tun wir so, als würden wir arbeiten." Eine absurde Losung, mit der sich die Menschen im Sowjetreich ihre kleinen Freiheiten ergatterten. Die Jugend tauschte die Pionier-Kluft gegen Jeans und Lederjacke. Viele suchten ihre Zuflucht im Alkohol. Ein amüsant-nachdenklicher Rückblick.